신화 속의 강인한 여성들

전사 * 마녀 * 여성

케이트 호지스 지음 · 해리엇 리-메리언 그림 · 이지민 옮김

콤마

CHAPTER 1 마녀

WITCHES

현명한 여성, 예언자, 치유자

CHAPTER 2 전사

WARRIORS

투사, 전략가, 정의 실현가

CHAPTER 3 불운을 몰고 오는 자

BRINGERS OF MISFORTUNE

파괴자, 말살자, 파멸의 전령

CHAPTER 4 광포한 정령

ELEMENTAL SPIRITS

번개를 던지는 자, 불과 얼음을 지휘하는 자,
이 세상의 창조자

CHAPTER 5 아낌없이 주는 정령

MUNIFICENT SPIRITS

너그러운 신, 관대한 정령, 가정의 여신

*일러두기
본문의 이해를 돕기 위한 ( ) 안의 설명은 옮긴이 주, 편집자 주입니다.

서문

현재를 이해하는 데 과거가 도움이 될 때가 있다. 《전사, 마녀, 여성*Warriors, Witches, Women*》에서
소개하는 여신과 마녀, 신화 속 여성들의 이야기를 읽으며, 나는 이 여성들의 존재가 오늘날에
도 얼마나 생생하게 다가오는지 깜짝 놀랐다. 이들의 이름은 종종 무기처럼 공격적으로 사용되
는데, 정치하는 여성은 '메두사'로, 자신의 생각을 거침없이 말하는 여성은 '하르피아이'로, 화
장하는 여성은 '이세벨'로 불린다. 이들은 모두 악마처럼 묘사된다는 공통점이 있다. 치유 능력
이 있고, 타인을 돌보고, 천문학 및 약초와 관련된 지식이 해박한 여성들이나, 사회 주변부에서
당당하게 생활하는 여성들은 이들이 지닌 힘과 지식을 무력화하려는 사람들에 의해 전부 '마
녀' 취급을 받곤 했다.

아르테미스, 이난나, 칼리, 모리안, 마미 와타와 같이 힘과 결부된 여성들의 경우는 무시 못할
강력한 영향력 덕분에 영겁의 세월을 이겨냈다. 연극과 TV 프로그램, 영화, 만화책, 뮤직비디오
등의 대중문화에서 우리는 아직까지도 그녀들의 모습을 찾아볼 수 있다. 우리 곁에 존재하는 이
친근한 여성들의 기원을 알아가는 것은 정말 놀라운 경험이었다.

덜 알려진 이야기들과 이 책에서 처음 알게 된 이야기들도 있다. 이 책을 살짝 훑어만 봐도 하와
이 여신 펠레의 격노에서부터 아메노우즈메의 도발적인 춤에 이르기까지 다채로운 이야기를 엿
볼 수 있다. 또한 꼼꼼히 들여다보면 문화와 종교, 대륙이 서로 얽히고설킨 역사를 발견할 수 있다.
해리엇 리-메리언의 그림 역시 대단히 훌륭하다. 이 책에 수록된 설화에 현대적이고 지적인 분위
기를 더해주는 그녀의 그림들은 멋진 롤모델이 필요한 모든 여성들의 상상력을 사로잡을 것이다.

맥신 피크*Maxine Peake*

들어가는 글

"우리는 당신들이 태우지 못한 마녀의 자손들이다."

여신, 유령, 마녀, 영물 같은 신화적·공상적인 존재는 언제나 나의 관심을 사로잡았다. 하지만 내가 유독 집착한 대상은 여성 캐릭터였다. 친구들이 마이클 J. 폭스와 톰 크루즈에게 빠져 있을 무렵, 나는 페르세우스가 안드로메다 공주를 구하기 위해 다양한 생명체와 맞서 싸우는 〈타이탄족의 멸망 *Clash of The Titans*〉(1981)에서 헤어나지 못했다. 나의 마음을 끈 것은 페르세우스 역을 연기한 섹시한 해리 햄린 *Harry Hamlin* 이 아니라, 흔들대는 모습의 메두사였다. 특수 효과 담당자 레이 해리하우젠 *Ray Harryhausen* 이 만들어낸 메두사는 꼬불꼬불한 뱀 머리카락을 늘어뜨린 채 눈으로 녹색 불빛을 쏘며 불타오르는 지하 신전을 느릿느릿 걸어갔다. 이 불길한 생명체는 그녀를 제압하는 멍청한 근육 덩어리 남자들보다 훨씬 더 매력적이었다. 나는 메두사에게 완전히 매료되었다. 그녀에게는 어떤 사연이 있을까? 무엇이 그녀를 이렇게 만들었을까? 그녀는 어쩌다 죽은 뒤에도 자신을 바라보는 사람을 전부 돌로 만들어버리는 섬뜩한 능력을 갖게 되었을까? 무엇보다도 사람들은 왜 메두사를 '안 좋게' 여길까?

그 후에 내가 빠진 대상은 마녀였다. 나는 아서 왕의 서사를 다룬 〈엑스칼리버 *Excalibur*〉(1981)에 나오는 헬렌 미렌 *Helen Mirren*, 〈돌의 아이들 *The Children of the Stones*〉(1977)에서 노래하듯 주문을 외는 마을 사람들, 《나니아 연대기 *The Chronicles of Narnia*》의 하얀 마녀, 〈크래프트 *The Craft*〉(1996)의 페어루자 볼크 *Fairuza Balk*, 〈오즈의 마법사 *The Wizard of Oz*〉(1939)에 등장하는 사악한 서쪽 마녀, 심지어 컬트 영화 〈악마의 씨 *Rosemary's Baby*〉(1968)에 나오는 상냥하면서도 사악한 미니 카스테벳 *Minnie Castevet* 에게 사로잡혔다. 이들은 저마다 다른 방식으로 단편적이고 희화적으로 그려졌지만, 나는 여전히 이 여성들을 마음속 깊이 응원한다. 나는 이들의 침착한 태도와 지식, 힘을 흠모했다. 이 여성들은 결국 이들을 무찌르는 주인공들보다 훨씬 더 즐거워 보였다.

나는 웨일스의 중세 기사 산문집인 《마비노기온 *Mabinogion*》에 실린 설화들을 탐독해나갔다. 이 책에는 아름다운 요정 리안논 공주의 설화에서부터 쉰 목소리로 괴성을 지르는 전사 모리안이 등장하는 아일랜드 신화에 이르기까지 온갖 이야기가 담겨 있었다. 나는 마녀이자 여신인 키르케, 헤카테, 카산드라와 활기 넘치는 아르테미스 등 고전 문학에 등장하는 매혹적인 여성의 이야기를 찾아냈다. 또한 힌두 설화에 등장하는 칼리의 휘몰아치는 격노에서부터 셈족 설화의 아나트, 하와이 여신 펠레의 분노처럼 머나먼 곳에 등장하는 무시무시한 여성들의 이야기도 집어삼키듯 읽어나갔다. 이들은 긴 머리카락을 흩날리며 미소 짓는 정형화된 여성들과는 달랐으며, 이들의 이야기는 수천 년의 세월을 이겨낼 만큼 강력하고 매력적이었다.

주위에서 접할 수 있는 여성 슈퍼히어로가 원더우먼뿐이던 열 살의 나에게 이 신화적 존재들은 큰 울림을 주었다. 이들은 싸웠고 복수로 대갚음하려 했으며 절대로 고분고분하지 않았는데, 일부는 그런 특징 때문에 숭배받기도 했다. 오늘날 여성들이 이들에게 그토록 공감하는 것은 바로 그녀들의 독특함과 힘, 불완전성 때문이다.

선별해서 새롭게 구성하다

《전사, 마녀, 여성》은 이 여성들의 놀라운 이야기를 재구성해 다시 들려준다. 지면의 제약 때문에 모두가 공감할 만한 이야기를 지닌 여성들, 그리고 능력자에서 평범한 자들에 이르기까지 다양한 서사를 품은 여성들을 중심으로 50명을 간추렸다. 이들은 우리 모두가 열망하는 특징과 역량을 지닌 신화적 존재들이다. 긍정적이고 강인한 이 여성들의 이야기는 수천 년이 지난 지금까지도 현대적이고 신선하게 다가온다. 나는 블록버스터 작품 뒤에 숨은 이야기를 전하고 진짜 근원 설화를 찾아내고자 했다. 어떻게, 그리고 무엇보다 중요하게는 '왜' 이들의 이야기가 계속해서 새로운 모습으로 재탄생하고 있는지 밝히려 했다. 이 굉장한 존재들을 한 권의 책에서 전부 만나보는 것은 꿈에 그리던 파티에 참석하는 것과 다름없다. 여러분은 프레이야와 같이 웃고, 후타쿠치온나와 함께 뷔페를 즐기고, 아메노우즈메와 치맛자락을 올리고 춤추고, 셀키와 함께 바닷속에 뛰어드는 경험을 하게 될 것이다.

나만의 부족을 찾기를

나는 이 여성들의 이야기를 몇 가지 그룹으로 나누었다. 1장은 '마녀'로 현명한 여성이자 예언자, 치유자를 다룬다. 이들은 상당수가 '규범'에서 벗어난 악마로 그려졌다. 헤카테, 바바 야가, 얼음처럼 차가운 페르히타가 대표적인 예다. 이 똑똑한 여성들은 당시의 성 역할을 위협할지도 모른다는 이유로 의심받았으며, 남성들의 두려운 대상이었다.

2장은 '전사'로 싸움꾼이자 전략가, 정의 실현자의 예를 살펴본다. 이 여성들은 적을 용감하게 무찌를 뿐만 아니라 자신을 향한 사회의 기대나 요구 따위에도 맞섰다. 예넨가 같은 여성들은 전쟁터에서 남성과 동등하게 싸웠을 뿐만 아니라 그들보다 더 뛰어난 전사였다. 하지만 이 여성들도 완벽한 존재는 아니었다. 우리처럼 모호하고 실수를 저지르기도 했다.

3장 '불운을 몰고 오는 자'는 파괴자를 다룬다. 이들은 피해를 입히는 자이자 죽음의 전령으로 복수심에 불타오르고 악의에 찬 예언자들이다. 하르피아이와 메두사가 대표적이다. 이들은 괴물일지 모르지만, 우리가 '만들어낸' 괴물이기도 하다.

4장 '광포한 정령'은 거친 여성들을 칭송한다. 번개를 던지는 자, 행성을 지휘하는 자, 폭풍우를 몰고 오는 자들로 셀키, 무지개 뱀, 마리 등이 이 그룹에 속한다. 한곳에 속박되지 않는 이 정령들은 사회의 기대에 부응하지 않기에 종종 비난을 받았다. 그러나 여성들이 끔찍한 위험에 처해 있을 때면 주저 없이 나서 그들을 이끄는 데 앞장섰다.

마지막으로 5장 '아낌없이 주는 정령'은 너그러운 신, 관대한 정령, 가정의 신처럼 누구나 쉽게 좋아할 만한 여성들이다. 마만 브리짓, 모이라이, 보나 데아처럼 다른 사람을 위해 애쓰는 여성이 대표적이다. 하지만 이들 모두에게는 어두운 면이 존재하고, 우리가 공감할 수 있는 부분은 그런 현실적인 측면이다. 이는 우리 이면에 감춰진 인간 본연의 모습이자, 더 구체적으로 말하면 '여성' 특유의 인간성을 나타낸다.

각각의 이야기마다 다양한 버전이 존재한다. 이야기 세계에는 단 하나의 사실은 없고 끊임없이 변화하기에 가능하면 가장 흥미로운 이야기를 이 책에 담고자 했다. 또한 창작자의 의도에 가장 가까운 언어와 용어를 사용하려 했으나 실수가 있었다면 말해주기 바란다. 이 책은 협력의 산물이다.

전하고 싶은 말

이 책을 기획하면서 가장 즐거웠던 점은, 이 설화들이 한 나라에서 다른 나라로 전해지고 다시 이야기되는 가운데 조금씩 바뀌어 가는 것을 발견한 것이다. 성욕을 당당히 드러내는 이난나의 이야기가 전 세계로 퍼져나가면서 그녀는 바빌로니아의 이슈타르나 히타이트의 샤우쉬카로 바뀌었다. 또 로마의 비너스와 그리스의 아프로디테에게도 스며들었다. 모리안의 전형적 특징인 처녀-어머니-노파, 봄-여름-겨울이라는 세 가지 모습(삼신일체)은 유럽 전역의 여신은 물론 대중문화에도 녹아들었다. 그리스의 모이라이, 북유럽의 노른, 켈트족의 마트레스, 맥베스의 운명을 예견한 세 마녀 모두 모리안의 흔적을 품고 있다.

하나의 이야기에는 작가가 전하려는 주제뿐만 아니라 작가의 의도도 담겨 있게 마련이다. 오랜 기간 정치, 종교, 가부장제라는 명목하에 이 여성들은 무시되었고 말 그대로 악마로 묘사되었다. 한때 전지전능한 힘으로 군림하던 여신들은 이들이 상징하는 바를 자신들의 선호에 따라 마음대로 묘사하려는 자들에 의해 격하되곤 했다. 그럼에도 이 여성들이 본래부터 지닌 특징은 여전히 찬란히 빛나고 있다.

침대 맡에서 아이들에게 들려주는 이야기의 등장인물로서 이 여성들의 이름은 세월의 시험을 견디고 성별, 연령, 인종에 관계없이 모든 사람의 상상력을 자극하고 있다. 이들의 언어와 원형(原型), 우화는 우리 문화의 기반을 형성하며 작가와 영화제작자, 극작가, 음악가(222쪽 신화 속 여성 관련 플레이리스트 참조)에 의해 재생산되어 대중의 마음을 울리고 있다. 이들은 역사 속 인물에 그치는 것이 아니라 투쟁과 희망, 힘을 보여주는 당대의 강력한 롤모델로서 우리의 마음을 사로잡고 있다. 이 '대단한' 여성들은 암울한 과거에서 비롯되었을지 모르지만 앞으로 나아가는 데 앞장서고 있다. 그 점에 대해 '여신들'에게 진심으로 감사하다.

케이트 호지스*Kate Hodges*

CHAPTER 1

WITCHES

마녀

현명한 여성, 예언자, 치유자

헤카테 *Hecate*

그리스 여신

다른 표기법:

Hekate

헤카테는 그 누구보다 마녀란 어떤 존재인지를 가장 잘 보여주는 인물이다. 헤카테의 위협적인 이미지는 수 세기에 걸쳐 윌리엄 셰익스피어나 윌리엄 블레이크 같은 위대한 작가를 비롯해, 최근에는 마블 시리즈 제작자들의 마음도 매료시켰다. 길게 늘어뜨린 검은 가운을 즐겨 입는 헤카테는 야생 개를 한 무리 이끌고 달빛이 비치는 묘지를 서성이곤 했다. 그녀는 또한 약초에 관한 지식이 풍부한 것으로 알려져 있다.

오늘날에도 헤카테의 독특한 모습은 자극적인 것을 좋아하는 사람들의 관심을 사로잡기에 충분하다. 인스타그램 같은 소셜 미디어에서는 '*witchspiration*'이라는 해시태그가 붙은 그녀에 관한 게시물을 쉽게 찾아볼 수 있다. 하지만 이는 헤카테의 단편적인 특징에 불과하다. 헤카테는 삶의 힘겨운 시기에 직면한 여성들을 돌보는 자비롭고 현명한 여성이자, 소외 계층을 돌보는 수호신이기도 했다.

헤카테의 이야기는 그리스 이외의 지역에서 유입된 것으로 추정된다. 그녀의 설화는 트라키아, 아나톨리아, 심지어 이집트의 여신 헤케트*Heket*에서 유래했을지도 모른다. 헤케트는 개구리 모양의 머리를 가진 산파의 신이다. 헤카테 신화는 수메르인과 이스라엘인을 통해 그리스로 구전되었고, 그 과정에서 그들이 가장 좋아하는 악마 릴리트(106~109쪽 참조)

의 특징인 당당한 태도와 밤을 좋아하는 성향이 보태졌다. 기원전 700년경 헤카테는 고대 그리스 신화에 흡수되었다. 헤시오도스*Hesiod*의《신통기*Theogony*》에 따르면 헤카테는 어부에게 그물 가득한 물고기를 내려주고, 모든 생명체를 돌봐주며, 풍요를 선사하고, 자신이 가장 지지하는 군대에 승리를 안겨주는 '영예로운 여신'으로 묘사되었다.

헤카테는 그리스 티탄(Titan: 거신족巨神族이라는 뜻임) 신족의 일원이었다. 이 신들은 우주의 지배권이 달린 장대한 전투에서 제우스의 올림포스 신들에게 완패했다. 이때 헤카테는 올림포스 신들의 편에서 싸운 덕분에 제우스의 존중을 받으며 권력을 유지할 수 있었다. 하지만 원래 올림포스 신이 아니었던 자신의 신분 때문인지 헤카테는 올림포스 신과 여신들이 사는 혼잡한 올림포스산을 꺼렸고, 홀로 살기를 택했다.

이 무렵의 헤카테는 관대한 정령으로 추앙받았다. 여성 중심적인 여신이자 가정의 수호신으로서 거대한 신전이 아니라 집 안의 문기둥 같은 곳에서 그녀의 이미지를 찾아볼 수 있었다. 헤카테는 보통 머리 주위에 후광이 감싸고 두 개의 횃불을 들고 있는 모습으로 묘사되었다. 이렇게 그려진 헤카테는 산파의 후원자, 출산을 돕는 치유사, 장의사였다. 그녀는 신생아를 비롯해 성인과 아이의 경계선에 선 소년을 보호하는 역할을 하기도 했다.

하지만 기원전 50년경 헤카테의 명성에 그늘이 드리우기 시작한다. 그녀는 주로 지하세계에 머무는 지하의 여신이 되었다. 소포클레스*Sophocles*와 에우리피데스*Euripides*는 그녀를 죽음, 마법, 주술과 결부시켰다. 이 가부장적인 작가들이 여성들에게 추앙받던 헤카테의 강력한 명성을 경계한 나머지 그녀를 악마로 묘사하며 두려움의 대상으로 변모시켰는지도 모른다. 이 작가들은 헤카테와 그녀를 섬기는 사제였던 메데이아, 그리고 '테살리아의 마녀들*Thessalian women*' 사이에 공통점을 끌어냈다. 이 여성들은 모두 초자연적 힘이 있다고 여겨졌다. 이들은 '하늘에서 달을 끌어내릴 수 있었으며(즉 월식)', 약초와 병의 치료법에 대한 식견이 높았다. 다시 말해서 역사적으로 '마녀'로 묘사된 여성들이 지닌 민간의 지혜를 갖고 있었다. 이때부터 헤카테의 횃불은 그녀를 어둡고 불편한 곳으로 이끌었다. 그녀는 밤이면 습관처럼 묘지나 텅 빈 거리로 원정을 나서는 것으로 묘사되었다. 이 여정에는 유령과 짖어대는 개의 무리, 때로는 복수의 여신들(64~67쪽 참조)이 함께했다. 개나 긴털족제비 같은 그녀를 돕는 동물들과 밤의 동반자들이 늘 곁에 있었다. 그렇지만 헤카테는 혼자 있기를 더 좋아한 것으로 알려져 있다. 그녀는 스스로의 선택으로 처녀로 남았고 가정생활에 매인 적이 없었다.

이러한 특징의 헤카테는 특히 세 갈래 길과 연관된다고 보았다. 갈림길은 모든 문화에서 정령이 도사리고 있으며 영혼이 서성이는 '경계 세상'으로 여겨지는 곳이다(68~71쪽 시우아테테오 참조). 사람들은 이 같은 갈림길 지점에 케이크와 와인을 놓아두었으며, 헤카테를 기리는 의식으로 강아지를 제물로 바쳤다. 베르길리우스*Virgil*에 따르면, 개들이 울부짖는 소리로 헤카테가 나타난 것을 알아챘다고 한다. 그녀의 얼굴을 상징하는 머리 셋 달린 가면을 교차로 기둥에 걸어놓기도 했다. 헤카테가 과거와 현재, 미래를 동시에 예측하며, 망자와 교감할 수 있는 삼신일체 여신으로 묘사되기 시작한 것은 바로 이런 연관성 때문일지도 모른다.

또 다른 설에 따르면 헤카테는 '인정이 많아' 데메테르의 딸 페르세포네를 찾는 것을 도와준 유명한 사건 이후 삼신이 되었다고 한다. 페르세포네는 아버지인 제우스에게 배신을 당했는데, 제우스는 지하세계의 신 하데스가 자신의 딸을 납치해 지하 왕국으로 데리고 가도록 허락했다. 그 사건으로 이들 여성 3인조는 가까워졌다. 헤카테는 페르세포네의 친구로서 그녀가 어머니를 만나기 위해 집으로 돌아오는 여정을 함께했다. 헤카테는 기원전 300년에서 200년 사이에 쓰인 《오르페우스 찬가 The Orphic Hymns》에 "절대로 쓰러지지 않는 세상의 중요한 전달자"이자 이 세상과 다음 세상 간의 문을 열 수 있는 자, 삶과 죽음의 경계를 관장하는 자로 묘사되었다.

헤카테의 어두운 명성은 수천 년 동안 지속되었으며 시간이 흐르면서 더욱 편협하게 그려졌다. 그노시스파(Gnostic, 영지주의파)의 4세기 문서 《믿음의 지혜 Pistis Sophia》에서 헤카테는 "지옥의 여왕"으로 묘사되었다. 셰익스피어의 《맥베스 Macbeth》에서는 맥베스가 '단도(短刀)'의 환영을 보고 독백하는 부분에서 "마녀는 창백한 헤카테에게 제물을 바치고…"와 같이 언급되었다. 윌리엄 블레이크의 그림 〈에니타르몬의 기쁨의 밤 The Night of Enitharmon's Joy〉(이 작품은 간단히 '헤카테'로 불린다)에서 그녀는 미묘하고 신비롭게 묘사되었음에도 불구하고, 최근까지도 헤카테는 마법을 휘두르는 사악한 신으로 평면적으로 그려졌다.

헤카테의 추락한 명성은 근래 들어 조금씩 회복되고 있다. 이러한 변화는 여신을 고딕풍으로 표현하는 유행과 더불어 동시대의 패션 디자이너들이 이 매력적인 여신을 뮤즈로 삼은 덕분이다. 장 폴 고티에는 깃털로 장식한 검은색 코트 드레스에 그녀의 이름을 붙였고, 마리 카트란주는 그리스 여신과 여사제를 콘셉트로 한 컬렉션에서 헤카테를 주인공으로 삼았다. 알렉산더 맥퀸은 그녀의 찬란한 어둠의 미의식을 기반으로 자신의 이력을 쌓아갔다. 하지만 헤카테가 우리 삶에 다시 긍정적인 존재로 돌아온 것은 빛나는 패션쇼 무대에 국한되지 않는다. 기다란 가운과 매혹적인 모습을 한 꺼풀 벗겨내면, 그 안에 숨은 그녀의 온정을 발견할 수 있다. 야행성 삶과 경계 공간을 선호하는 성향 때문인지 헤카테는 노숙자, 성 노동자, 방랑자, 성 소수자(LGBT+) 커뮤니티를 비롯해 남들과는 다른 생활방식을 택한 사람들과 같은 주변부 집단에게 매력적인 존재로 여겨지고 있다.

보편적인 관점에서 보면 탄생과 죽음이라는 삶의 가장 큰 전환기에 당당한 태도로 맞서는 헤카테는 우리가 가장 기뻐하고, 두려워하는 인생의 두 시기에 함께할 수 있는 든든한 동반자임에 분명하다. 죽음은 현대 사회에서도 마지막까지 금기시되는 주제이지만, 근래 죽음을 긍정하는 단체들이 생겨나면서 죽음에 대한 새로운 시각을 논의하는 움직임이 일고 있다. 지난 수 세기 동안 헤카테는 삶의 마지막 여정에 직면한 인간의 곁에서 함께해왔다. 여성들이 힘겹게 진통을 겪으며 아이를 낳고 기를 때, 그리고 언젠가 삶의 마지막 순간을 마주할 때 헤카테가 여전히 우리의 손을 잡고 어둠 속에서 횃불을 밝혀준다고 생각하면 안심이 되지 않는가.

모건 르 페이 *Morgan Le Fay*

영국 마법사/요정

다른 표기법:

Morgen

Morgan(n)a

Morgain(e)

Morgane

Morgant(e)

도덕적으로 양면성을 보이며 성적으로도 자유분방한 모건 르 페이는 시간이 흐르면서 치유사, 주술사, 학자, 변신술사로 다양하게 그려졌다. 아서 왕 설화에 등장하는 주요 인물 중 하나인 그녀는 왕의 수호자이자 그와 맞설 수 있는 강한 적수이기도 했다. 수백 년에 걸친 시간 동안 독자를 사로잡을 수 있었던 이유는 모건 르 페이의 이 같은 복잡하면서도 가변적인 매력 때문이 아닐까.

모건 르 페이의 기원은 아서 왕이 최후의 안식을 위해 향했다는 아발론 호수만큼이나 베일에 싸여 있다. 그녀는 삼신일체 여신 모리안*Morrígan*의 변형일까? 그녀의 이름은 웨일스 전설에 등장하는 우리엔*Urien*의 아내이자 오웨인*Owein*의 어머니인 모드론*Modron*에서 유래했을까? 혹은 중세 초기의 영웅 전설에 등장하는 수면 위아래를 자유자재로 오갔다는 요정 여왕이 그 기원일까?

　모건은 몬머스의 제프리(Geoffrey of Monmouth: 12세기 영국의 수도사이자 연대기 작가)가 1150년에 쓴《멀린의 생애*Vita Merlini*》의 아서 왕 이야기에서 처음으로 등장했다. 이 책에서 그녀는 신비한 아발론 섬을 지배하는 아홉 명의 자매 중 맏이이자 강력한 치유사로 그려진다. 모건은 노파나 처녀, 심지어 동물로도 변신할 수 있었으며 "기이한 날개를 단 채

다이달로스(그리스 신화 속 인물이자 이카로스의 아버지)처럼" 날 수도 있었다. 그녀는 숙련된 수학자이자 천문학자로 매우 똑똑했다. 아서 왕의 신하들은 그런 모건을 신뢰했으며, 아서 왕이 치명적인 부상을 당하자 그를 치료하기 위해 모건에게 데리고 갔다. 제프리는 그녀를 우리가 공감할 수 있는 인물로 그렸을 뿐만 아니라 다방면에 능한 강인한 여성으로 묘사했다.

아서 왕 전설을 로맨틱하게 풀어낸 크레티앵 드 트루아(Chrétien de Troyes: 12세기의 프랑스 시인이자 설화 작가)의 작품에서 모건은 아서 왕의 누나이자 "현명한 모건"으로 서술되었다. 이 작품에서 그녀는 섬의 지배자가 아니라 섬의 지도자인 기고마르*Guigomar*의 연인으로 등장한다. 현명하고 힘 있는 여성의 존재를 부인하고 싶었던 중세 작가들이 그녀의 능력을 조작한 셈이다.

그 후로 모건은 비교적 무해한 존재로 그려지다가《불가타 연작*Vulgate Cycle*》(1210~1230)에서 아서 왕의 이야기가 극적으로 다시 쓰이면서 변화를 맞는다. 이 작품은 근본주의자 시토회(Cistercian)의 수도사가 편찬했다고 알려져 있다. 당시 시토회는 이단자 척결을 종교적 사명으로 삼고 활동했다. 시토회는 여성을 혐오했는데, 심지어 일부 회원들은 여성에게는 영혼이 존재하지 않는다고 믿었다. 그들은 아서 왕의 이야기를 기독교의 교의를 선전하는 수단으로 사용했다. 그들에게 모건은 신앙 숭배와 관련해 자신들이 두려워하는 모든 것-아는 것이 많고 재능 있는 여성, 자신의 살과 욕망을 부끄러워하지 않는 여성, 사회에서 자신의 존재를 인정받는 여성-을 상징했다. 시토회는 모건 르 페이의 자애로운 특징을 왜곡해 그녀를 사악한 요부이자 집착이 심한 마녀로 바꿔버렸다.

이 이야기에서 모건은 아서의 이복 누나이자 반역자 모드레드의 이모로 등장한다. 그녀는 아름다운 동시에 추악하게 이중적인 모습으로 거듭 묘사되었다. 이를테면 성실한 노력가이자 마법사 멀린의 출중한 학생으로 그려지는 동시에, "그레이트브리튼 전체에서 가장 음탕하고 외설적인 여자"로 묘사되는 식이다. 모건의 욕정의 대상은 기네비어 여왕의 조카 기오마르*Guiomar*였는데, 둘 사이를 알게 된 여왕은 모건과 아서 왕과의 유대관계를 질투해 두 연인 사이를 갈라놓는다. 이는 모건의 집착적이고 보복적인 성향을 자극한다.

모건은 아름다운 외모와 성적인 매력을 이용해 멀린을 꾀어 그에게서 흑마법을 배운다. 그녀는 기네비어 여왕과 랜슬롯의 불륜을 폭로하고, 나중에는 랜슬롯마저 유혹하려 한다. 모건의 캐릭터는 갈수록 사악해진다. 그녀는 자신의 힘을 이용해 신비의 검 엑스칼리버와 칼집을 훔친 뒤 아서 왕에게 맞서고, 그의 몰락을 꾀한다. 결국 새로운 마녀인 호수의 여인이라 불리는 니니안*Ninianne*이 등장하면서 이 같은 시도는 좌절된다. 하지만《불가타 연작》의 마지막 부분을 보면, 모건은 아발론으로 향하는 아서 왕의 최후의 여정에서 그를 보필하는 여성 중 한 명으로 등장한다.

1485년 토머스 맬러리*Thomas Malory*가 펴낸 아서 왕에 관한 결정판이자 시토회 교리의 본보기가 된《아서왕의 죽음*Le Morte d'Arthur*》에서 모건은 훨씬 더 단순한 캐릭터로 그려졌다. 기네비어 여왕과 마찰을 일으킨 원인이 된 연애 관계도 찾아볼 수 없다. 그 대신 모건은 원래부터 사악하고 악의적인 인물로 묘사된다. 지식이나 힘이 있는 여성을 향한 중세 시대의 두려움을 반영하듯, 그녀는 아서 왕의 강력한 적수이자 흑마법에 능란한 마법사로 등장한다.

　이 무렵 독일에서는《마녀를 심판하는 망치 *Malleus Maleficarum*》(1487. 일명 '마녀의 망치'로 불리는 이 책은 마녀를 식별하고 취조하는 것에 관한 지침서로 쓰였다)가 동시 출간을 앞두고 있었다. 이후 이 책이 마법에 반대하는 기득권 세력의 주목을 끌면서 영국에 마녀재판이 급증하는 계기가 되었다. 초창기 모건의 마지막 흔적을 찾아볼 수 있는 이 책에는 그녀의 허락하에 아서 왕의 시신을 아발론으로 실어 나르는 모습이 담겨 있다.

　문학계에서 모건의 존재감은 여전히 강렬하다. 이탈리아 르네상스 시와 프랑스 문학은 물론 영국 작가 에드먼드 스펜서 *Edmund Spenser*의 장편 서사시《페어리 퀸 *The Faerie Queen*》에도 등장한다. 그녀는 영화관의 대형 스크린을 통해서도 만나볼 수 있는데, 〈엑스칼리버〉(1981)에서 헬렌 미렌이 모건 역을 맡아 인상적인 연기를 펼쳤다. 최근에는 마블 시리즈와 DC코믹스에 악당으로 등장했다.

　그녀의 캐릭터는 매우 강렬해서 끊임없이 재조명되고 있다. 성적 매력을 표출하는 데 주저함이 없는 여성, 타고난 마법의 치유 능력을 지닌 현명한 여성으로서의 이미지는 자애로운 여신에서 악마에 이르기까지 다양하게 재해석되고 있으나 강력한 그 힘만은 변함없다. 겁에 질린 작가들은 모건을 악의 화신으로, 복수심에 불타는 존재로 희화화했는데, 그녀의 독립성과 능력, 성적 욕망을 다루기 위해 그들이 할 수 있는 일이란 그뿐이지 않았을까.

"남자들은 반대 증거가 차고 넘친다 해도 피가 물보다 진하고, 아름다운 여자는 사악할 리 없다고 믿는다."
- 존 스타인벡 *John Steinbeck*,
《아서 왕과 원탁의 기사들 *The Acts of King Arthur And his noble Knights*》

　다양한 화신으로 등장하는 모건의 모습은 시사하는 바가 크다. 물론 신성한 여성성의 힘을 지닌 현명한 치유사로서의 초창기 이미지가 우리에게 가장 큰 영감을 주기는 한다. 하지만 나중에 재탄생한 사악한 모건에게서도 정치적 식견과 명민한 전략적 사고, 학자로서의 기량 등 장점을 발견할 수 있다. 자신의 매혹적인 힘을 활용할 줄 아는 통제력과 자신감 넘치는 태도는 또 어떤가. 복수심으로 가득 찬 그녀의 파괴적인 성향조차도 인간 누구에게나 악의적인 면이 있음을 상기시킨다. 그녀의 거친 분노는 두려움과 경외감을 동시에 불러일으킨다. 모건의 캐릭터에서 발견되는 이 같은 모순 덕분에 그녀는 흥미롭고 쉽게 공감할 수 있는 존재로 여겨진다. 보살피고 치유하는 여신에서부터 분노를 퍼붓는 강력한 적에 이르기까지 모건 르 페이의 이미지는 우리 모두의 가장 은밀하고 어두우면서도 달콤한 야망을 구현하고 있다.

키르케 *Circe*

그리스 여신/마녀

다른 표기법:

Κίρκη

Kirke

Pure Mother Bee

지팡이와 약초를 들고 다니며 주문을 외우고 변신술에 능했던 키르케는 서양 문학에 등장한 최초의 마녀였다. 그녀는 수 세기 동안 여자 마법사의 본보기로 여겨졌다. 하지만 무엇보다 이 외로운 늑대 여신(그녀는 늑대 무리와 사자들을 수족처럼 거느리고 살았다고 전해진다)의 주요한 특징은 너무도 인간적이었다는 점이다.

그리스 신화의 주변적 존재인 강력한 마법사 가문에서 태어난 키르케는 바다의 님프 페르세와 티탄 신족의 태양신 헬리오스의 딸이다. 그녀의 여동생 파시파에는 약초를 이용한 마법에 능한 마녀였으며, 훗날 반인반우(半人半牛) 괴물 미노타우로스를 낳는다. 그녀의 남자 형제로는 황금 양털(Golden Fleece)을 지키는 아이에테스와 강력한 마녀 메데이아에게 살해당한 페르세스가 있었다. 혼란스럽게도 메데이아는 키르케의 조카이자 아르고 원정대를 이끈 이아손의 아내였으니, 신들의 세계에서도 이 가문은 보기 드문 문제 가족이었다.

키르케는 아이아이에 섬에서 목가적이고 고립된 삶을 살았다. 일설에 따르면 남편인 콜키스의 왕자를 살해하여 그녀의 아버지가 키르케를 섬으로 추방했다고 한다. 한편 그녀가 스스로 원해서 호화로운 감금 생활을 즐겼다는 이야기도 있다. 키르케는 만인의 선망을 받는 마법사로서

주문을 연마하고, 섬을 에워싼 울창한 숲에서 약초를 채집하고, 마법으로 유순하게 만든 사자와 늑대를 돌보며 시간을 보냈다. 가끔 누군가 그녀를 찾아오기도 했다. 오비디우스*Ovid*의 작품에 따르면 바다의 신 글라우코스가 종종 연애에 대한 조언을 구하러 왔다고 한다. 글라우코스는 스킬라라는 님프에게 푹 빠져 있었는데, 스킬라는 하반신이 물고기 모습인 그의 외모를 마음에 들어 하지 않았다. 글라우코스를 흠모하던 키르케는 스킬라의 목욕물에 독을 타서 아름다운 외모의 그녀를 개 머리가 여섯 개에 촉수가 열두 개, 고양이 꼬리가 달린 바다 괴물로 만들어버렸다.

남자를 돼지로 변신시키다

우리에게 가장 잘 알려진 키르케는 호메로스*Homer*의 《오디세이아 *The Odyssey*》에 등장하는 키르케일 것이다. 《오디세이아》에 따르면 오디세우스의 부하들은 아이아이에 섬에 도착했을 당시 바다에서 10년을 보낸 터라 몹시 지쳐 있었다고 한다. 게다가 직전에 식인 거인 라이스트리고네스족과 치른 전투에서 12척의 배 가운데 11척을 잃어버린 상태였다. 오디세우스는 남아 있는 선원들로 수색대를 꾸려 섬으로 보냈고, 그곳에서 키르케의 대저택을 발견하게 된다.

일부 문헌에서 키르케는 계략적이고 사악한 모습으로 묘사된다. 그녀는 오디세우스의 부하들을 환대하며 추파를 던지고, 먹을 것을 주고, 노래를 부르고, 아내와 집을 잊으라고 부추긴다. 그러다가 순식간에 지팡이를 휘둘러 그들을 돼지로 변신시켰다. 하지만 키르케가 수적으로 불리하다는 것을 알고 경계하다가 선제공격을 한 것이라는 보다 현실적인 해석도 있다. 키르케는 약초에 관한 지식이 뛰어났으므로 음식에 환각제를 넣어 주술을 부려 그들을 동물로 바꿀 수 있었다는 것이다. 키르케가 선원들을 돼지로 만든 것은 "남성 우월주의자 돼지"라는 1960~1980년대 2차 페미니즘 물결의 구호를 예지한 것만 같다.

부하들에게 무슨 일이 생겼는지 걱정이 된 오디세우스는 그들의 자취를 따라간다. 내륙으로 들어가는 길에 오디세우스는 전령의 신 헤르메스를 만나는데, 그는 키르케의 마법에 걸리지 않으려면 몰리(moly)라는 약초를 먹어두라고 조언한다. 헤르메스는 또한 키르케를 지배하려면 그녀와 자야 한다고도 귀띔해준다. 오디세우스는 키르케의 대저택으로 가서 그녀가 권하는 대로 독을 들이켰으나, 몰리를 먹어둔 덕분에 마법에 빠지지 않는다. 그리고 그는 키르케의 목에 검을 들이댄다. 이 지점에서는 오디세우스가 화자로 등장하는 오비디우스의 글을 살펴볼 필요가 있다. 오디세우스는 상당히 완곡한 어조로 키르케의 항복을 유도하며 이렇게 말한다. "무기를 칼집에 넣으시오. 우리는 함께 몸을 뒤섞고 침대에서 사랑을 나눌 거요. 한바탕 놀고 사랑하려면 서로의 신뢰가 우선이지 않겠소."

마찬가지로 오디세우스는 자만심 넘치는 어조로, 키르케와 동침한 후 곧바로 그녀가 사랑에 빠졌고, 마법에 걸린 부하들을 풀어주었다고 말한다. 그리하여 모두가 그 섬에서 1년을 머물게 되는데, 이에 대해 오비디우스는 더없이 행복한 시간이었다고 서술한다. 헤시오도스의 작품에서도 이 시기에 키르케가 오디세우스의 세 아들을 낳았다고 전한다. 하지만 1년 후 부하들은 집으로 돌아가자고 오디세우스를 설득한다. 여기에서 우리는 오디세우스를 향한 키르케의 진짜 감정을 유추해볼 수 있다. 그녀는 오디세우스에게 말 그대로 지옥에 가라고 조언한다. 지하세계를 다스리는 하데스와 페르세포네의 집에 가서 테바이의 맹인 예언자인 테이레시아스의 유령을 만나 조언을 구한 다음 고향으로 돌아갈 것을 충고한다(그래야 귀향길에 닥칠 위험들을 피할 수 있다고 말한다). 오디세우스가 자신을 떠나는 것에 분개한 것일까? 아니면 그가 섬에서 보낸 1년이라는 시간이 그녀에게 영향을 미친 것일까? 그것도 아니면 온갖 이야기에서 전하는 것처럼 키르케는 오디세우스와 그의 부하들을 자신의 섬에 억지로 가둔 잔혹한 요부였을까?

키르케의 섬에서 느껴지는 성적, 정치적 긴장감은 수 세기 동안 작가들의 마음을 사로잡았고 소크라테스, 오비디우스, 제임스 조이스 *James Joyce* 까지 모두 그녀의 이야기를 자신의 언어로 다시 썼다. 현재 세계 도처에 키르케의 조각상이 흩어져 있고, 수많은 갤러리에 조금씩 다른 그녀의 초상화가 걸려 있으며, 그녀를 주제로 한 발레 작품도 상연되고 있다. 지난 수 세기 동안 키르케는 희생양으로 이용되었다. 그녀의 성적 욕망이나 혹은 그녀가 남성을 혐오하기 때문에 남자들을 돼지로 바꿔버렸다는 것이다. 그렇게 키르케는 요부, 마녀, 남성 혐오자로 묘사되었다. 힘과 지식을 갖춘 여성들 대부분이 교활하고 남자에 굶주려 있다는 고정관념을 나타내는 상징적 인물이 되었다. 하지만 시간이 흐르면서 키르케의 서사는 만화 속 마녀에서 보다 입체적인 존재로 바뀌고 있다. 1999년 캐롤 앤 더피 *Carol Ann Duffy* 는 돼지고기 요리법을 설명하는 재미있는 시에서 키르케의 시점으로 이야기한다. 2018년 베스트셀러 대열에 오른 매들린 밀러 *Madeleine Miller* 의 소설 《키르케》는 자기만의 분야에서 부단히 일하면서도 엄마이기에 헤쳐나가야 하는 여성의 복잡다단한 이야기를 상세히 전하고 있다.

> "오디세우스, 라에르테스의 아들, 위대한 여행자, 계책과 속임수와 천 가지 수단을 가진 왕자. 그는 내게 자기 흉터를 보여주었고, 그에 대한 화답으로 아무 흉터도 없는 척하는 나를 모르는 척해주었다."
> - 매들린 밀러, 《키르케》

각기 다른 시대와 문명의 이야기임에도 키르케가 처한 상황은 오늘날의 수많은 여성이 마주한 상황과 크게 다르지 않다. 덩치 큰 동물들을 돌보며 홀로 살고, 스스로 새로운 기술을 배우고 터득하는 그녀는 독립적인 인물의 전형이다. 하지만 사람들이 키르케의 세상으로 들어올 때면—그녀의 집은 섬이기에 들어오는 것은 그들의 선택에 달렸다—그녀는 스스로를 방어하고 자신의 입장을 견지했다. 키르케는 짙고 낮은 목소리로 명령하고 마술로 자신을 보호하는 등 갖은 수단을 펼칠 수 있는 전략가였다.

마법을 부리는 불멸의 존재임에도 불구하고 키르케는 인간적이다. 일각에서는 키르케를 여신으로 묘사하지만 그녀는 신도 인간도 아닌 중간적 존재였고, 그녀의 능력은 독학으로 획득한 것이다. 키르케는 그 능력을 얻기 위해 인간들처럼 부단히 노력했다. 그녀의 이야기에서 육체는 문자 그대로의 의미로 사용된다. 키르케는 자신의 몸을 협상의 수단으로 이용하고, 남자를 인간에서 짐승으로 바꾸며, 육체적 고통을 이겨내고 엄마가 된다. 키르케는 속세의 마녀로 실수를 저지르기도 하지만 애완동물과 약초에 둘러싸여 혼자 살아갈 때 가장 행복을 느낀다. 지켜야 할 명령이나 의무도 없으며 사회적 요구를 이행할 필요도 없다. 키르케는 단지 버지니아 울프가 말한 "자기만의 방"이 필요한 여성일 뿐이었을지도 모른다.

바바 야가 *Baba Yaga*

슬라브 마녀

다른 표기법:

Baba Jaga

Бáба Ягá

대지의 어머니로도, 식인 노파로도 볼 수 있는 바바 야가는 변덕스러운 기인이다. 그녀는 자아 발견의 길로 우리를 이끌며 실질적인 기술을 가르쳐주는 존재일까? 아니면 차를 마시기 위해 우리를 오븐으로 밀어 넣어 잡아먹으려는 기괴한 존재일까?

바바 야가가 나타나기 전에는 소리가 먼저 들릴 것이다. 나무가 신음하듯 삐걱대고, 나뭇잎이 세차게 흩날릴 만큼 사나운 바람이 휙 지나가는 소리 말이다.

 바바 야가의 모습은 기괴하다. 큼지막하고 뾰족한 코가 얼굴에 떡하니 자리하고 있으며, 헝클어진 긴 회색 머리카락을 늘어뜨리고 있다. 피부는 여름날 가뭄이 든 초원 지대처럼 갈라져 있고, 입속에는 녹슨 듯한 철 이빨이 들어차 있다. 꼬부라진 허리 위로 누더기를 걸친 이 마녀는 큼지막한 절구를 타고 다닌다(보통 절구가 낮게 날아올라 이동할 때 질질 끌리듯 땅에 자국을 남긴다고 전해진다). 이때 한 손에 든 커다란 절굿공이로는 노처럼 휘저으며 방향을 잡고, 다른 한 손에 든 자작나무 빗자루로는 자신이 이동한 흔적을 지운다. 바바 야가의 집 역시 눈길을 사로잡는다. 뼈로 만든 높은 울타리에는 눈에서 빛을 내뿜는 해골이 잔뜩 꽂혀 있고, 그 뒤로는 경사진 지붕 모양의 오두막집이 서 있다. 이 집 밑에는 커다란 닭

다리가 달려 있어서 여차하면 숲으로 달아날 수 있다. 뒤뚱대며 흔들거리는 모습으로 말이다. 이 오두막집은 회전할 수도 있고 꽥 하는 소리를 지르거나 앓는 소리를 내기도 한다. 또 사람의 눈처럼 생긴 창문이 달려 있고, 자물쇠에는 이빨이 빼곡히 박혀 있다.

언뜻 보면 바바 야가는 동화 속에 등장하는 전형적인 마녀처럼 보인다. 그녀는 인간의 냄새를 맡을 수 있고, 아이들의 부드러운 살을 아주 좋아하며, 마법의 힘을 휘두를 수도 있다. 그녀는 "밝은 새벽, 붉은 태양, 어두운 자정"을 상징하는 세 명의 기사와 잘린 손 모양의 하인을 거느리고 있다. 하지만 바바 야가는 첫인상에서 느껴지는 모습보다 좀 더 복합적인 존재다. 허락 없이 그녀의 집을 방문한 사람들은 거대한 절굿공이에 내동댕이쳐져 오븐 속에서 구워질지 모르지만, 예상하지 못한 그녀만의 색다른 방식으로 도움을 받을지도 모른다.

바바 야가의 이중성

바바 야가가 주요 인물로 등장하는 가장 유명한 이야기인 《아름다운 바실리사 Vasilisa the Beautiful》는 알렉산드르 아파나시예프 Alexander Afanasyev가 1855년에 처음으로 집대성한 동명의 민화집(民話集)에 수록되어 있다. 이 이야기에는 어린 나이에 엄마를 잃은 소녀 바실리사가 나오는데, 그녀가 가진 것은 자신을 보호해주겠다고 맹세하는 엄마가 남긴 작은 마법 인형뿐이다. 이렇게 전개되는 이야기가 늘 그렇듯 그녀의 삶에도 사악한 계모와 바실리사의 외모를 질투하는 의붓언니들이 등장한다. 그들은 으스스한 숲 가장자리에 자리한 작은 오두막에 사는데, 어느 날 불이 모조리 꺼져버리자 계모와 의붓언니들은 두 눈이 불타오르는 바바 야가의 해골을 가져오라며 바실리사를 숲으로 보낸다. 바바 야가는 자신의 집에 온 바실리사에게 쉰 목소리로 속삭인다. "얘야, 불을 얻으려면 그 대가로 너는 여기서 일을 해야 해. 그러지 않으면 저녁 식사로 너를 잡아먹을 거야!"

바바 야가는 이틀 내내 바실리사에게 반복적이고 견디기 힘든 집안일을 끊임없이 시킨다. 그런데 놀랍게도 바실리사는 마법 인형의 도움을 받아 주어진 일들을 전부 해낸다. 일을 끝내놓고 바실리사는 바바 야가에게 궁금했던 세 기사가 누구인지 묻는다. 바바 야가는 그 기사들은 자신의 부하라며 각각 누구인지 기꺼이 대답해준다. 바실리사는 잘린 손 모양의 하인에 대해서도 묻고 싶었지만 안 좋은 생각인 것 같아 잠자코 있었다. 바바 야가는 더 묻지 않는 바실리사에게 좋은 생각이었다고 말해준다. 잘린 손 모양의 하인에 대해 물었다면 바실리사는 절굿공이에 내쳐져 결국 오븐에 넣어졌을 수도 있었던 것이다. 그리고 나서 바바 야가는 바실리사에게 묻는다. "너는 어떻게 내가 맡긴 일들을 그렇게 빨리 끝낼 수 있었니?" 바실리사는 "돌아가신 엄마가 내린 축복 덕

"아이들은 보호받아야 한다.
심지어 자기 자신에게서도."
- 마리카 맥쿨라 Marika McCoola,
《바바 야가의 조수 Baba Yaga's Assistant》

분이에요!"라고 대답한다. 이 말에 바바 야가는 벌컥 화를 내며 그녀를 오두막집에서 내쫓는다(바바 야가는 축복을 받은 사람들을 몹시 싫어했다고 전해진다). 하지만 울타리에 꽂혀 있는 불타오르는 해골 중에 하나를 바실리사에게 들려 보내는 것 또한 잊지 않았다. 바실리사는 마침내 집으로 돌

아와 자신을 교묘히 속인 가족들에게 해골을 건네준다. 결국 새엄마와 의붓언니들은 해골의 화염에 휩싸여 새카맣게 타 재가 되어버리고, 바실리사는 자유로운 몸이 된다.

바바 야가의 이중성을 보여주는 이 이야기는 동화의 전형성을 따르지 않는다. 바바 야가는 바실리사를 돕지만 우회적인 방법을 취한다. 바바 야가는 바실리사가 인형으로 대변되는 자신의 직관에 귀 기울인 것에 보답한다. 이것은 바실리사가 자신의 길을 스스로 찾아야 한다는 점에서 보면 그녀에게 마냥 편안한 결과는 아니다. 하지만 작가 클라리사 핀콜라 에스테스*Clarissa Pinkola Estes*는 그 과정에서 바실리사가 "자기 본연의 여성적 힘"을 찾아 나서기 시작했다고 말한다. 바바 야가의 오두막집은 끝없이 계속되는 따분한 일을 통해 "내면의 정화"를 찾도록 이끌고, 세 기사에 관한 질문을 통해 삶과 죽음의 본질을 생각해보는 시간을 가짐으로써 자아를 찾아가는 여성들의 피난처가 된다는 것이다.

바바 야가는 대개 성인의 문턱에 들어선 젊은 여성에게 손을 내민다. 자신의 관심을 받을 자격이 있다고 생각하는 여성들을 헤아려 삶의 다음 단계로 이끄는 것이다. 러시아학 교수인 시벨란 포레스터*Sibelan Forrester*는 2013년에 집대성한 《바바 야가: 러시아 동화에 등장하는 동부의 사나운 마녀*Baba Yaga: The Wild Witch of the East in Russian Fairy Tales*》에서 아내와 엄마가 되기 위해 여성에게 요구되는 의무에 맞설 것을 강조한다. 그녀의 말은 그러한 의무를 높이 평가하는 사회에 중요한 교훈을 던져준다.

바바 야가는 러시아와 그 너머 지역의 설화에서 수 세기 동안 전해 내려왔다고 알려져 있지만, 그녀가 처음으로 언급된 기록물은 1755년에 출간된 미하일 로모노소프*Mikhail V. Lomonosov*의 《러시아어 문전*Rossiiskaia Grammatika*》이다. 바바 야가는 작곡가 무소르그스키*Mussorgsky*의 앨범 〈전람회의 그림*Pictures at an Exhibition*〉에 수록된 '닭발 위의 오두막'에 등장하기도 하고, 〈아름다운 바실리사〉(1939) 같은 유명한 판타지 영화를 비롯한 여러 영화에도 등장한다. 〈센과 치히로의 행방불명〉(2001)에 나오는 유바바는 바바 야가에서 영감을 받아 탄생된 캐릭터이기도 하다.

바바 야가의 길들지 않은 면모와 경계적 신분 역시 능력이라고 볼 수 있다. 바바 야가는 일반적인 규범에 순응하지 않는다. 정돈하지 않은 머리는 쭈뼛하게 서 있고 손톱은 길며 풀어헤친 가슴은 축 처져 있다. 바바 야가는 누더기 같은 낡은 옷을 입고 있지만, 그녀가 사는 독특한 오두막집의 모습은 마치 아웃사이더 아트(Outsider Art: 정식으로 미술 교육을 받지 않은 사람들이 기성 예술의 유파나 주류를 이루는 흐름에 관계없이 창작하는 것)처럼 보인다. 바바 야가는 사회에서 벗어난 곳에서 살 뿐만 아니라 사회의 관습에도 얽매이지 않는다. 자신의 선택을 따르고, 그녀의 삶에서 잘린 손 모양의 하인과 기사들을 제외하고는 다른 사람은 필요로 하지 않는다. 그녀는 통상 사악한 마녀의 정형화된 이미지와도 부합하지 않는다. 험악한 여성이지만 현명한 가르침을 건네기도 하는 바바 야가는 자유로운 삶을 살며, 자신의 지식을 받을 가치가 있는 이들에게만 곁을 내어준다. 이토록 유쾌하고 거침없는 정령을 어떻게 흠모하지 않을 수 있단 말인가?

카산드라 *Cassandra*

그리스 예언자

카산드라의 정확한 예언력은 신의 선물이자 저주이기도 했다.
그녀의 이름은 오늘날 진실을 말하지만 비난받는 사람들을 지칭하는
대명사가 되었다. 침묵하기를 거부하는 그녀의 결의는 운동가들은
물론 정의를 추구하는 모든 사람에게 영감을 주고 있다.

카산드라는 트로이의 왕 프리아모스와 여왕 헤카베 사이에서 태어난 눈
부시게 아름답고 영리한 딸이다. 카산드라는 아폴론 신에게 사건을 예
견할 수 있는 초자연적 능력을 선사받았는데, 그 시기가 어린 시절이었
다거나 혹은 10대 무렵이었다는 이야기도 있다. 하지만 아폴론은 예언
의 능력을 준 대가로 그녀와 성적인 관계를 갖기를 바랐다. 카산드라는
그 요구를 거부하면서 자신의 몸과 의지는 지켜냈지만, 그로 인해 큰 대
가를 치르게 된다.

아폴론은 분노한 나머지 카산드라를 겁탈할까도 생각했다. 하지만 카
산드라의 수호자인 자신의 여동생 아테나가 얼마나 화를 낼지 잘 알았
기에, 대신 카산드라에게 준 능력을 뒤바꾸는 쪽을 택한다. 아폴론은 카
산드라의 입에 침을 뱉어서 그녀의 능력에 저주를 내린다. 그 후에도 카
산드라의 예언은 정확했지만 아무도 그녀의 말을 믿지 않았다. 서사시인
퀸투스 스미르나에우스*Quintus Smyrnaeus*의 말에 따르면 그녀의 예언은

"듣는 이의 귀를 스쳐 지나는 바람"이 되고 만다.

카산드라가 얼마나 좌절했을지 우리가 상상이나 할 수 있을까. 카산드라의 예지력은 확실했기에, 그녀는 가족과 트로이 사람들에게 곧 닥칠 재앙을 경고하고자 애썼다. 하지만 그럴수록 카산드라는 미친 여자 취급을 받았다. 그럼에도 입 다물고 있을 수만은 없었던 카산드라는 친구와 가족, 이웃에게 무시당하면서도 계속해서 앞으로 닥칠 미래를 경고한다. 고통과 수모가 따르더라도 끝끝내 진실을 말한다.

카산드라는 오빠 헬레노스에게 예언술을 가르치기도 했는데, 역설적이게도 그의 예언은 사람들의 신뢰를 받았다. 아주 옛날에는 남성이 여성의 생각을 자기 생각인 양 말하는 것(hepeating)이 당연한 것으로 여겨졌다. – 사람들을 곤경에서 구하고 문제를 해결하는 것은 오직 남성의 몫이었다 – 헬레노스와 카산드라는 둘 다 스파르타의 아름다운 왕비 헬레네가 트로이에 들어오는 순간, 트로이는 망할 것이라고 예언한다. 하지만 그들의 또 다른 형제 파리스가 빼어난 미모의 헬레네를 새로운 아내로 맞아 트로이로 데려온다. 카산드라는 그녀가 성문으로 들어오는 것을 막으려 "천 척의 배를 띄우게 만들 얼굴"이라며 공격했지만 허사로 돌아갔다. 카산드라의 예견대로 헬레네의 전 남편인 스파르타의 왕 메넬라오스는 아내를 되찾고자 트로이를 상대로 전쟁을 벌인다. 그리하여 트로이는 포위되고, 그 후 거의 10년 동안 트로이 전쟁이 계속된다.

예언은 축복인가 저주인가

카산드라의 가장 유명한 예언은 약 10년 동안 트로이 성벽을 무너뜨리려 혈안이 된 그리스군이 트로이에 '선물'로 남긴 거대한 목마와 관련이 있다. 목마 안에 병사들이 숨어 있는 강렬한 모습을 떠올린 카산드라는 큰 위협을 느껴 트로이 사람들에게 위험을 경고한다. 하지만 사람들은 그녀의 예언을 듣지 않고 그저 웃어넘겼다. 퀸투스 스미르나에우스에 따르면 사람들은 그녀를 조롱하며 이렇게 말했다고 한다. "순결한 베일을 썼다고 정숙한 처녀는 아니다. 너의 예언은 파멸을 불러오는 광기이니 모든 남자가 너를 경멸할 것이다. 이 말썽꾼아!" 절박한 마음으로 카산드라는 목마를 직접 무너뜨리기 위해 불타오르는 나뭇가지와 양날 창을 움켜쥐고 바퀴 달린 그 말을 향해 용감하게 달려들었다. 하지만 그녀는 즉각 잡히고 말았으며 무기를 빼앗긴 채 그 자리에서 호송되었다.

그날 밤, 목마 안에 숨어 있던 그리스 병사들이 몰래 빠져나와 도시의 성문을 열어젖히고 아군을 불러들였다. 광란을 피해 달아나던 카산드라는 아테나의 신전에 숨었으나 장수 아약스가 그녀를 쫓아왔다. 그는 카산드라를 난폭하게 겁탈했고, 이를 본 아테나의 조각상은 엄청난 눈물을 흘렸다고 한다. 카산드라는 전리품으로 미케네의 왕 아가멤논에게 바쳐졌고, 그는 카산드라를 노예이자 첩으로 삼았다.

끔찍한 상황이었지만 카산드라는 이에 굴하지 않았다. 그녀는 아가멤논과 맺은 강제적인 관계가 그와 자신을 죽음으로 이끌 것이라 예견했는데, 이는 일종의 복수나 다름없었다. 고대 그리스의 시인이자 극작가인 에우리피데스*Euripides*의 작품《트로이의 여인들과 히폴리투스*The Trojan Women and Hippolytus*》에 따르면, 카산드라는 턱을 치켜든 채 "아카이아의 이름난 왕 아가멤논에게는 나의 결혼이 헬레네의 결혼보다 더 다루기 힘든 재앙이 될 것이다."라고 말했다고 한다. 그녀의 예언은 여느 때처럼 현실이 되었다. 몇 년 후 카산드라와 아가멤논, 그들의 자식은 아가멤논의 아내인 클리타임네스트라와 그녀의 정부인 아이기스토스에게 살해당하고 만다.

카산드라는 수천 년이 지난 지금까지도 대중문화의 시금석으로 여전히 살아 숨 쉬고 있다. 카산드라는 시와 연극 - 윌리엄 셰익스피어의《트로일러스와 크레시다*Troilus and Cressida*》가 대표적이다 - 은 물론 그녀의 이름을 딴 플로렌스 나이팅게일*Florence Nightingale*의 미출간 에세이 '카산드라'에도 등장한다. 플로렌스 나이팅게일은 이 에세이에서 1800년대 중반 상류층 영국 여성에 대한 규제에 저항한다. 1980년대 초에 카산드라는 크리스타 볼프*Christa Wolf*의 소설《카산드라》에서 페미니스트의 아이콘으로 부상하기도 했다. 이 소설은 카산드라의 관점에서 트로이 설화를 풀어나가며 강압적인 동독 정치 체제하에 살았던 저자 자신의 삶을 풍자한다.

"나는 두 얼굴을 가진 신 야누스처럼 한쪽은 폴리애나(지나친 낙천주의자의 대명사로 엘리너 포터의 소설《폴리애나*Pollyanna*》의 주인공이다)의 얼굴로, 다른 한쪽은 카산드라의 얼굴로 생각하기를 원한다. 이는 미래나 과거에 함몰된 삶을 경계하기 위함이다."
- 레이 브래드버리*Ray Bradbury*

카산드라의 저주 이야기는 널리 알려져서 이제 그 이름을 딴 신드롬이 있을 정도다. '카산드라 콤플렉스'는 환경운동이나 평등을 논할 때처럼 타당한 경고가 묵살되는 상황에서 주로 사용된다. 기후 변화를 경고하는 사람들은 반드시 짚고 넘어가야 하는 문제를 지적했음에도 오래전부터 두려움을 조장하는 자들이라거나 히피라는 조롱을 받았다. 현대의 폭력 피해자들 역시 카산드라와 같은 경험을 하고 있다. 그들은 신뢰를 잃고 의심받으며 의견이 묵살되곤 한다. 최근에 2017년만 하더라도 수천 명의 여성이 집단적으로 들고 일어선 후에야 성희롱과 폭력에 반대하는 미투 운동(#MeToo)이 호응을 얻게 되었으니 말이다.

카산드라가 살던 시대에 여성들은 속마음을 드러내지 않고 침묵하며, 웃으면서 남자들에게 무대를 양보하라는 요구를 받아왔다. 그녀의 이야기는 의견을 말하려 하고, 목소리를 내려는 여성들이 어떻게 정신이상자 취급을 받았는지 보여준다. 하지만 카산드라는 잠자코 있기를 거부했다. 그녀는 자신의 재능을 숨기지 않았으며 계속해서 트로이 사람들에게 눈앞에 닥칠 위험을 경고했다. 다른 사람들이 자신의 말을 믿지 않자 직접 행동에 나서기까지 했다. 용감한 그녀는 '미친' 여자라는 오명을 쓰더라도 침묵하지 않기로 했다. 그녀는 극기심이 강한 여성이다. 고대 그리스의 극작가인 아이스킬로스*Aeschylus*의《아가멤논*Agamemnon*》에 나오는 그녀의 마지막 말에도 압제자를 향한 동정심이 가득하다. "나는 그저 죽임을 당하는 노예이고, 한 줌의 흙으로 돌아갈 뿐이오. 하지만 당신, 오 인간인 당신, 행복할 때는 그림자 하나만으로도 행복이 뒤엎어질 수 있고, 불행할 때는 젖은 해면이 한 번 훔치면 지워져 버리는 그림과 같구나. 나는 당신을 동정하오."

피티아 *The Pythia*

그리스 여사제/마녀

신과 직접 소통하던 여사제 피티아. 그녀가 지닌 여성 특유의 지혜는
당시의 정치인과 전사, 전략가들에게 신성하게 여겨짐으로써
그리스 여성들이 크고 분명한 목소리를 낼 수 있었다.

한 여인이 커다란 황금빛 삼각대(tripod) 위에 앉아 있다.-삼각대에는
가마솥이 얹혀 있는데, 그 위에 걸터앉았다-흰색 드레스를 입은 그녀의
한 손에는 월계수가 들려 있으며, 다른 손에는 샘물이 담긴 접시가 들려
있다. 그녀의 발아래로는 땅의 갈라진 틈으로 짙은 증기가 뿜어져 나온
다. 달콤한 향에 취한듯 그녀의 눈이 뒤집히더니 머리카락이 거칠게 나
부낀다. 곧 입에 거품을 물기 시작하더니 팔을 올린 채 좌우로 몸을 흔
든다. 이렇게 한껏 고조된 상태에서 여인은 앞일을 예언한다. 이 여인이
바로 피티아다.

피티아는 한 사람의 고유한 이름이 아니라 한 여성에서 다른 여성에
게로 전해지는 직함이었다. 그리스 델피에 위치한 아폴론 신전에서 신탁
을 전하도록 선택된 가장 높은 여사제에게 주어지는 이름이었다. 이 여
성들은 기원전 7세기 말부터 기원후 4세기까지 치유와 빛, 예언의 신인
아폴론에게서 직접 예언을 전달받았다.

웅장한 위엄이 느껴지는 델피의 아폴론 신전은 파르나소스산의 서쪽

경사로 높은 곳에 자리하고 있다. 일부 사람들은 이곳이 원래 대지의 여신 가이아를 숭배하는 여성 중심적인 종교 집단의 근거지였다고 주장하고, 어떤 사람들은 이곳이 지구의 중심이라고 여긴다. 또한 아폴론이 가이아의 아들이자 신전의 수호자인 피톤을 죽인 뒤, 그의 시신을 크레바스에 던지고 이 땅을 차지했다는 이야기도 있다. 이 설화에 따르면 피톤의 시신이 썩으면서 땅에서 새어 나온 중독 가스가 제단을 휩쌌다고 한다. 보다 평범한 설명으로는 기원전 8세기 델로스에서 온 사제들이 원래 여성들이 운영하던 신전을 합병하면서 현지인의 반발을 사지 않으려 여사제들이 신탁을 운영하는 전통을 유지했다는 설도 있다. 어떤 이야기가 진실에 가깝든, 이곳은 그리스인들에게 대단히 중요한 장소로 아폴론 신전의 건립을 기념하며 4년마다 올림픽 경기를 열었다.

명예와 희생의 이름 '피티아'

피티아는 신탁을 시작하던 초기에는 고등 교육을 받은 도덕적으로 '순수한' 젊은 처녀 중에 선택되었다. 하지만 기원전 3세기에 군 간부였던 테살리아의 에케크라테스가 그중 한 명을 겁탈하면서, 나이 든 여성이 고대 여성 예언자를 연상케 하는 처녀 복장을 하고 신탁을 받는 것으로 바뀌었다. 나중에는 교육 수준이나 신분 또한 덜 중요해져서 소작농도 피티아 자리에 오를 수 있었다.

그러나 피티아로 선택된 여성에게는 희생이 따랐다. 염소만 제물로 희생되는 것은 아니다. 이들은 가족과 집, 개인적인 모든 것들을 포기해야 했다. 피티아로서의 역할에만 충실해야 했다. 피티아는 신체적, 정신적으로 고된 자리였기에 예언자의 경력과 수명은 짧았다고 한다. 이 같은 고단함 때문인지 예언의 일정에는 제한이 있었다. 신탁의 인기가 절정에 달할 때라도 여름 동안에는 한 달에 한 번 신탁을 받았고, 한 번에 세 명의 피티아가 예언의 가마솥을 담당해 신탁을 진행하기도 했다.

예언하기 전 피티아 무녀는 카스탈리아의 샘에서 목욕을 하고 단식한 뒤 카소티스 샘물을 마시는 등 정화 의식을 거쳤다. 신탁을 받는 의식은 염소를 죽이고 질문자에게 사례를 받는 것으로 시작되었다. 하지만 이 무녀들은 미래를 직접 예언하기보다는 현명한 조언을 전하는 편에 가까웠다. 피티아의 예언은 때로 명확하지도 않았다. 가령 입대해야 하느냐는 남자의 질문에 "전쟁터에 가서 죽지 말고 돌아오시오."라는 모호한 조언을 했다고 한다. 아테네인들은 페르시아의 왕 크세르크세스의 공격을 두려워하여 신탁을 구하기도 했는데, 때로 피티아의 조언은 다음과 같이 그들을 더욱 두렵게 만들었다. "당신의 조각상들이 땀을 흠뻑 흘리고 있다. 그들은 두려움에 벌벌 떤다. 가장 높은 지붕 꼭대기에서 검은 피가 뚝뚝 떨어진다. 그들은 악을 피할 수 없다. 나가라, 내 성소에서 나가 슬퍼하라."

다소 비극적이게도 자기 인식이 높았던 피티아는 자신의 존재가 불필요해질 것을 예지하기까지 했다. 서기 4세기 중반, 로마 황제인 배교자 율리아누스*Julian the Apostate*가 그리스 고전 문화의 부흥을 꾀하면서 신탁을 구하자, 피티아는 슬픔에 잠겨 이렇게 말했다고 한다. "왕에게 동굴 벽이 썩어 무너졌다고 전하라. 아폴론을 위한 예배당도 없다. 예언하는 만(灣)도 말하는 개울도 없다.

할 말이 많았던 개울이 말라버렸구나."

피티아의 존재를 입증하는 역사적인 증거는 넘친다. 1980년대에 이루어진 지질학 조사 결과 신탁의 땅인 델피가 있던 곳은 두 개의 주요한 균열이 교차하는 지점이라는 사실이 밝혀졌다. 이 지역에서는 환각 상태를 유발한다고 알려진 에틸렌이 다량 방출되었을 것이다. 작가이자 1세기 델피의 사제였던 플루타르코스*Plutarch*의 기록에 따르면 피티아가 보인 모습은 환각 증세와 매우 비슷했던 것을 알 수 있다. 그는 피티아의 예지력이 그곳에서 새어나온 가스 덕분이기도 하지만 주로 여성들의 훈련과 준비 의식 덕분이라고 여겼다. 그는 아폴론이 음악가라면 피티아는 리라 악기이며, 방출된 가스는 음악적 능력을 극대화해주는 것이라고 노래하기도 했다.

피티아는 신화적인 존재는 아니지만, 마녀와 신과 소통하는 초자연적인 존재들처럼 중간자의 위치에 속했다. 피티아의 영향력은 막강했다. 개인뿐만 아니라 군대와 국가의 운명이 신탁을 맡은 사람들의 손에 좌우되었기 때문이다. 예언을 읽은 피티아는 종종 여성 특유의 관점에서 내릴 수 있는 평화롭고 현명한 해결책을 제안했다. 아폴론의 신탁임에도 피티아의 예언은 설득력이 부족한 면이 있었지만, 덕분에 그리스 지도자들은 나약하다는 비난을 사지 않으면서 여성의 소중한 의견을 받아들일 수 있었다. 신탁은 그리스 여성들에게 강한 목소리를 낼 수 있게 해주었고, 여사제는 사회에서 높은 대우를 받으며 세제 혜택이나 화려한 거처 같은 특혜를 누렸다.

피티아는 신과 직접 소통하는 영적인 여성의 상징과 같은 존재이다. 이들의 의상과 준비 의식, 무아 상태의 모습은 오늘날에도 찾아볼 수 있는데, 이는 형식화된 의식이나 신이교주의(neopaganist) 여성 단체, 신비주의자들의 공연뿐만이 아니다. 멋진 드레스를 입고 춤추는 정기적인 파티의 사교 모임에서 당시 기준으로 가장 현명한 조언을 내놓는 피티아와 친구가 되고 싶지 않은 사람이 어디 있겠는가? 물론 피티아는 유명 인사 그 이상의 존재였다. 이 여성들에게 신탁 의식은 엄연한 직업이었고-국내를 비롯해 다른 나라에까지 피티아의 의견은 존중받았으며, 이들은 신탁을 위해 개인적인 삶을 포기했다-피티아의 목소리는 가치 있게 평가받았으며, 사람들은 피티아의 의견을 바탕으로 행동에 나섰다. 한마디로 이 여성들은 매우 중요한 존재로 여겨졌다.

"우리는 피티아가 예언을 멈춘 원인에 귀 기울여야 한다. … 피티아가 신성이 머무는 곳에 가까이 가지 못했거나 어떠한 이유로 신성한 힘이 사라졌을 것이다."
- 플루타르코스

우리는 지금 진보와 평등의 시대에 살고 있다고 생각할지 모른다. 하지만 정치인, 외교관, 국가원수가 되려는 사람들이라면 이 현명한 여성들을 존중했던 당시 사람들의 태도를 배워야 하지 않을까.

페르히타 *Berchta*

남부 독일 및 오스트리아 여신

다른 표기법:

Perchta

Bertha

Percht

쌀쌀하고 거친 모습의 페르히타는 가정의 규율을 어기는 자들에게 가혹하다. 하지만 얼음처럼 차가운 겉모습을 깨고 들어가면 그 안에 따뜻하고 부드러운 마음을 발견할 수 있을 것이다.

페르히타 전설은 사람들 사이에서 유행처럼 널리 퍼져 있다. 알프스에 겨울이 찾아오면 페르히타는 그녀의 남자 짝인 크람푸스*Krampus*와 함께 소셜 미디어를 점령한다. 알프스의 눈 덮인 산속 마을에서는 두 신화적 존재를 기리는 퍼레이드를 하는데, 우선 크리스마스가 다가오는 시기에는 크람푸스 축제가 열린다. 사람들은 짐승의 얼굴 같은 뿔 달린 나무 가면을 쓰고, 방울이 달린 털이 북실북실한 의상을 입고 불꽃놀이를 하며 한껏 시끄러운 소리를 내면서 즐긴다. 크리스마스 시기에 인스타그램에서는 크람푸스 축제 현장을 담은 게시물을 쉽게 찾아볼 수 있다. 그리고 페르히타를 기리는 '페르흐텐라우프(Perchtenlauf)'는 크리스마스부터 다음 해 1월 초 주님 공현 대축일(Epiphany: 크리스마스 후 12일째 날인 1월 6일. 기독교에서 동방박사들이 아기 예수를 만나러 베들레헴을 찾은 것을 기리는 축일이다) 전까지 열린다. 무시무시한 괴물 복장을 하고 겨울의 정령과 그들이 몰고 온 얼음같이 추운 날들을 쫓아버리려는 사람들로 축제 분위기는 한층 고조된다. 하지만 장난감 가게에서 파는 괴물 가면이나

글루바인(Glühwein: 설탕과 꿀, 향료를 넣어 데운 적포도주)이 넘쳐나는 시끌벅적한 축제에서만 이 여신을 찾아볼 수 있는 것은 아니다. 페르히타는 놀랍도록 긴 세월 동안 여러 모습들을 보여주었다.

중세 시대의 페르히타는 독일 여성들에게 가혹했는데, 자신에게 특별한 의미가 있는 주님 공현 대축일에는 여성들이 천을 짜는 일을 해서는 안 된다고 보았다. 하지만 이후 여성의 노동이 더욱 중요해지면서 그녀의 역할은 미묘하게 바뀌었다. 페르히타는 여성들에게 집 안을 깔끔하게 정리하는 것은 물론 주어진 리넨(亞麻)을 정해진 기한에 맞춰 방적하고, 축일날 밤에 자신을 위한 죽한 사발을 놓아둘 것을 요구했다. 제일 열심히 일한 사람에게는 보상으로 금으로 바꿀 수 있는 나뭇조각을 주었다. 그녀의 규칙을 어기는 사람에게는 혹독한 처벌이 내려졌다. 페르히타는 그들을 침대에서 끌어내 배를 갈라 내장을 꺼낸 다음, 그 안을 지푸라기와 돌로 채우고 다시 꿰매서 반 인간 반 허수아비로 만들었다고 한다.

폭력적인 행동을 서슴지 않았음에도, 페르히타는 종종 신비롭고 싸늘하며 속눈썹에 서리가 내려앉은 창백한 얼굴이 아름다운 눈의 여신으로 등장했다. 가끔은 무서운 늙은 노파의 모습으로도 나타났는데, 바바 야가(22~25쪽 참조)의 먼 사촌 마냥 매부리코에 헝클어진 머리카락을 늘어뜨리고, 길고 더러운 치마 아래로 커다란 새 발이 튀어나와 있는 모습이었다. 또

"나니아에 와본 적 없는 사람들은 무언가 좋은 동시에 끔찍할 수 있다고는 생각하지 못하지."
- C.S. 루이스 《사자, 마녀 그리고 옷장》

페르히타는 처녀와 노파가 합쳐진 모습으로 나타났는데, 이 모습이 두 얼굴을 지녔다고도 전해지는 핀란드 여신 로비아타르(110~113쪽 참조)와 닮은꼴이라는 설도 있다. 이 같은 이중성은 오늘날 그녀의 이름을 딴 축제들에서 확연하게 드러난다. 이 축제 현장에서는 아름다운 페르히타와 추악한 페르히타를 둘 다 찾아볼 수 있다.

설화 수집가로 유명한 언어학자 야코프 그림Jacob Grimm은 숲에 사는 이 야생적인 생명체에 매료되었다. 그는 페르히타가 최소한 10세기부터 존재했다고 믿었으며, 교회가 그녀에게 씌운 마녀의 탈 뒤에 숨겨진 보다 다층적인 면모를 찾아내고자 했다. 그림은 19세기에 집필한 《튜턴 신화(Teutonic Mythology: 게르만 신화)》에서 "악령이 나온다고 여겨지는" 크리스마스와 주님 공현 대축일 사이 12일간의 밤(Rauhnächte)에 페르히타와 그녀의 무리가 어떻게 밖에서 널리 활동하는지 말한다. 그림은 맹렬한 기수로서 유령 사냥의 선두에 선 페르히타를 묘사한다. 그녀는 '페르히텐berchten'-악령, 정령, 마녀, 세례 받지 못한 아이들의 영혼-으로 불리는 이들과 함께 말을 타고 하늘을 질주하며 다른 신과 전쟁을 하거나, 혹은 이 땅에 풍요를 가져오는 정령들을 사냥하는 모습을 서술한다. 오늘날 열리는 페르히타와 관련된 퍼레이드도 흡사 유령 사냥에서의 소란함이 재현되는데, 야수 수행원들을 흉내 내는 복장을 한 사람들이 요란한 소리를 내며 거리를 휘젓고 다닌다.

그림은 또 다른 독일 여신 홀다Holda가 페르히타의 화신일 것이라 생각했다. 홀다는 독일 북부에 산다고 전해지는 농사와 공예의 수호신이다. 그림은 이 여신들과 오딘의 아내인 프리그, 또 프리그의 도플갱어로 여겨지는 밤하늘에 천둥을 내리꽂는 프레이야(60~63쪽 참조) 사이의 연결

고리를 추적했다.

그림은 페르히타의 온화한 측면을 찾기 위해 노력하다가 실 잣는 사람을 지원하는 그녀의 습성을 발견했다. 이러한 특징으로 인해 페르히타는 범유럽 신들의 자리에 확고히 자리매김하게 되는데, 당시 실을 짜는 일은 인간의 운명을 결정짓는 활동으로 여겨졌기 때문이다. 독일은 광활한 유럽 대륙의 중앙에 위치하기에 페르히타에게는 유럽 전역에서 숭배되는 여러 신들의 특징이 녹아들 수밖에 없었다. 이 강렬한 북부 유럽 여신들에 대한 그림의 글을 읽다 보면 기독교가 유입되기 전 영혼을 저승으로 인도하는 안내자(즉 저승사자) '프시코폼프스*Psychopomps*'의 기원도 엿볼 수 있다.

페르히타와 그녀와 밀접한 여신들은 특히 죽은 아이들의 정령과 긴밀한 관계가 있다. 그림은 죽은 딸의 영혼이 주님 공현 대축일 기간의 유령 사냥에서 페르히타와 함께 있는 것을 보고 몹시 슬퍼하는 엄마의 이야기를 전한다. 죽은 딸은 엄마에게 그만 울라고, 엄마가 흘린 눈물로 이미 눈물 항아리가 가득 찼다고 말한다. 이 이야기는 유아사망률이 높은 시기에 비탄에 빠진 엄마들을 달래주었다. 전국의 아이들에게 페르히타와 홀다는 보다 긍정적인 이미지로 다가왔다. 아이들은 이 여신들이 하늘에서 거위 털 이불을 흔들면서 나온 흰 털이 납빛 하늘을 하얗게 수놓으며 첫눈을 만들어낸다고 생각했다. 홀다는 거위 털 망토를 두르고, 페르히타는 보통 거위와 함께 있으며 물새의 발을 가진 모습으로 그려지는데 둘 다 목이 긴 새와 관련이 있다. 그래서인지 페르히타가 마더 구스(Mother Goose) 이야기의 기원이라고 믿는 사람들도 있다. 언젠가부터 페르히타는 이중인격으로 표현되기 시작했는데, 꼭 안아주고 싶은 연약한 페르소나는 동화에까지 진출한 반면, 다른 인격은 기독교가 독일 전역에 뿌리내리면서 더 악하게 그려졌다.

기독교 교회는 페르히타 설화를 고쳐 썼다. 그로 인해 그녀는 사악하고 추한 노파와 같이 묘사되거나, 우스꽝스럽고 희화화된 마녀에 불과한 존재로 그려졌다. 왜 그랬을까? 페르히타는 교회가 제압하고 싶은 이교도적인 속성을 대변했기 때문이다. 악마화는 그녀의 명성을 훼손시키고, 그녀를 숭배하는 사람들을 처단하는 가장 손쉬운 방법이었다. 15세기 저서 《빈자의 보물*Thesaurus pauperum*》과 《열 가지 규례*De decem praeceptis*》에서는 독일 남부 바이에른에서 부와 풍작을 기원하며 페르히타와 그녀의 추종자들에게 음식을 바치는 관습을 노골적으로 비난하기도 했다. 그러나 이 이교도 여신의 캐릭터는 너무나 강렬해서 사람들의 기억이나 관습 속에, 바이에른 알프스의 베르히테스가덴과 같은 지명에, 축제와 주님 공현 대축일 밤을 지칭하는 현지 이름인 베르히텐타크(Berchtentag)에 계속해서 살아남았다.

페르히타의 이름을 딴 악령 퍼레이드에 떼 지어 몰려드는 관광객들은 그녀를 사악한 존재로만 알고 있겠지만, 이제는 짐승 가면과 뿔, 배를 가르고 벌을 주는 악령의 모습 뒤에 숨은 진짜 여신의 따뜻한 모습을 바라볼 때다. 눈의 여신 페르히타가 가진 천상의 아름다움과 아이들을 향한 사랑에는 상당히 로맨틱하고 감동적인 부분이 있다. 나니아의 하얀 마녀가 아이에게 터키 과자를 건네준 것이 정말 따뜻한 마음에서였고, 궁전에 잃어버린 소년과 소녀들을 위한 장소가 진짜 있다면 바로 그런 모습이 아닐까.

하얀 버펄로 여인 _White Buffalo Calf Woman_

북미 토착민 및 라코탄족 정령

다른 표기법:
Pte San Win
Ptesan Winyan
Ptehincala San Win

대지와 파이프 담배를 사랑하는 하얀 버펄로 여인은 히피의 원조 격인 존재다. 그녀는 라코타 수(Lakota Sioux)족에게 환경 보존을 위해 반드시 필요한 가르침을 전했을 뿐만 아니라 그들에게 가장 소중한 의식을 전수했다. 그러나 환경 친화적인 전사이자 교육자인 그녀가 사랑과 평화만을 추구했던 것은 아니다.

19세대를 거슬러 올라간 때, 그러니까 2000년 전 북아메리카에 살던 라코타 수족은 일곱 개의 성스러운 회의 모닥불(미국 원주민들이 회의 중에 계속 피워놓는 불) 앞에 모였다. 이날의 회의는 식량이 부족해 제대로 치르지 못했는데, 주위에 식량으로 삼을 만한 동물이 없었기 때문이다. 그리하여 어느 날 라코타 수족의 한 부족인 이타지프초(Itazipcho)족 족장은 먹을 것을 사냥해 오라며 젊은 남자 둘을 보냈다. 한참 동안 아무런 수확 없이 돌아다니던 그들은 언덕에 올라 저 아래 대초원을 내려다보기로 했다. 그런데 언덕에 오르니 화려한 문양이 수 놓인 흰색 사슴 가죽을 걸친 여자가 그들을 향해 다가오는 것이 아닌가. 여인의 길고 검은 머리는 버펄로 가죽으로 느슨하게 묶여 있었고, 눈에 총기가 가득하여 성스러운 기운마저 느껴졌다.

　사냥꾼 하나가 이 신비로운 여성을 향한 욕정을 주체하지 못하며 친구에게 말했다. "우리 마음대로 하자. 아무도 모를 거야." 하지만 다른 사냥꾼은 말했다. "잠깐, 저 여자한테 예의를 갖춰야 하지 않을까?" 하지만 첫 번째 남자는 친구의 말을 비웃었다. 그는 음험한 욕망을 드러내며 여자에게 달려들었다. 그런데 그가 여자에게 다가가는 순간 흰색 구름이 두 남자를 감싸며 천둥이 번쩍이는 것이 아닌가. 구름이 걷히자 검게 그을린 뼈 무더기 옆에 여자가 차분히 서 있는 것이 보였다. 순식간에 타버린 친구의 모습을 본 두 번째 남자는 화들짝 놀랐다. 겁에 질린 그가 여자를 향해 활시위를 당기자, 여자는 그의 언어로 차분하게 말했다. "두려워하지 마라. 부족으로 돌아가 내가 가고 있다고 전해라. 나를 맞을 준비를 하라고 전해라."

남자는 자신의 부족으로 부랴부랴 돌아갔고, 부족 사람들은 이 신비한 방문객을 맞이하기 위해 가장 큰 천막(tipi)을 세웠다. 며칠 후 약속대로 그 여자가 도착했다. 그 후 나흘 동안 여자는 부족 사람들에게 붉은 흙으로 신성한 제단을 만드는 법을 가르쳐주었다. 그런 뒤 배낭에서 '차눈파(chanunpa)'라는 신성한 담뱃대를 꺼냈다. 그녀는 붉은 버드나무 껍질로 만든 담배인 '찬샤샤(chan-shasha)'로 담뱃대를 채우는 법은 물론 담뱃대를 채우면서 부르는 노래도 가르쳐주었다(차눈파는 라코타족이 중요한 의식을 행할 때 사용하는 도구로 알려져 있다). 그러고 나서 라코타족의 일곱 가지 신성한 의식을 치르는 법을 일러주었다. 또한 땅을 돌보는 법을 손수 보여주었고, 만물은 연결되어 있으며 아이들이 미래임을 늘 잊지 말라고 말했다. 오늘날에도 여전히 환경 운동의 근간이 되고 있는 지침들이다.

여자는 자신이 필요할 때면 흰색 동물의 모습으로 다시 돌아오겠다고 약속한 뒤, 그곳을 떠났다. 그런데 석양을 향해 걸어가던 그녀가 갑자기 멈춰서 몸을 한 바퀴 굴리자 곧바로 검은색 버펄로로 변했다. 그녀가 다시 몸을 굴리자 이번에는 갈색 버펄로가 되고, 또 한 번 더 굴리자 붉은 버펄로가 되었다. 그녀는 마지막으로 몸을 굴려 가장 신성한 존재인 하얀 버펄로 새끼로 변신한 뒤 자취를 감추었다.

여자가 사라지자마자 버펄로 떼가 언덕의 능선에서 나타나 큰 소리로 울어댔다고 한다. 풍요와 신성한 삶을 상징하는 버펄로는 북미 원주민 문화의 기반으로 식량을 제공하고, 가죽으로는 의복과 주거용 천막을 만들 수 있고, 뼈는 도구로 활용할 수 있었다. 이처럼 부족의 삶에 아주 중요한 원천을 제공한 이 여자에게는 '하얀 버펄로 여인'이라는 이름이 주어졌다. 일각에서는 운석처럼 지구에 떨어진 여신이자 조화와 평화를 상징하는 다코타(수족) 여신 우오페*Wóȟpe*를 이 여인의 또 다른 화신으로 여긴다.

북미 원주민 문화에서 여자는 보통 남자의 부차적인 존재로 여겨지지만 – 수족의 모토 중 하나는 "여자는 남자보다 뒤에서 걷는다"이다 – 원주민들에게 가장 존경받는 이 초자연적 존재는 여자이다. 그녀는 라코타 부족에게 신성한 담뱃대를 태우는 방법뿐만 아니라 인간으로서 조화롭게 사는 법을 알려준다. 그렇지만 욕망에 사로잡힌 사냥꾼을 무자비한 방식으로 제압한 것으로 보아, 그녀는 사랑이 넘치면서도 매우 엄격한 모습 또한 갖고 있음을 알 수 있다.

"우리 여성의 심장이 높이 있는 한
이 부족은 살아남을 것이다. 하지만 여성의
심장이 땅에 닿으면 모든 것을 잃을 것이다."
- 샤이엔족 속담

위대한 수호자

1970년대 라코타 부족민은 가정 폭력, 성폭력, 스토킹의 희생자에게 쉼터를 제공하는 단체인 '하얀 버펄로 여인 재단(WBCWS)'을 수립하고 그녀를 기리기 시작했다. 인근 부족인 샤이엔족의 속담 가운데에는 "우리 여성의 심장이 높이 있는 한 이 부족은 살아남을 것이다. 하지만 여성의 심장이 땅에 닿으면 모든 것을 잃을 것이다."라는 격언이 있다. 그녀의 신성한 꾸러미와 담뱃대는 없어지지 않고 여전히 지상에 남아 있는데, 수세대에 걸쳐 원주민들이 보전해온 덕분이다. 오늘날 그 수호자는 라코타족 출신의 환경 운동가인 아르볼 루킹 호스*Arvol Looking Horse*로 대표된다.

원주민들은 1990년대와 2000년대 초반에 하얀 버펄로 새끼가 태어난 것을 우려할 만한 징조로 해석했다. 친환경을 지향하는 하얀 버펄로 여인 재단의 지지자들은 불화의 시기에 그 같은 동물이 다시 나타난다는 예언이 이루어진 것은 아닌지 걱정하고 있다. 그들에게 기후 변화는 대단히 시급한 사안이다. 하얀 버펄로 여인은 그녀가 사랑하는 이 나라와 세계를 보호하기 위해 다시 소환되고 있다. 그녀는 과연 또 한 번 능력을 발휘하게 될까?

리안논 *Rhiannon*

켈트족 여신/요정

리안논은 자유분방한 몽상가처럼 보이지만 그녀의 온화하고 매혹적인
외모 뒤에는 단단한 결의가 자리하고 있다. 동물을 사랑하는 신화 속 공주
리안논은 알고 보면 투지 있고 결단력 뛰어난 강한 여성이다.

달의 여신 리안논은 아름다운 처녀로 아끼는 흰색 말을 타고 있는 모습
이나 말의 형상으로도 묘사된다. 또한 그녀 뒤로 세 마리 마법의 새가 날
고 있는 모습을 찾아볼 수 있는데, 이 새들이 부르는 노래는 온갖 슬픔을
치유하고 죽은 자를 잠에서 깨우며 살아 있는 자가 기꺼이 죽음을 맞이
하도록 해준다고 한다. 리안논은 12~13세기 무렵 영국 최초의 산문집으
로 여겨지는 《마비노기온》에 처음 등장한다. 총 4부로 이루어진 이 산문
집은 기독교가 유입되기 이전의 켈트족 구전 신화와 민속 설화를 비롯한
아서 왕 이야기를 한데 모아 엮은 것이다.

　　리안논은 저승의 왕 헤파이드 헨*Hefaidd Hen*의 딸이다. 그녀의 아버지
는 태양의 신 그왈*Gwawl ap Clud*과 딸의 결혼을 약속했는데, 리안논은 그
왈과 결혼하는 것이 몹시 싫었다. 이들의 결합은 정치적인 세력을 확보
하기 위한 강력한 수단이었다. 후대의 많은 인간 가문들은 이러한 신화
를 들어 그들의 조상이 요정과 같은 초자연적 존재임을 주장하며 스스로
를 정당화했다(156~159쪽 린 이 판 파크의 여인 참조).

단호한 몽상가

한 설화에 따르면, 어느 날 리안논은 금색 실크 옷을 입고 특유의 몽환적이고 느릿한 자태로 말을 타고 있었다. 디페드의 왕자 프윌*Pwyll*은 그녀를 보자마자 사랑에 빠졌고, 가장 빠른 기수에게 그녀를 쫓아가라고 명했다. 하지만 그는 리안논을 따라잡지 못했고, 다음 날 프윌은 그곳을 다시 찾았다. 이번에도 또다시 기수를 보내 그녀를 쫓았지만 역시 그녀를 따라잡지 못했다. 셋째 날 프윌은 직접 그녀를 쫓아가 겨우 공주와 발을 맞추게 되었다. 프윌이 그녀에게 멈춰달라고 부탁하자, 리안논은 질책하듯 살짝 비꼬는 어투로 그에게 말했다. "당연히 멈출 겁니다. 먼저 물어봤더라면 당신 말이 그렇게 힘을 뺄 일도 없었을 텐데 말이지요." 결과적으로 리안논이 프윌을 찾으려 이곳에 온 것임을 알 수 있다.

둘은 결혼하기로 약속했고 드디어 결혼식 당일이 되었다. 모든 일이 계획대로 돌아가는 것처럼 보였다. 모든 연회 준비를 마친 가운데 프윌은 환대를 받으며 리안논 아버지의 궁전으로 들어갔다. 자리에 앉아 만찬을 즐기려는 순간 한 신비한 방문객이 나타나 프윌에게 청이 하나 있다며 다가왔다. 기분이 좋은 데다 살짝 취한 프윌은 선뜻 그의 청을 들어주겠다고 말했다. 그러자 낯선 사람이 자신의 정체를 드러냈다. 그는 바로 리안논의 원래 약혼자였던 그왈이었다. 그는 신부인 리안논과 연회를 자신에게 달라고 청했다. 리안논은 "당신보다 어리석은 사람은 없을 거예요."라며 프윌에게 화를 냈다. 하지만 그녀는 묘책이 있다며 프윌에게 이렇게 말했다. "그에게 나를 내어주는 척하세요. 절대로 그의 여자가 되지 않을게요."(리안논은 그왈에게 이 연회는 디페드의 기사들을 위해 마련한 것이니, 1년 뒤 그를 위해 더욱 성대한 결혼식을 열겠다며 그때까지 기다려달라고 부탁했다고 한다)

1년이 지나고, 이번에는 리안논과 그왈의 결혼식 날이 되었다. 리안논과 사전에 약속한 프윌은 부하 백 명과 성 밖에서 기다리고 있었다. 축하 연회가 한창 무르익었을 때, 프윌은 리안논이 건네준 마법의 가죽 가방을 어깨에 걸치고 부랑자로 위장한 채 성안으로 들어왔다. 그리고 그왈에게 가방을 음식으로 채워달라고 청했다. 이 태양의 신은 가방을 채워주려 애썼으나 채워지지 않자, 그 안을 슬쩍 들여다보았다. 그 순간 프윌은 그왈의 머리에 가방을 씌운 뒤 꽉 조였고, 그왈이 굴복할 때까지 그를 때리도록 부하들에게 시켰다. 일설에 의하면 태양의 신 그왈을 정복한 것은 여름의 끝을 상징하며, 이는 곧 삼하인(Samhain) 축제를 의미한다고 전해진다.

프월은 리안논의 남편이 되었지만 그 후로 쭉 행복했던 것은 아니다. 내내 아이가 생기지 않던 리안논은 드디어 아들을 한 명 낳았는데, 아들이 태어난 바로 그날 유모들이 잠든 사이에 아이가 사라지고 만다. 죄책감과 두려움에 사로잡힌 유모들은 몰래 리안논에게 개의 피를 묻힌 뒤 그녀가 아이를 잡아먹었다고 말한다. 리안논은 그 처벌로 궁전 밖에 앉아 궁을 방문하는 사람들에게 자신이 저지른 끔찍한 짓을 말한 뒤 자신을 말처럼 타고 성안으로 들어가라고 말해야 했다. 그녀의 초라하지만 기품 있는 모습에 방문객들 대부분은 그 제안을 거절했다. 리안논의 아들을 발견해 키우던 한 부부는 여느 아이들 같지 않게 초자연적인 속도로 자라는 아이의 모습을 보고 신분을 알아차려 2년 만에 아이를 리안논에게 돌려주었다. 그녀는 크게 기뻐했고, 프라이데리*Pryderi*라는 이름을 되찾은 왕자는 죽은 아버지를 이어 디페드의 왕이 되었다. 그렇게 프라이데리와 리안논은 《마비노기온》에 기록된 더 많은 모험을 계속 이어 나간다. 리안논은 나중에 아들의 친구인 마나위단과 결혼해 잉글랜드로 향한다.

리안논은 원시 켈트족이 섬기던 여신이 기원으로, 갈로·로만(Gallo-Roman) 문화 속 말의 여신 에포나와 관련 있다고 여겨진다. 근래 위카(Wicca: 샤머니즘을 기반으로 하는 종교로 자연의 주기와 계절을 중요시한다)에서는 그녀를 미소 짓는 모습의 자애로운 존재로 다소 평면적인 이미지로 그리고 있다. 하지만 《마비노기온》에 등장하는 리안논은 뉴에이지 타로 카드에 등장하는 예쁘고 매력적인 이미지나 크리스털 가게에 붙어 있는 핀업 사진(핀으로 벽에 붙이는 미인의 사진), 플리트우드 맥의 노래 '리안논'에서 묘사하는 하늘거리는 히피보다 훨씬 투지가 강한 여성이다. 리안논은 자신의 운명을 직접 결정하고 스스로 미래를 만들어 나가는 진취적인 여성이다. 결혼하고 싶은 상대를 직접 고르고, 그 상대와 결혼하기 위해 하나가 아니라 두 개의 계책을 마련할 정도로 대담하고 강인하며 솔직한 인물이다. 그녀는 자신의 짝이 될 남성을 점찍은 뒤 그를 쟁취했다. 그것도 두 번이나.

리안논은 또한 극기심 강한 여성이다. 살인자라는 누명을 썼지만 우아하고 품위 있게 처벌을 감내한다. 드라마 〈왕좌의 게임*Game of Thrones*〉에서 세르세이가 받아들였던 고통스러운 '수치의 행진'을 연상시키는 모습이다. 이 장면은 리처드 3세가 에드워드 4세의 정부인 제인 쇼어*Jane Shore*를 상대로 실행한 정의, 즉 공개 속죄에서 영감을 받았다고 한다. 가족과 친구에게 버림받은 리안논은 홀로 성문 밖으로 내쳐졌지만 강인한 정신력을 발휘해 살아남았다. 그뿐만 아니라 자신을 벌한 자를 용서하고, 지칠 법도 한 삶을 부정하지 않고 이어가며 긍정적인 태도를 잃지 않았다. 뼛속까지 강인한 여성이 아닐 수 없다.

CHAPTER 2

WARRIORS

전사

투사, 전략가, 정의 실현가

아르테미스 *Artemis*

그리스 여신

다른 표기법:

Diana

아르테미스-로마 신화의 디아나-는 늑대와 함께 달리며 독립적이고
확신에 찬 여신의 전형이다. 그녀는 자연 속에서 다른 여성들과 함께
살아가는 조화로운 삶을 꿈꿨다.

애초부터 아르테미스는 진취적인 성향이 남달랐다. 태어난 지 고작 9일
만에 어머니가 그녀의 쌍둥이 남동생인 아폴론을 출산하는 것을 도와주
었다고 한다. 하지만 그녀는 의욕적인 성향을 타고날 수밖에 없다. 그녀
의 아버지는 신들의 왕 제우스이고, 어머니는 티탄 신족의 아름다운 여
신 레토였으니 말이다.

아르테미스는 어린 시절부터 독립적인 아이였다. 기원전 2세기 혹은
3세기에 쓰인 칼리마코스*Callimachus*의 시에는 아르테미스의 세 번째 생
일잔치가 흥미롭게 묘사되어 있다. 생일 선물로 무엇을 원하는지 묻는
제우스의 말에 조숙한 아르테미스는 사랑이나 결혼에 매이지 않고 살
수 있게 해달라고 청한다. 그리고 남동생처럼 활과 시위를 주고, 매일 입
을 수 있는 무릎까지 내려오는 사냥복을 달라고 말한다. 또 자신의 시중
을 들고, 개를 돌보는 것을 도와줄 수십 명의 시녀를 달라고 청한다.-이
제까지의 요청은 꽤나 합당해 보인다-여기서 나아가 아르테미스는 이
세상에 있는 모든 산을 주고, 온 세상에 빛을 가져다주는 일을 맡게 해

달라고 청한다. 너그러운 아버지인 제우스는 크게 웃음을 터뜨리며 딸의 소원을 전부 들어준다.

성장할수록 아르테미스의 자연을 향한 열정은 더욱 커져갔다. 그녀는 황금 뿔 사슴 여섯 마리가 끄는 마차를 타고 사냥 연습에 매진했다. 동물을 사랑하면서 사냥 기술을 연마하는 그녀의 모습이 의아할 수도 있지만, 아르테미스는 식량이 필요할 때만 사냥했고 임신한 동물을 죽이는 사람은 자연의 균형을 해친 이유로 벌을 내렸다. 아르테미스는 인류학자이자 동물학자인 제인 구달 *Jane Goodall*이나 다이앤 포시 *Dian Fossey*처럼 연약한 생명체를 적극적으로 보호하는 최초의 풀뿌리 환경 운동가였던 셈이다. 우리는 2019년에 기후를 위한 등교 거부 시위를 벌인 스웨덴의 10대 기후 운동가 그레타 툰베리 *Greta Thunberg* 같은 젊은 환경 운동가들에게서 그녀의 자취를 느낄 수 있다. 아르테미스는 어린아이들과 출산 및 산파의 여신으로서 인간을 보호하는 데에도 크게 관여했다.

꿈꾸던 삶을 살다

올림포스산에 살았음에도 아르테미스는 다른 신들과 교류하지 않았으며, 정치는 물론 험담으로 가득한 궁궐 생활도 멀리했다. 그녀는 요정들과 함께 자연 속에서 한가로이 돌아다니는 것을 좋아했다. 아르테미스는 2차 페미니즘 물결 당시 관련 팬 잡지에 나올 법한 여성 공동체 안에서 생활했다. 이들은 함께 어울려 사냥하고 강에서 목욕하고, 서로를 지극히 보호해주며 지냈다. 아르테미스는 무슨 수를 써서라도 이들 모두가 순결을 지키도록 하겠다고 다짐했다. 당시의 순결은 정조보다는 결혼에 가까운 의미였다고 한다. 오비디우스의 작품에는 호수에서 벌거벗고 목욕하던 소녀들을 염탐한 악타이온의 이야기가 나온다. 분노한 아르테미스는 그를 수사슴으로 바꿔버렸는데, 악타이온의 사냥개들이 사슴인 그를 공격하여 갈기갈기 찢어 죽인다.

아르테미스는 키레네, 아탈란타, 안티클레이아 같은 동성 연인과 교류했으며, 무리 중 한 명인 칼리스토와는 각별한 사이였다고 전해진다. 오비디우스는 제우스가 아르테미스의 모습으로 변신해 아름다운 칼리스토에게 접근한 이야기도 들려준다. 칼리스토는 아르테미스인 줄로만 알고 열렬히 키스했는데 순식간에 여인은 제우스로 변했다. 그는 칼리스토를 겁탈했고, 결국 그녀는 제우스의 아이를 임신하게 되었다. 아르테미스는 연인인 칼리스토의 배가 불러오는 것을 보고, 자신의 공동체는 반드시 동성애 서약을 지켜야 한다는 것을 보여주기 위해 그녀를 무리에서 추방한다. 일설에 의하면 제우스가 칼리스토를 곰으로 바꿨다거나, 질투심에 사로잡힌 그의 아내 헤라가 칼리스토를 동물로 바꿨다고 전해진다. 하지만 칼리스토를 동물로 변신시킨 것은 아르테미스라는 이야기도 있다.

사냥 동료이자 친밀한 라이벌인 오리온의 죽음에 아르테미스가 관련되어 있다는 설도 있다. 오리온이 아르테미스를 겁탈하려 하자 그녀가 오리온을 죽였다거나, 그녀의 오빠인 아폴론이 오리온을 향한 아르테미스의 사랑을 질투해 누이를 속여 그를 죽이게 했다거나, 아폴론이 거대한 전갈을 보내 오리온을 죽게 했다는 이야기 등 여러 가지 설이 전해진다.

아르테미스의 중성적인 복장이나 탄탄하고 강인한 외모, 용감하고 결단력 있는 영웅적인 모습은 조각상과 그림의 단골 주제이기도 하다. 그녀는 로마 신화 속 디아나의 모습으로 더 많이 묘사되었는데 오페라 〈디아나의 나무 *L'arbore Di Diana*〉와 화가 티치아노 *Vecellio Tiziano* 및 렘브란트 *Rembrandt*의 그림에서 찾아볼 수 있다. 또 프랑스 왕 앙리 2세의 첩으로 대단한 권력을 행사했던 디안 드 푸아티에 *Diane de Poitiers*를 디아나로 상징화한 17세기 작품들에서 볼 수 있다.

아르테미스든 디아나든, 이 여신은 여전히 영화 제작자와 작가들을 매료시키고 있다. 〈헝거 게임 *The Hunger Games*〉의 주인공 캣니스 애버딘과 〈메리다와 마법의 숲 *Brave*〉의 생기발랄한 공주 메리다는 활시위를 당기는 이 여신의 직접적인 후예라 할 수 있다. 물론 손에 직접 활을 든 여성들만 아르테미스의 정신을 상기시키는 것은 아니다. 스티그 라르손 *Stieg Larsson*의 저서 《여자를 증오한 남자들 *The Girl with the Dragon Tattoo*》의 리스베트 살란데르나 〈왕좌의 게임〉에 등장하는 대너리스 타르가르옌 역시 아르테미스의 모습이 구현된 캐릭터다. 1997년에 아르테미스의 이름은 더 큰 반향을 불러일으켰다. 영국 다이애나 왕세자빈의 장례식에서 그녀의 남동생은 "다이애나는 고대 최고 사냥의 여신의 이름을 따왔는데, 결국 그녀는 최고의 사냥감으로 전락해버렸다." 라고 언급했다.

어린 시절부터 자유로운 삶을 열렬히 추구했던 이 사냥의 여신은 신들 가운데에서도 남다른 존재였다. 아르테미스는 세 살 때부터 사냥하고 싶은 자신의 열망을 알았고 최고의 사냥꾼이 되기 위해 부단히 노력했다. 아르테미스의 화살은 그녀의 결단력과 집중력, 확고한 의지를 보여주는 상징과 같다. 하지만 아르테미스의 가장 두드러진 특징은 그녀의 자매들과 여자 친구들, 동료를 향한 헌신과 공동체가 추구하는 야외 생활일 것이다. 가부장적인 그리스 사회에서 벗어나 여성들로만 이루어진 확 트인 유토피아에서 함성을 지르고 뛰어다니며 이들은 얼마나 즐거웠을까. 스마트폰 중독과 24시간 내내 뉴스가 쏟아지는 오늘날 우리 역시 자신만의 유토피아를 꿈꾸는 것을 포기하지 말아야 할 것이다.

아나트 *Anath*

북서부 셈족 여신

다른 표기법:

Anat

Antit

Anit

Anti

Anant

당신을 옹호해줄 친구가 필요하다면, 아나트를 찾기 바란다. 사랑과 전쟁의 여신 아나트는 불꽃같은 충성심의 소유자로 유명하다. 남편이자 오빠인 바알-본명 하다드-을 향한 열정적인 사랑 때문에 광란의 살육을 벌이기도 했던 이 여신은 온몸을 바쳐 사랑하고 괴로워하고 치열하게 싸운다.

서기 1000~1500년 무렵에 널리 알려져 있던 아나트와 그녀의 화신들은 이집트와 가나안 땅-현재 이스라엘, 팔레스타인, 레바논, 시리아, 요르단-전역에서 숭배를 받았다. 아나트는 고대 우가리트(Ugarit) 글들을 번역한 단편적인 내용의 신화에서 중요한 역할로 등장하며, 히브리 성서에도 잠깐 언급되었다.

　아나트 설화는 시리아에서 발견된 문자가 새겨진 토판을 해독하여 엮은 '우가리트의 바알 신화*the Ugaritic Baal Cycle*'(기원전 1400~1200년)에 생생하게 담겨 있다. 아나트와 바알은 최고 신 엘*El*의 자식(80~83쪽 이세벨 참조)이다. 바알은 하늘의 신이자 '구름을 타는 자(Cloud Rider)'로 비를 내리게 하여 나라의 풍요와 생산을 관장했다. 이 신화에서 아나트는 바알이 엘의 또 다른 아들인 바다의 신 얌*Yam*과 왕위를 놓고 다투는 싸움에서 얌을 성공적으로 제압한 후에 처음으로 등장한다. 승리를 축하하고, 얌에게 여전히 충성하는 자들을 초대해 바알이 만찬을 준비하는 가

운데, 아나트는 얼굴과 몸에 출전을 위한 칠을 한다. 헤나로 손을 붉게 물들이고 머리카락을 길게 땋고 눈을 짙게 화장하고 가장 좋은 옷을 걸친 뒤 연회장으로 들어간다. 그리고 왕궁의 문을 걸어 잠근 후, 그녀는 형제의 적들을 무참히 학살한다.

"그녀의 아래에는 흩어진 공처럼 머리들이 널려 있었고, 메뚜기 떼처럼 손이 쌓여 있었다. 아나트는 잘린 머리들을 등에 조여 맸고, 허리춤에는 잘린 손들을 둘러맸다. 병사들이 죽으면서 흘린 피가 그녀의 무릎까지 찼고, 그들의 내장이 그녀의 목까지 차올랐다. 아나트는 지팡이로 인질들을 모으고 활시위를 겨눠 이 난장판을 제압했다."

유혈이 낭자한 이 인상적인 장면은 하객들이 음식을 대접받은 뒤 모조리 도륙당한 〈왕좌의 게임〉의 피의 결혼식을 상기시킨다. 또 잘린 손이 줄줄이 달린 아나트의 허리띠는 칼리의 으스스한 장신구(72~75쪽 칼리 참조)를 떠올리게 한다.

타오르는 사랑

아나트를 '처녀'로 칭하는 것은 그녀의 젊은 기운과 독립성, 강인한 정신 때문일 것이다. 아나트는 종종 숫처녀로 묘사되지만, 여러 기록에 따르면 성욕이 대단히 왕성한 것으로 나타난다. 아나트와 오빠인 바알은 사랑을 나눌 때는 암소와 수소로 변신했다. 어떤 이야기에서는 아나트가 바알의 새끼를 밴 송아지를 낳았고, 다른 이야기에서는 이들 사이에 태어난 자녀가 77명이나 된다고 전해진다. 이들의 관계는 격정적이고 강렬했다. 바알이 아나트에게 전하는 다음의 메시지에서 모호한 말은 전혀 찾아볼 수 없다.

너의 발로 나에게 달려와라. 너의 다리로 나에게 돌진해 와라. 나는 너에게 전하고 싶고, 너에게 해주고 싶은 말들이 있다. 그것은 나무의 생각과 돌들의 소곤거림, 하늘과 땅 사이 그리고 깊은 곳과 별들 사이에서 들려오는 속삭임이다. 나는 하늘 저편에서 치는 번개와 인간의 지식을 넘어선 생각, 저 아래 군중이 이해하지 못하는 생각을 알고 있다. 이리 와라, 그러면 너에게 그것을 보여줄 것이다. 나의 깊고 신성한 자폰(Zaphon)산에서, 내가 태어난 봉우리에 있는 신성한 곳에서, 그 승리의 언덕에 자리한 낙원에서.

아나트는 바알의 사회적 지위에 관해서라면 타협하지 않고 강경하게 대처했다. 엘이 아들 바알에게 궁전을 물려줘야 할지 망설이며 웅얼거리자, 아나트는 끼어들어 이렇게 협박했다. "얌을 양처럼 땅에 질질 끌고 가서 은발이 피로 물들도록, 그의 수염이 피로 물들도록 만들 것이다." 아나트의 이런 모습은 '내 사람을 건드리면 가만 안 둬'라고 말하며 당장에라도 덤벼들 듯이 폭력적으로 변하는 드라마의 여주인공을 보는 듯하다.

아나트와 바알은 가뭄과 죽음을 상징하는 모트Mot와 전쟁을 벌이기도 했다. 수차례의 전투 끝에 결국 모트는 전쟁에서 승리를 거두었고, 바알을 지하세계로 보내버린다. 그러자 7년 동안 세

상이 척박해지고 흉작이 계속되었다. 이 세상을 구할 수 있는 자는 아나트뿐이었다. 그녀는 '새
끼를 찾는 어미 소'처럼 오빠이자 남편인 바알을 찾아 지하세계를 샅샅이 뒤졌고, 복수를 다짐했
다. 마침내 생기 없이 축 처져 있는 바알을 발견한 그녀는 슬피 울면서 바알을 묻어주고 제사를
지냈다. 모트를 뒤쫓으면서 그녀의 분노는 점점 커져갔다. 유혈이 낭자한 그녀의 복수는 다음과
같이 하나의 의식에 가깝다. "그녀는 모트를 자르고, 키질하고, 불로 태우고, 갈아버리고, 들판에
뿌려 새들이 먹게 했다."

모트의 죽음으로 바알이 부활하자 비가 쏟아지고 땅은 다시 소생한다. 불행히도 이후 모트 역
시 부활하는데, 장대한 전투 끝에 바알이 결국 왕이 된다.

아나트는 다른 종교에서도 나타났는데, 이집트에서는 전쟁의 여신으로 숭배되었다. 람세스 2
세는 그녀에게 개인 경호를 맡겼으며, 그녀의 이름을 따 자신의 딸과 말의 이름을 지어주기도 했
다. 아나트는 히브리 성서에도 등장했으며, 그리스 여신 아테나와 동일시되기도 했다. 아나트와
바알은 가나안 신화에서 구세주로 그려지지만, 바알은 훗날 바알세불 *Beelzebub* (사탄)로 불렸다.
그의 뿔은 악마를 상징한다고 여겨졌고, 아나트 역시 종종 소의 뿔을 지닌 모습으로 묘사되었다.

구세주 아나트

아나트 설화는 전형적인 성 역할을 뒤집는다. 대부분의 이야기에서 남자는 여자의 구세주로 그려
진다. 사악한 악당의 손아귀에서 그녀를 구출하려고 치열하게 싸우고, 그렇게 잃었던 사랑을 되
찾고, 키스로 그녀를 깊은 잠에서 깨운다. 반면 사랑하는 남자를 직접 구하겠다고 결심한 - 그 과
정에서 세상을 가뭄과 죽음으로부터 구하는 - 여신 아나트의 모습은 오늘날에도 대단히 진보적
이다. 게다가 유혈이 낭자한 방식으로 이 모든 계획을 실행하는 모습은 놀랍고도 충격적이다. 흡
사 살인 기계처럼 보이는 아나트는 알고 보면 독립적인 사상가이자 실천가였다.

디보카 사르카 *Divoká Šárka*

보헤미아 전사

다른 표기법:
Šárka

디보카 사르카는 전쟁에서 승리하기 위해서라면 체면이나 위신도 내려놓을 수 있는 전사였다. 그런데 태초의 급진적인 페미니스트였던 그녀가 남자에게 반했다는 이야기는 과연 사실이었을까?

체코 남자와 여자들 사이의 싸움이었던 소녀 전쟁(Maiden's War)은 서기 5세기 혹은 6세기에 일어난 것으로 알려져 있다. 소녀 전쟁은 11세기에 프라하의 고위 사제인 코스마스*Cosmas*에 의해 처음으로 기록되었다. 이 전투는 오늘날의 프라하가 위치한 곳에서 벌어졌는데, 그때 이 지역은 소수의 부족들이 살던 야생 지대였다.

당시 체코 사회는 모계 중심이었으며 '고트족의 여왕' 리부셰*Libuše*가 통치하고 있었다. 크록*Krok* 왕의 세 딸 중 막내인 리부셰는 가장 어렸지만 현명하고 미래를 보는 능력이 있었다. 그녀는 자신이 세운 프라하가 "영광이 별에 닿을 도시가 될 것"이라고 예언했다. 리부셰는 자신의 예지력을 유리하게 이용했다. 이를테면 그녀는 (꿈에서 보았다는) 농부 프르제미슬*Přemysl*과 사랑에 빠졌고, 수월한 통치를 위해 그를 왕으로 만드는 비전을 설계했다. 그녀의 통치 아래 체코는 번성했으며 여성들은 여러 권리와 특혜를 얻었다. 하지만 리부셰가 죽고 프르제미슬이 실권을 넘겨받으면서 여성들은 이 같은 권리를 박탈당하고 말았다.

체코 여자들은 모계사회가 종식된 것에 분노했고, 일부 여자들은 남자들을 상대로 전쟁을 선포했다. 유혈 사태로 번진 이 전쟁은 수백 년이나 지속되었다. 당시 여자들을 이끈 인물은 용맹한 전사 블라스타 *Vlasta* 와 그녀의 오른팔인 디보카 사르카였다. 이들의 이야기는 14세기에 집대성한 《달리밀 연대기 *Dalimil Chronicle*》에 처음으로 등장한다. 이 저항 세력은 급진적 분리주의파이자 여자들로만 이루어진 군단을 만들었다. 이 군단은 가부장적인 프르제미슬리드 왕조가 점령한 비셰흐라드 성 근처인 블타바강 건너편에 주둔했다. 디보카 사르카는 전략적이고 매우 영리했다. 그녀는 남자들의 군대를 무너뜨리려면 그들을 이끄는 위대한 장수인 시티라드 *Ctirad* 를 처단해야 한다고 생각했다. 그리하여 이 일을 도모하기 위한 계획을 세웠고, 훗날 디보카 사르카 - 야만의 사르카 - 계곡이라 알려진 곳에서 시티라드와의 만남을 제안했다.

뒤따르는 중요한 사건과 관련해서는 두 가지 이야기가 존재한다. 첫 번째 설명에 따르면 디보카 사르카는 친구들에게 벌거벗은 자신을 나무에 묶어달라고 하고, 약속 장소에 도착한 시티라드와 그의 부하들에게 반란을 일으킨 여자들에게 포획당했다고 거짓말을 한다. 다른 설명에서는 디보카 사르카가 그냥 앉아서 시티라드를 기다렸다고 전해진다. 하지만 그녀가 벌꿀 술이 담긴 병을 옆에 쌓아두었다는 내용은 두 가지 이야기에 공통적으로 나온다. 디보카 사르카는 시티라드와 그의 병사들이 술을 마시게 한 뒤, 그들의 잔에 계속해서 술을 부어 취하게 했다. 마침내 병사들이 술에 완전히 곯아떨어졌을 때 그녀는 나팔을 불어 신호를 보냈다. 숲에 숨어 있던 여전사들은 그 소리를 듣고 뛰어나와 남자들을 공격했다. 어떤 이야기에서는 당시 여전사들이 남자들을 모두 죽였는데 시티라드는 바퀴에 묶어 고문하여 죽였다고도 하고, 그를 포로로 데려갔다는 설도 있다.

디보카 사르카의 이 계책은 한동안 효과가 있었다. 남성 군대는 위대한 장군을 잃고 사기가 저하되었다. 그러나 전쟁이 장기화 되고 여성 군대가 패하면서 결국 가부장적인 봉건제도를 무너뜨리는 데 실패했다. 디보카 사르카는 이 상황을 받아들이기를 거부했고 공원의 절벽 - 현재 걸스 점프(Girl's Jump)로 알려진 험준한 바위 위 - 에서 뛰어내려 스스로 목숨을 끊었다. 1897년 작곡가 즈데네크 피비히 *Zdeněk Fibich* 는 이 신화를 보다 완화된 내용으로 각색하여 오페라로 선보였다. 이 작품에서 그녀는 시티라드와 사랑에 빠져 자살하는 것으로 그려진다.

디보카 사르카의 이야기는 체코인들에게 매우 소중하다. 이 설화는 다른 문화의 고대 여전사 이야기에서 영감을 받았다는 설도 있고, 기독교가 탄생하기 수천 년 전에 존재한 이교도 모계사회에서 전해지는 이야기로부터 유래되었다는 설도 있다. 하지만 기원보다 더 중요한 것은 체코인들에게 이 설화가 지니는 가치이다. 18세기 말 합스부르크가의 통치를 받던 독일에 의해 거의 사라져가던 그들의 언어가 이 설화 덕분에 다시 살아났기 때문이다.

체코가 독일의 통치에서 벗어난 후로는 이 이야기의 초점도 바뀌었다. 블라스타와 디보카 사르카가 예전보다는 덜 중요하게 여겨지면서, 급성장하는 민주주의 운동을 대표하는 인물 정도로 묘사되었다. 알로이스 이라세크Alois Jirásek 같은 작가들이 제1차 세계대전 전에 쓴 새로운 이야기는 로맨스가 곁들여지며 다소 부드러워졌다. 또한 국가적 자부심을 느낄 수 있는 이야기를 자녀들에게 읽어주어 새로운 세대의 체코 애국주의자를 길러낼 여성들의 마음을 자극하도록 각색되었다.

이 무렵 디보카 사르카의 이야기는 야로슬라프 브르흘리츠키Jaroslav Vrchlický나 율리우스 제이에르Julius Zeyer의 서사시에도 등장했는데 즈데네크 피비히, 레오시 야나체크Leoš Janáček의 오페라는 후자를 바탕으로 만들어졌다. 낭만파 작곡가이자 체코의 국보로 불리는 베드르지흐 스메타나Bedřich Smetana 역시 이 설화를 곡에 담았다. 디보카 사르카의 캐릭터에 살을 붙이려는 현대적인 시도는 청중들 사이에 불편한 감정을 일으켰는데, 새롭게 추가된 자살과 결말에 관한 내용은 감정의 여운을 연출하려고 원래 이야기를 날조한 것이라는 의견이 지배적이다.

본모습을 드러내다

여자들로만 이루어진 집단이 수 세기 전부터 존재했다는 주장은 누군가에게는 충격적이고 흥미롭게도 들리겠지만, 모든 사람에게 매력적인 이야기임에는 분명하다. 물론 아마존(그리스 신화에 등장하는 용맹한 여전사 일족) 신화는 여러 문화에 걸쳐 공통적으로 존재한다. 하지만 디보카 사르카 설화의 경우 여자들로만 이루어진 유토피아가 머나먼 곳을 배경으로 하기보다는 이야기가 전해진 그곳이 프라하를 배경으로 하고 있기에 오늘날 독자들에게 좀 더 가깝게 다가온다.

포장되지 않은 본모습만으로도 디보카 사르카는 대단히 인상적인 캐릭터다. 주도면밀한 그녀는 자신의 여성성을 전술적으로 교묘하게 이용했다. 적을 계략에 빠뜨리기 위해 완전히 벌거벗은 모습으로 나무에 묶이기를 자처했다. 먼 훗날 자신의 사냥감인 전사와 사랑에 빠진 이야기는 낭만적인 서사로 치부될지 모르지만, 우리는 이 이야기 속에서 완벽하지 않은 사람이자 한 여성으로서 그녀의 진정한 모습도 엿볼 수 있다.

프레이야 *Freyja*

다른 표기법:

Freya

Freyia

Freja

프레이야의 외모는 강렬하다. 그녀는 화려한 장신구를 걸치고, 매의 깃털로 만든 망토를 두르고, 고양이가 이끄는 마차를 몬다. 전쟁에 나설 때마다 데리고 다니는 애완용 돼지는 언제나 그녀 곁을 지킨다.

그러나 시선을 끄는 것은 그녀의 외모만은 아니다. 북유럽에서 사랑과 다산, 전쟁과 죽음의 여신으로 알려진 프레이야는 주술은 물론, 자신의 생각을 분명히 밝히는 태도와 재치 있는 말솜씨, 용맹함을 지닌 것으로도 유명하다.

현명한 신족으로 일컬어지는 바니르(Vanir)족인 프레이야는 아버지 니외르드와 어머니 네르투스 사이에서 태어났다. 그녀의 어머니는 니외르드의 동생인 것으로 전해진다. 전쟁과 죽음의 신으로서 프레이야는 전사한 병사들 가운데 자신이 관리하는 사후 세계인 폴크방(Folkvangr)으로 인도할 자들을 선택했다. 그녀에게 선택되지 못한 자들은 또 다른 전사자들을 위한 전당인 오딘의 발할라(Valhalla, 발홀)로 인도되었다.

프레이야는 별로 알려지지 않은 신인 오드*Od*와 결혼했다. 이 둘은 부부 모두 신인 프리그와 오딘의 결합과 일치하는데, 프레이야와 오딘의 아내인 프리그가 근본적으로 같은 여신이라고 보는 사람들이 많다. 오드와 프레이야 사이에는 흐노스와 게르세미라는 두 딸이 있다. 이들 부부

60 전사 마녀 여성

간의 유대는 끈끈했다. 오드가 항해를 떠날 때면 – 바이킹 신으로서 그는 이곳저곳 자주 떠돌아다
녔다 – 프레이야는 그를 사무치게 그리워하며 눈물을 흘렸다. 이때 보석을 사랑하는 여신답게 그
녀의 눈물은 금으로 변했다고 한다. 하지만 아무리 슬플지언정 프레이야는 오드 한 사람에게 충
실하지는 않았다. 남편이 바다에 나가 있는 동안 프레이야는 그녀가 총애하는 오타르*Ottar*뿐만
아니라 노예나 병사들과도 잠자리를 가졌다. 그리고 오타르를 수퇘지로 변신시켜 타고 다녔다고
한다. 교활한 속임수의 신 로키는 반쯤 취한 상태로 연회장에 나타나 그녀의 욕정을 조롱하며 싸
움을 걸곤 했다. 로키는 프레이야가 온갖 요정이나 신들과 놀아난다고 비난했다. 그녀는 그럴 때
마다 굴하지 않고 설전(flyting)을 이어갔다. 프레이야는 로키가 거짓말을 한다며 "정신 나간 로
키! 당신의 악행은 일일이 열거하기도 어려울 정도야."라고 강하게 응수했다. 로키는 프레이야가
자신의 형제와도 잤다고 비난했지만, 다른 신들이 그녀를 두둔하도록 만들 뿐이었다. 이들의 열
띤 말다툼에 관한 이야기에서도 프레이야의 패기와 기지가 잘 드러난다.

쾌락주의 여신

프레이야는 지혜와 용기, 육체적 쾌락뿐만 아니라 안락한 집을 사랑하는 물질주의적 여신으로도
유명하다. 프레이야의 침실은 매우 아름다운데, 그녀의 허락 없이는 그 누구도 절대로 들어갈 수
없었다. 그녀가 가장 소중히 여기는 물건은 넋을 잃을 정도로 매혹적인 브리싱가멘(Brisingamen)
이라는 목걸이였다. 하지만 그녀가 이 목걸이를 얻기까지는 그야말로 엄청난 대가를 치러야 했다.
　쌀쌀한 어느 날 아침 산책을 하다가 프레이야는 한 동굴을 발견한다. 그 안으로 들어가니 난쟁
이 네 명이 금목걸이를 만들고 있었다. 프레이야는 휘황찬란한 그 목걸이를 보고는 완전히 마음
을 빼앗겼다. 하지만 아무리 많은 금과 은을 준다고 해도 난쟁이들은 그녀에게 목걸이를 팔지 않
으려 했다. 그러더니 난쟁이들은 프레이야가 자신들과 하룻밤씩 나흘 동안 잠자리를 가져야만 목
걸이를 팔겠다고 말했다. 목걸이를 포기할 수 없었던 프레이야는 그들의 제안을 수락하고 네 명
의 작은 세공인과 각각 열정적인 밤을 보낸 후, 목걸이를 얻어 집으로 가져온다. 하지만 그녀는
로키가 그 모습을 지켜보고 있다는 사실을 전혀 알지 못했다. 항상 문제를 일으키는 데 열심인 로
키는 오딘에게 달려가 프레이야의 난잡한 행동을 고자질했다. 로키의 보고를 들은 뒤, 오딘은 로

키에게 그녀의 진귀한 목걸이를 훔쳐오라고 명령했다. 이에 로키는 파리로 변신해 프레이야의 잠긴 침실 문틈으로 비집고 들어가 그녀의 목에 걸린 목걸이를 훔쳐온다. 잠에서 깬 프레이야는 목걸이가 없어진 이유를 알고는 진노하여, 그 즉시 오딘을 찾아가 거침없이 맞섰다. 오딘은 그녀에게 두 나라를 서로 증오하도록 만들고, 그들 나라가 싸우게 만들면 목걸이를 돌려주겠다고 말한다. 프레이야는 결국 오딘의 제안을 받아들인다.

물론 프레이야는 단순히 값비싼 물건을 수집하고 다니는 여신이 아니다. 그녀는 매의 깃털로 만든 망토를 사용하여 밤하늘을 날아다니고, 마법을 연마하는 강력한 마법사였다. 고대 북유럽인들은 마법을 여성적인 힘으로 보았고, 프레이야를 전형적인 마법사로 여겼다. 뵐버(völvur)–주술과 구호를 이용해 미래를 예견하거나 적에게 저주를 내리는 유랑하는 여자들–들은 프레이야를 숭배했다. 출산 중인 여성 역시 아이와 엄마인 자신을 보호해 달라고 프레이야에게 기도했다.

프레이야는 끈기 있는 신이었다. 그녀는 최후까지 살아남은 신으로, 친구와 가족이 세상을 등진 지 오래된 후에도 그들을 기리며 충실히 의무를 수행했다. 그녀는 또한 기독교가 옛 종교를 찬탈한 뒤에도 수 세기 동안 숭배의 대상이 되었다. 새로운 종교를 믿는 사람들이 그녀의 이미지를 훼손시키고 그녀가 애정하는 시를 금했지만, 다산 의식을 수행하는 여성들은 계속해서 그녀를 기렸다. 스칸디나비아 지역에는 그녀의 이름을 딴 장소가 여전히 곳곳에 남아 있으며, 20세기 초까지도 프레이야는 로맨틱한 사랑의 상징으로 여겨졌다. 프레이야의 모습은 많은 시와 그림에 나타나고, 그녀의 이름은 덴마크 국가(國歌)에 잠시 등장하기도 한다. 프레이야가 목걸이를 어떻게 얻었는지에 관한 이야기는 백설 공주와 일곱 난쟁이 이야기의 기원이 되었을 것이라는 주장도 있다. 그것이 사실이라면 백설 공주 이야기는 완전히 새롭게 해석된 것일 수 있다.

프레이야는 함성을 내지르며 전투에 나서는 전형적인 전사 여신은 아니다. 하지만 자기 주장을 거침없이 표현하는 모습에서 그녀의 용기를 엿볼 수 있다. 프레이야는 영리하고 재치 있으며, 성 규범 따위는 개의치 않는 여성이다. 황금 눈물을 흘릴 만큼 매우 깊게 느끼고, 무엇보다 강력한 마법의 소유자였다. 쾌락주의, 불완전성, 지혜와 용기가 한데 뒤섞여 있는 그녀의 캐릭터는 수천 년이 지난 지금까지도 매우 현대적으로 느껴진다. 그녀의 비범한 이야기는 스칸디나비아 지역을 비롯한 전 세계 여성들에게 오늘날까지도 영감의 원천이 되고 있다.

복수의 여신들 *The Furies*

로마 및 그리스 여신

다른 표기법:

The Erinyes

The Erinys

복수의 여신들은 증오로 들끓는 야수의 이미지를 연상시키지만 살인자와 중혼자, 도둑들을 벌벌 떨게 만든 것은 이들이 추구한 냉정한 정의였다. 감정을 누그러뜨린 뒤 치밀하게 복수를 계획하는 이들의 모습은 오늘날 사회 변화를 꿈꾸는 운동가와 활동가들에게 영감을 불어넣고 있다.

고대 그리스 신들 중에서도 복수의 여신들은 고대의 정령으로 여겨졌다. 헤시오도스의《신통기》에 따르면 소름 끼치는 이들 생명체가 폭력적인 행동에서 기원했다고 한다. 크로노스가 아버지 우라노스의 고환을 잘라 바다에 던졌는데, 이때 우라노스가 흘린 피가 땅에 떨어지면서 복수의 여신들이 탄생했다는 것이다.

보통 세 명으로 묘사되는 복수의 여신들은 공포스러운 지하세계의 깊은 공간인 타르타로스(Tartarus)에 살았다. 이 자매들의 머리카락과 허리에는 뱀이 꿈틀거리고 있고, 눈에서는 피가 뚝뚝 떨어졌다. 등에는 가죽 같은 박쥐 날개가 돋아 있고, 몸은 숯처럼 검고 짙었다. 이들은 황동 채찍이나 뱀 모양의 채찍을 들고 다녔다. 복수의 여신들은 불사인 데다 날아다닐 수 있고 초인적인 힘을 가졌으며 독을 들이마시는 능력이 있었다. 하지만 무엇보다 이들이 죄라고 판단한 것을 저지른 자들에게 끈질긴 복수를 하는 것으로 유명했다. 인간들은 상대를 저주하며 복수의 여신들에게 자신의 슬픔을 전했고, 세 여신들은 가해자를 가차 없이 벌해 그들을 흉측한 죽음으로 내몰거나 정신착란에 시달리게 했다. 복수의 여신들은 특히 가족 관계를 깨뜨리는 자들을 벌주는 것을 좋아했다. 또 이들의 노여움을 사면 나라 전체에 질병과 기근이 닥칠 수도 있었다.

복수의 여신들은 또 다른 세 마녀들의 선조 격이다. 먼저 운명의 세 여신The Fates은 복수의 여신들의 가까운 친척이며, 모리안(90~93쪽 참조)과 셰익스피어의《맥베스》에 등장하는 세 마녀 Weird Sisters는 놀라울 정도로 이들과 닮았다. 고대의 스파이스 걸스Spice Girls라 할 수 있는 복수의 여신들은 각자가 의미 있는 이름을 가지고 있었다. 이들 중 알렉토Alecto는 '그치지 않는 분노'로 불렸는데, 도덕 범죄를 담당했고 범죄자를 미치광이로 만들었다. 동생 메가이라Megaera는 '질투하는 자'로 불렸고, 간통을 저지른 자들을 벌했다. 그녀는 종종 잔소리 심한 여성의 전형으로 묘사되었다. 막내 티시포네Tisiphone는 '피의 복수자'로, 오비디우스의《변신 이야기》에 따르면 "떨어진 피에 붉은빛으로 물든 옷을 입고, 뱀을 띠 삼아 허리에 두른" 모습으로 그려진다. 티시포네는 주로 살인이나 부친 살해, 형제 살해를 저지른 자들을 뒤쫓았다. 고대 로마의 시인 스타티우스 Statius의 서사시《테바이드Thebaid》에서 티시포네는 아이톨리아의 영웅 티데우스가 식인을 하도록 부추겨 그를 미치광이로 만들고, 적인 멜라니포스의 뇌를 먹게 만든다.

복수의 여신들은 분노를 상징하는 대명사가 되었지만 초창기 모습은 그렇게 단순하지 않았다. 이들은 가혹한 처벌을 내렸지만 '엄하되 공정한'과 같은 금언의 상징이었다. 공정하고 결단력 있으며 분노를 응징을 위한 연료로 사용할 줄 알았던 세 여신은 꼼꼼한 도덕적 잣대로 인간의 규칙을 어긴 자들을 벌했다. 자신의 감정을 긍정적인 결과로 전환하는 데 능했던 알렉토, 메가이라, 티시포네는 차가운 이성과 철의 화신이었다.

이 세 여신의 심판은 아이스킬로스의 오레스테이아 3부작(Oresteia trilogy: 비극 3부작으로《아가멤논》,《제주를 바치는 여인들Choephoroi》,《자비로운 여신들Eumenides》이다)에서 극에 달한다. 이 작품에는 자신의 정부와 함께 남편 아가멤논을 살해했으나, 이후 아버지의 원수를 갚으려고 찾아온 아들에게 살해당해 복수심에 찬 클리타임네스트라의 유령이 등장한다. 여기서 복수의 여신들은 어머니를 죽인 아들 오레스테스를 사냥하기 위해 지하세계에서 올라온다. 이들은 오레스테스를 쫓아다니며 "우리는 모친 살해범들을 몰아낸다. 땅 아래에서 우리는 저주라 불리지."라고 주문을 외듯 속삭인다. 오레스테스에게는 다행히도 아테나 여신이 나서서 복수의 여신들을 설득하고, 그는 배심원 앞에서 재판을 받는다. 결국 오레스테스는 무죄를 선고받았고, 그에게 자비를 베풀어 복수의 여신들은 에우메니데스(또는 에리니에스), 즉 '자비로운 여신들'이 된다(복수의 여신들은 재판 결과에 항의했으나, 아테나의 중재로 시민의 숭배를 받을 수 있는 아테네의 여신이 되는 것 등을 약속받았다고 한다).

냉정한 정의

위 비극의 전반부는 복수의 여신들의 내적인 면모를 중심으로 다루었다. 세 여신은 자신들이 세운 규칙에 따라 행동하고, 아무리 복수심에 불타더라도 평정심을 잃지 않는다. 이들은 무엇보다 정의를 우선시한다. 하지만 아이스킬로스의 이야기에 등장하는 아테나는 이들의 권위를 침해한다. 일각에서는 복수의 여신들이 '자비로운 여신'으로 변화되는 것을 부정적으로 보고, 세 여신이 아테나로 인해 힘을 잃었다는 상징으로 해석한다. 이들의 불이 소멸했다고 보는 것이다. 에우메니데스를 완곡한 가명(假名)으로 보는 사람들도 있다. 복수의 여신들을 두려워하는 사람들이 세 여신을 직접적으로 일컫는 것을 피하려고 사용한 다른 이름이라는 것이다. 하지만 이 같은 변화는 복수의 여신들이 해왔던 오래된 처벌 방식이 보다 현대적인 사법 체계에 통합되는 과정을 상징한다고 보는 견해가 보편적이다.

어찌 보면 분노는 사회 변화와 진보를 이루는 데 필수적이다. 분노가 정치 활동의 동기를 부여하는 셈이다. 하지만 분노를 표출하는 여성은 보통 비이성적인 사람으로 여겨진다. 수 세기 동안 여성들은 화를 내는 것은 여자답지 못한 행동이라고 비난받았다. 복수의 여신들은 이 같은 편견을 깨뜨리고 당당하게 정의를 추구한다.

우리는 시대를 불문하고 옳은 길을 택했던 자들에게서 복수의 여신들의 유산을 찾아볼 수 있다. 19세기에 소저너 트루스 *Sojourner Truth* 는 노예제도를 반대하는 연설을 통해 정의롭고 통제된 분노를 표출했다. 오스트리아 출신의 유대인으로 홀로코스트에서 살아남은 시몬 비젠탈*Simon Wiesenthal*은 평생에 걸쳐 나치 전범을 끈질기게 추적했다. 테니스계의 전설 빌리 진 킹*Billie Jean King*은 1973년 '세기의 성 대결'에서 전 윔블던 대회 우승자인 바비 릭스*Bobby Riggs*를 상대로 침착한 경기를 펼치며 승리를 이끌어냈다. 2018년 플로리다 주 파크랜드의 마저리 스톤맨 더글러스 고등학교에서 총격 사건으로 많은 학생이 사망한 뒤, 그들의 친구들이 외친 침착하지만 불꽃처럼 강렬한 연설은 또 어떠한가. 이처럼 복수의 여신들의 강력한 태도와 이들이 일으킨 반향은 여전히 우리 곁에 살아 숨 쉬고 있다.

시우아테테오 *Cihuateteo*

메소아메리카 정령

아즈텍 문화에서 아이를 낳다가 죽은 여성은 정령 시우아테테오가 되었다.
이들의 희생은 전투에서 사망한 전사만큼이나 존중받았으며, 사후에
시우아테테오에게 내려진 임무는 지는 태양을 수호하는 것이었다.

대부분의 문화에서 출산을 평화롭게 대하는 것과 달리, 아즈텍 문화에서
는 출산을 전쟁으로 보았다. 임신한 여성은 무장한 병사와 같은 조산사
의 도움을 받아 피비린내 나는 전투를 치를 준비를 마친 전사였다.- 조
산사는 수차례 땀을 빼는 의식을 통해 예비 엄마의 출산을 준비시켜 준
다-이처럼 본능적인 출산 과정을 받아들이고 준비하는 것은 매우 현실
적인 행동으로 보인다. 엄마들은 차분하고 고요한 상태로 미소를 띠며
아이를 낳지는 않는다. 엄마들은 아이와 자신의 목숨을 지키기 위해 치
열하게 싸운다. 일부 역사가들은 메소아메리카(Meso-America: 현재 멕시
코 중부에서 중앙아메리카, 코스타리카 북부를 아우르는 지역) 사회에서 전사
의 필요성이 대두되기 전까지는 엄마가 되는 것이 용감함을 나타내는 지
표로 여겨졌다고 주장한다.

　아이를 낳다 죽은 여성은 전쟁 사상자로 여겨졌으며 그에 합당한 영
예를 누렸다. 이들의 장례식에는 남편과 조산사, 칼과 방패로 무장한 여
성 연장자 무리가 참석했다. 그들은 신성한 시신이 약탈자에 의해 훼손

되는 것을 막으려고 시신을 여신에게 봉헌하는 장소로 옮겼다. 죽은 여성의 왼손 중지와 머리카락은 전사들을 천하무적으로 만들고 적군의 눈을 멀게 만드는 부적처럼 여겨져 종종 약탈의 대상이 되었기 때문이다.

사망한 지 나흘 후, 이들 죽은 여성의 정령은 하늘로 올라갔다. 아즈텍 문화에서 사후에 가게 되는 장소는 인간이 달성한 업적이나 행한 일들이 아니라 어떻게 죽었느냐에 따라 결정된다고 믿었다. 시우아테테오는 시우아틀람파(Cihuatlampa), 즉 '여성의 장소'라 불리는 어두운 하늘에 살았다. 이들의 역할은 남성 전사의 영혼이 맡은 일과 조화를 이루었다. 남성 전사의 영혼들은 아침과 이른 오후에 태양을 수호했으며, 아이를 낳다가 죽은 여성들은 해질 무렵에 태양을 수호했다. 이들 여성이 지는 태양 곁에서 마치 자신의 아이에게 하듯 자장가를 불러주는 것은 아즈텍 문화에서 누릴 수 있는 가장 높은 영예였다. 이러한 천상의 보상은 엄마가 되는 것을 장려하고, 남자와 여자 모두 전사가 되어 지역 사회를 위해 기꺼이 싸울 수 있게 했다.

하지만 이 설화는 아주 어두운 면도 존재한다. 시우아테테오는 52일마다 지상으로 내려오곤 했는데, 다시 나타난 이들의 모습은 무시무시했다. 얼굴은 해골처럼 야위었고 울퉁불퉁 마디진 손은 독수리 발톱 같았다. 해골을 주렁주렁 매달아 장식하고, 뿔 달린 가면이나 머리 장식을 쓰고, 허리띠—때로는 머리가 둘 달린 뱀으로 만든 허리띠—를 엉덩이 부근에 두르고, 가슴을 드러낸 채 등 뒤로 머리카락을 길게 늘어뜨린 모습이었다. 이 같은 모습은 대단히 위협적이었다. 메소아메리카 전통을 기록한 스페인 작가들에 따르면—그들은 자국이 정복한 메소아메리카 사회를 미개한 곳으로 여겼다—시우아테테오는 갈림길에 출몰한다고 한다. 그들은 시우아테테오가 갈림길에서 아이들을 찾아다니는데, 발견한 아이들을 마비시키고 병들게 하거나 혹은 납치한 뒤 그 자리에 칼 하나를 두고 사라졌다고 한다. 결과적으로 이러한 이야기는 갈림길을 죽음이나 악마를 연상시키게 했다. 시우아테테오는 또한 남자들에게 중풍이나 정신 질환을 일으키고, 그들이 간통을 저지르도록 부추긴다고 알려져 있다.

그리하여 아즈텍인들은 갈림길에 성지를 마련해 이 복수의 정령을 달래고자 했다. 그들은 다양한 모양으로 오린 종이와 화려한 꽃으로 성지를 치장하고, 구운 옥수수와 타말레(tamale: 옥수수 반죽 안에 다진 고기나 고추, 견과류 등의 재료를 넣어 옥수수 잎으로 감싸 익혀 먹는 멕시코 요리), 나비 모양의 빵 같은 제물을 높이 쌓아두었다. 시우아테테오가 내려오는 날, 아즈텍인들은 지상에 있는 자신의 아이들을 데려가려는 악령의 발톱을 피해 안전한 집 안에 머무르게 했다.

달라진 신화

시우아테테오가 지상으로 귀환하는 것에 관한 이 무서운 이야기는 스페인 정복자들에 의해 쓰인 것이라는 점이 눈길을 끈다. 그전에 시우아테테오는 순전히 추앙받는 전사였고, 아즈텍 사회에서 강인한 모성을 보여주는 중요한 증거였다.

　시우아테테오 신화를 통해 오늘날 출산에 대한 서로 다른 태도도 엿볼 수 있다. 여성은 출산하는 동안 평온하고 침착한 태도를 유지해야만 할까, 아니면 소리를 지르고 싸우듯 임해야 할까? 시우아테테오가 정기적으로 지상에 내려와 아이를 잃은 설움을 표출하거나 복수를 꾀하는 것조차 애도 의식으로 볼 수 있다. 이 또한 여성이 감정을 분출하는 방법이자 상실의 슬픔을 기리는 방법이지 않을까.

칼리*Kālī*

힌두교 여신

다른 표기법:

Kālikā

Shyāmā

칼리는 시선을 사로잡는 인상적인 등장으로 유명하다.

서기 600년경 고대 힌두 문헌인 《데비 마하트미야*Devi Mahatmya*》에

처음 기록된 이 힌두 여신의 모습은 대단히 강렬하다.

칼리는 여신 두르가*Durga*의 이마에서 온전한 형태로 생겨났다고 한다.

일반적으로 칼리는 검은 피부에 팔이 네 개나 되고, 손에는 무기를 쥐고,

동물 가죽을 걸친 모습으로 묘사된다(시대와 지역에 따라, 그리고 문헌들이

재해석되면서 칼리의 모습은 조금씩 차이가 있다).

두르가의 분노로 탄생한 칼리는 두르가가 싸우고 있던 악마들을 순식간에 처치함으로써 검은 죽음의 여신이라는 명성을 얻는다. 전투 후반에 두르가는 악마 락타비자*Raktabija*를 죽이는 것을 도와달라고 칼리를 부른다. 락타비자가 흘린 핏방울이 땅에 닿을 때마다 또 다른 적이 계속 생겨나자, 칼리는 수천 마리의 악마를 처단하고자 혀로 그 피를 핥아버린다.

전투에서 칼리는 피에 취해 난동을 부리며 보이는 족족 악마를 갈기갈기 찢어 먹어치우고는, 죽은 상대의 팔과 내장으로 자신을 치장했다. 시바*Shiva* 신 ─ 힌두교의 어떤 전통에서는 절대자로, 다른 전통에서는 파괴자로 그려진다 ─ 은 칼리의 가공할 위력에 공포를 느껴 그녀에게 몸을

> "기쁨으로 미친 듯이 춤추네.
> 어머니여, 오소서! 공포는 당신의 이름이고,
> 죽음은 당신의 숨결에 있으며, 당신의 떨리는
> 호흡 하나하나가 이 세상을 파괴할지니."
> - 스와미 비베카난다 *Swami Vivekananda*

던졌는데, 시바 신의 행동에 놀란 칼리는 그제야 진정할 수 있었다고 한다. 칼리가 보통 혀를 길게 내민 채 시바를 밟고 서 있는 모습으로 묘사되는 것은 이런 이유에서다.

여신의 각성

또 다른 기원 설화에서 칼리는 수호 여신 파르바티 *Parvati* 의 밝고 순응적인 양(陽)의 속성과 대조되는 자기주장이 강한 음(陰)의 모습을 나타낸다. 칼리와 파르바티는 모두 시바의 아내이다. 시바가 파르바티에게 악마 다루카 *Daruka* – 여자만 다루카를 죽일 수 있다 – 를 처단하는 것을 도와달라고 요청하자, 파르바티는 힘과 분노를 일깨워 칼리로 나타난다. 여성에게 복종과 겸손이 장려되던 시대에 칼리는 분노의 토템이었다. 여성이 분노를 이용해 힘을 얻으려 할 때 소환되던 신이었다. 파르바티는 자신이 전투에서 싸우기에 역부족이라고 판단했고, 이들과 맞서 싸우려면 칼리를 소환해야 했다.

칼리는 광폭함의 상징적인 존재다. 날카로운 이빨에서부터 분노로 이글거리는 눈까지 생김새 자체도 위협적인데 섬뜩한 장신구로 몸을 치장하기까지 한다. 잘린 팔을 겹겹이 매단 허리띠와 해골로 엮은 목걸이, 뼈로 만든 귀걸이 등 희생자의 신체 일부로 만든 소름 끼치는 장신구를 주렁주렁 매달고 있다. 머리칼을 길게 풀어헤친 칼리는 보통 파란색이나 검은색 피부에 팔은 네 개에서 열 개인 모습으로 그려진다. 날카로운 송곳니(엄니) 사이로 혀를 쭉 내밀고 있고, 한 손에는 칼이 또 다른 손에는 잘린 목이 들려 있다. 어떤 사람들은 칼리의 과격한 모습에 지나치게 영향을 받기도 했다. 14~19세기에 터기(Thuggee)라는 조직은 스스로를 칼리의 자식으로 여기며, 그녀의 이름으로 상대를 약탈하고 교살하고 암살을 시행했다. 일부 학자들은 당시 인도에서 영국의 역할을 정당화하고자 영국 식민주의자들이 터기 집단의 폭력 행위를 과장했다고 주장한다.

물론 칼리의 외모도 매우 상징적이다. 힌두교 문화에서 대개 잘린 머리는 인간의 자아를, 칼은 깨달음을 상징한다. 그리고 칼리는 세속의 미혹에서 자신의 자녀들을 해방시켜 주는 존재로 여겨진다. 17세기 무렵에 칼리는 탄트라(tantra: 힌두교와 불교 사상에 기반을 둔 인도의 전통 사상) 시 속에서 새롭게 탄생하는데, 검은 피부는 파란색으로 완화되었고 얼굴은 젊어지고 미소 띤 모습으로 바뀌었다. 힌두교의 탄트라 분파가 내놓은 또 다른 해석에 따르면 칼리는 '신성한 어머니'로도 여겨진다. 여기서 칼리는 적을 거침없이 집어삼키지만 사랑하는 자식은 열렬하게 보호하는 자애로운 모습으로 그려진다. 또한 삶의 아름다움은 죽음이라는 현실에 의해 균형을 이룬다는 교훈을 전한다. 칼리는 여성의 에너지와 풍요를 상징한다. 칼리를 숭배하는 힌두교 사회 가운데 상당수가 어머니가 딸에게 유산을 남기는 모계사회일 만큼 여성 중심적인 개념이 강화되기도 했다. 칼리는 여전히 인기가 높다. 힌두교는 오늘날 세상에서 세 번째로 큰 종교이자 삶의 방식이다. 힌두교의 샤크티파(Shaktism: 힌두교의 신성한 어머니인 아디 파라샤크티 또는 샤크티 또는 데비를 숭배하는 종파)에서 칼리는 아디 파라샤크티 *Adi Parashakti*의 열 가지 화신을 총칭하는 마하비드야 *Mahavidya* 중 하나로 숭배된다.

칼리의 다양한 얼굴

탄트라 전통에서 칼리는 단순한 파괴가 아니라 시간을 의미하는 것과 같이 철학적으로 보다 많은 상징성을 지니고 있다. 칼리는 초침이 재깍재깍 돌 듯 시간의 흐름을 알려주며 모든 것을 소멸시키기에, 결국 모두가 그녀에게 머리를 숙이게 된다고 믿는다. 칼리는 그녀의 토대이자 남편인 시바를 밟고 서 있거나 그 위에서 춤추며 창조, 탄생, 성장, 죽음의 쳇바퀴를 돌린다. 칼리가 매정할 정도로 잔인하게 흐르는 세월을 상징한다는 이 같은 해석은 상당히 흥미롭다. 칼리는 피할 수 없고 잔인하기까지 한 현실을 직시하게 해준다. 우리의 얼굴은 필연적으로 뼈가 될 것이고, 그렇게 되면 칼리는 자신의 음산한 목걸이에 그것을 엮어줄 것이다. 죽음은 인간의 공통된 운명으로, 죽음을 철학적으로 생각해볼 기회를 가지는 것은 우리에게 도움이 된다.

　칼리의 다양한 모습은 사람들을 약간 혼란스럽게 만들기도 한다. 또 겉으로 보기에 광폭한 신을 숭배하는 것은 말도 안 되는 일처럼 느껴질 수 있다. 19세기 벵골의 현자이자 종교가인 라마크리슈나 *Ramakrishna*는 어느 날 칼리를 숭배하는 자에게 그녀를 따르는 이유를 물었는데, 그가 이렇게 답했다고 한다. "당신의 신도들은 곤경에 처하면 당신에게 달려오지요. 그런데 당신에게 문제가 생기면 당신은 어디로 달려가나요?" 칼리는 단순히 싸움이 필요할 때 우리가 의지할 수 있고, 우리 대신 싸움에 나서는 존재로 보이지만, 자신의 추종자와 친구들을 위해 헌신할 정도로 그들을 끔찍이 아끼는 것만은 분명하다. 동지들 곁에서 싸울 때 천하무적인 그녀는 우리 안에 존재하거나, 혹은 실제 세상에 존재하는 악마를 물리치는 데 필요한 정당한 분노를 끌어낼 때 의지할 수 있는 대상이 되어준다. 그러니 앞으로 용기가 필요할 때면 눈을 감고 이렇게 생각해보자. '칼리라면 어떻게 했을까?'

예넨가 *Yennenga*

아프리카 모시족 공주

왕국을 세우는 데 기여한 전사 공주 예넨가의 전설은 900년이 넘는 세월 동안 구전으로 전해져 왔다. 여러 가지 변형된 이야기가 존재하는 이 전설은 실존했던 역사 속 인물을 기반으로 한다. 강인한 의지와 강력한 힘을 지닌 이 여전사의 이야기는 서아프리카의 부르키나파소에서 여전히 큰 영향을 미치고 있다.

14세기 혹은 15세기에 예넨가는 다곰바 왕국-현재 가나 북부 지역-에서 아버지인 네데가*Nedega* 왕과 형제자매들과 함께 살았다. 그중 세 형제는 저마다 부대를 거느렸는데, 예넨가는 전투에서 형제들만큼 뛰어난 기량을 보여주고 싶었다. 이에 그녀의 아버지는 예넨가에게 승마와 격투, 투창, 궁술을 배우도록 독려했다. 예넨가는 이 모든 기술에서 타고난 역량을 보였다. 게다가 큰 키와 단단한 체격까지 갖춘 덕분에 상대에게 무시무시한 적수로 여겨졌다. 그녀는 아버지의 군대에 수많은 승리를 안겨주었고, 결국 지휘관의 자리에 오른다. 예넨가는 '스벨트(The Svelte: 체형이 늘씬한 사람)'라는 별명으로 불렸는데, 그녀가 전투복을 입고 무장하고 부대를 이끌고 접전에 나서면 종종 남자로 오해받았다고 한다. 예넨가는 군대에 사기를 불어넣고, 새로 차지한 영토에서 정치적 수완을 발휘하는 뛰어난 인물로 명성이 자자했다.

예넨가의 아버지는 딸을 아끼는 마음이 컸지만, 전사로서의 딸의 자질을 더욱 귀하게 여겼다. 예넨가는 그의 부대에 반드시 필요한 존재였다. 그래서 어느 날 예넨가가 잠시 전투에서 물러나 쉬면서 사랑할 사람을 찾아 결혼하고 가족을 꾸리면 안 되겠냐고 요청하자, 왕은 거절하고 만다. 예넨가는 아버지를 존경했기에 그 후로 몇 년 동안 전쟁에 나섰지만, 여느 십 대들처럼 그리고 다른 여자친구들처럼 남자아이들과 어울리며 시간을 보내고 싶었다. 그녀는 전투를 조금 쉬면 안 되겠냐고 또다시 아버지를 설득해 보았지만 역시 허락하지 않았다.

화가 난 예넨가는 자신의 강렬한 감정을 말이 아닌 행동으로 보여주겠다고 결심하고 밭에 오크라(okra: 아욱과에 속하는 속씨식물)를 심었다. 그 식물들은 무럭무럭 자랐지만, 예넨가는 오크라가 죽고 썩도록 내버려두었다. 아버지가 왜 농작물을 낭비하느냐고 따져 묻자, 예넨가는 성난 목소리로 이렇게 대답했다. "제 기분이 바로 이렇습니다. 제 난소는 시들어 죽어가고 있고, 제 영혼은 짝을 찾아 울부짖고 있습니다. 하지만 아버지는 신경조차 쓰지 않으시죠."

왕은 자신의 딸이 용감하고 강해지기를 누구보다 간절히 바랐지만, 막상 딸이 완강하게 행동하자 몹시 곤욕스러웠다. 그리고 딸이 그에게 복종하지 않을까 봐 걱정된 나머지 예넨가를 가두어 버렸다. 하지만 전략가인 예넨가는 이 상황에 굴하지 않고 계획을 세웠고, 아버지를 호위하던 병사들의 도움을 받아 남자로 위장하여 감옥을 탈출했다. 그녀는 밤새도록 빠르게 말을 몰아 강과 숲을 건넜다. 마침내 북쪽에 다다랐을 즈음 예넨가와 말 모두 피곤해서 녹초가 되었다.

새로운 삶

지쳐 쓰러지기 직전, 예넨가는 홀로 지내던 유명한 코끼리 사냥꾼인 리알레*Riale*를 만나게 되었다. 예넨가가 남자라고 생각한 리알레는 예넨가에게 회복할 때까지 자신의 집에 머무르라고 말했다. 예넨가의 투창과 승마 솜씨만으로도 놀라운데, 예넨가의 헬멧이 벗겨지며 여자임이 드러나자, 리알레는 순간 속수무책으로 사랑에 빠지고 말았다. 두 사람은 이후 무적의 팀이 되었다. 리알레는 예넨가에게 사냥하는 법을 가르쳐주었고, 예넨가는 그에게 전략적 기술을 알려주었다. 이윽고 둘은 결혼해 아들을 낳았고, 예넨가가 아버지에게서 탈출할 때 탔던 말의 이름을 따 아들에게 우에드라오고*Ouedraogo*라는 이름을 지어주었다.

우에드라오고가 열다섯 살이 되자, 이들 가족은 예넨가의 아버지인 네데가 왕을 찾아간다. 왕은 지난 시간 동안 딸의 행동을 충분히 생각해보았고 나이가 들면서 마음이 누그러진 상태였다. 마침내 왕은 새로운 가족을 기꺼이 받아들였고, 손자에게 말과 소, 아끼는 전사들을 안겨주었다. 우에드라오고는 이 선물을 현명하게 사용했다. 그는 보우산시(Boussansi) 부족을 정복했으며, 훗날 결혼해서는 텐코도고(Tenkodogo)라는 도시와 모시 왕국을 세웠다. 우에드라오고의 아들들은 아버지의 뒤를 이어 중요한 지도자 자리에 올라 주위 세력과 동맹을 맺어 그의 성공을 바탕으로 왕국을 이끌어나간다. 볼타강 상류 지역을 수백 년 동안 지배한 모시족은 지금도 여전히 예넨가를 부족의 어머니로 여긴다. 부르키나파소 거리 곳곳에는 예넨가의 조각상이 세워져 있으며, 그녀가 탔던 말의 이름을 딴 축구팀과 상(賞)도 존재한다.

예넨가는 여성성을 상징하는 대표적인 존재다. 아름다운 외모에 전사로서 뛰어난 기량을 갖춘 그녀는 엄마가 되고 싶은 욕망 역시 아주 강해 가족과 사랑하는 아버지를 저버리기까지 했다. 그녀의 경험은 오늘날 여성들이 마주하는 여러 딜레마를 상기시킨다. 경력과 임신 사이의 밀고 당기는 줄다리기에서 내가 정말로 아이를 원하는가, 그렇다면 언제 아이를 가져야 하는가 같은 중요한 질문들 말이다.

일반적으로 남성은 평생에 걸쳐 생식할 수 있지만, 여성의 경우는 생체 시계가 명확하고(여성은 태어날 때부터 개인마다 평생 배란할 난자 수가 정해져 있고, 생리 기간에 따라 난자 수가 영향을 받는다) 생식과 출산에 대한 사회적 압박에서 자유롭기 어렵다. 예넨가의 이야기는 오랫동안 구축된 전형적인 성 편견을 뒤집기에, 현대에 더욱 시의적절하게 여겨진다. 가족의 바람, 전쟁터에서 쌓은 화려한 경력, 엄마가 되고 싶은 욕망 사이에서 괴로워하는 공주의 모습은 오늘날 수많은 여성의 공감을 불러일으킨다.

예넨가는 용감한 전사였을 뿐만 아니라 똑똑하기까지 했다. 그녀는 자신의 욕망을 추구해야 했기에 아버지의 뜻을 거스르고 달아났다. 예넨가는 자신의 모성적인 면을 생각해볼 필요가 있었으며, 사랑에 빠져보는 경험도 필요했다. 여성이 배우자를 찾아 가족을 꾸려야 하는지는 개인적인 선택의 문제이지만, 그렇게 할 수 있는 권리는 모두에게 주어져야 한다. 이 어린 공주는 수천 년 전에도 그 사실을 알았으며 개인적인 야망을 달성하기 위해 막대한 희생을 감내했다.

이세벨 *Jezebel*

히브리 성서 속 왕비

다른 표기법:

Jezabel

이세벨의 이름은 음탕하고 사악한 여성의 대명사가 되었지만, 여러 증거에 따르면 그녀는 희화적으로 폄하된 이 같은 모습보다 훨씬 더 복잡하고 영향력 있으며 강인한 여성이었다. 9세기 히브리 성서(구약성서)에 등장하는 이 왕비는 옛 신을 지지하는 자들과 야훼 신을 숭상하는 자들 사이에 전쟁과 분열을 초래한 장본인이었다. 그렇지만 이세벨에 대한 악의적인 음해에도 불구하고 그녀의 대단한 영향력과 독특한 개성은 숨길 수 없을 정도로 남달랐다.

제사장이자 왕인 엣바알의 딸로 태어난 이세벨은 그 특권적 위치에 걸맞게 교육받았고 정치의식도 높았다. 이세벨은 오늘날의 레바논 지역에서 여러 신 가운데 바알(52~55쪽 아나트 참조) 숭배자로 자랐다. 바알은 훗날 기독교 필경사에 의해 황소 뿔 달린 악마로 기술되었으나, 당시에는 비와 풍요를 관장하는 너그러운 신으로 여겨졌다. 이세벨은 북(北)이스라엘 왕국의 아합 왕과 결혼하면서 850명의 사제와 함께 그의 나라로 이주한다. 이들의 결합은 두 가문의 정치적이고 전략적인 제휴였을 테지만 극복해야 할 큰 장애물이 있었다. 그것은 이스라엘 사람들은 오늘날 기독교 신의 화신이자 유대교 신인 야훼를 숭배한다는 것이었다.

그렇지만 아합은 분별 있는 사람이었다. 그는 이세벨의 신앙을 인정했을 뿐만 아니라 그녀에게 바알을 모시는 제단도 지어주었다. 이스라엘의 선지자와 종교계 거물들은 이를 달갑게 여기지 않았다. 그런 와중에 이세벨이 야훼의 추종자들을 죽이자, 그들은 더욱 분노했다. 선지자 엘리야는 진노했고 이세벨의 사제들에게 대결할 것을 청했다. 그들은 대결 장소인 가르멜산에 모였고, 황소를 도살한 뒤 횃불이나 성냥 없이 신에게 기도를 드려서 그 제물에 불을 붙이는 쪽을 이기는 것으로 했다. 바알의 사제들은 춤을 추고 의식에 따라 제 몸을 베기까지 하면서 기도를 드렸다. 그렇게 그들은 몇 시간 동안이나 계속해서 기도했지만 장작 더미에는 아무 일도 일어나지 않았다. 엘리야의 차례가 되자, 그녀는 물을 가져오게 하더니 제단에 다가가 황소와 장작에 물을 흠뻑 뿌렸다. 그러고는 신을 향해 기도하며 외쳤다. 그러자 곧바로 제물에 불이 붙었다. 이로써 대결은 끝이 났다. 엘리야는 보복으로 이세벨의 사제들을 모두 처단했다.

왕비는 격노했고 "당신이 엘리야라면, 나는 이세벨이다."라고 대담하게 맞섰다. 상대인 엘리야만큼 강력한 힘을 가졌다고 응수한 것이다. 또한 이세벨은 "내가 내일 이 시간 당신을 죽인 저 사람들처럼 만들 것이다. 그렇지 않으면 더 많은 신들이 그렇게 벌을 내릴 것이다."라며 엘리야를 협박했다. 성서에 등장하는 다른 여성들과 달리 이세벨은 강력하고 민

첩하며 냉소적인 목소리를 내는 것에 거리낌이 없었다. 엘리야는 이세벨의 증오에 찬 이 같은 발언에 두려움을 느껴 시나이산으로 은신했다.

이세벨의 모험

이세벨은 남편을 위해 포도밭을 몰수하기도 했다. 아합 왕은 나봇이라는 포도밭 주인이 땅을 팔기를 거부하는 바람에 몹시 못마땅한 상태였다(나봇의 포도밭은 아합의 왕궁 가까이에 있었는데 그 포도밭을 자신의 정원으로 삼고 싶어 했다). 화가 난 왕의 모습을 보고 이세벨은 아합의 이름으로 나봇의 도시인 이스르엘(Jezreel)의 장로들을 불러모으는 선동적인 내용의 편지를 보냈다. 이세벨의 계책은 나봇이 왕과 하나님을 욕했다고 죄를 뒤집어씌우는 것이었다. 그녀의 술수에 속은 마을 사람들은 나봇의 신성모독에 분노하여 그를 돌로 쳐 죽였다. 이 사건으로 엘리야는 아합 앞에 다시 나타난다. 엘리야는 아합의 가족이 이스르엘에서 모두 죽을 것이라고 예언한다. 성에서 죽으면 개들이 그들의 시체를 씹어 먹을 것이고, 들에서 죽으면 새들이 그들을 쪼아 먹을 것이라고 말한다.

몇 년 뒤 아합은 시리아 군대와 전투를 벌이다 숨을 거둔다. 이후 이세벨과 그녀의 아들에 관해서는 다양한 설이 존재한다. 구약성서에 나오는 역사서인《열왕기 *The Books of Kings*》에 따르면 이세벨의 아들인 아하시야가 죽은 뒤 그의 동생 요람 *Joram*이 왕위에 올랐다. 그 무렵 엘리야의 후계자인 엘리사는 선조의 전쟁을 계속 이어갔다. 엘리사는 자신의 군대를 이끄는 예후 *Jehu*를 이스라엘의 진정한 왕으로 선언했고, 그리하여 내전이 촉발되었다. 예후와 요람은 전쟁터에서 만났고, 예후는 이세벨을 창녀이자 마녀라고 부르며 모욕했다. 그런 뒤 예후는 요람 왕을 무참히 살해

했다. 하지만 그가 왕위를 차지하려면 이세벨도 처단해야 했다. 태후라는 위치는 이세벨의 진정한 힘을 상징하기 때문이었다.

　긴장된 분위기는 극에 달했다. 이세벨은 예후가 적의를 품고 마차를 몰아 자신의 궁으로 오고 있다는 소식을 듣는다. 야망을 이루기 위해 예후는 자신을 죽일 것이라는 점을 알고 있었지만, 이세벨은 화장대 앞에 태연하게 앉는다. 화장을 하고 머리를 빗어 단장한 뒤 피할 수 없는 운명을 기다린다. 이는 죽기 전 마지막으로 여왕으로서 갖는 최고의 시간이었을 것이다. 곧 살해당할 것을 알지만 자신의 위치를 잊지 않고 품위 있게 죽음을 맞이하기로 한 것이다. 탑 안에 앉아 있는 그녀는 지극히 차분해 보였다고 한다. 이세벨은 창문 밖으로 고개를 내밀어 마지막으로 저항하며 예후에게 욕을 퍼부었다. 이에 예후는 이세벨의 신하들에게 그녀를 창밖으로 던지라고 명령했다. 그들은 예후의 명령을 따랐고, 아래로 떨어져 피범벅이 된 그녀의 시신은 개들의 먹이가 되었다.

　요람이 예후에게 이세벨에 대한 조롱을 당하고, 이세벨이 마지막까지 화장한 행동 때문이었는지 '이세벨'이라는 이름은 그 후 음란함을 상징하는 대명사가 되었다. 이 같은 모욕은 역사적으로 되풀이되었다. 특히 19세기 백인 중심 사회에서 노예 주인에게 겁탈당한 아프리카 여성 노예들의 경우 '이세벨'이나 요부로 낙인찍혔다. 노예 소유주들은 여성 노예들이 자신을 유혹했다면서 어설픈 변명을 늘어놓기 일쑤였다. 이세벨의 부정적인 평판은 대중문화에도 스며들었다. 가수 프랭키 레인*Frankie Laine*의 노래 '이세벨'은 악마로 인해 '남자를 괴롭히는' 여성의 이야기를 담고 있다. 심지어 세계적인 작가 마거릿 애트우드*Margaret Atwood*의 《시녀 이야기*The Handmaid's Tale*》에 등장하는 매음굴의 이름 역시 이세벨이다. 전설적인 아이콘인 베티 데이비스*Bette Davis*는 〈이세벨〉(1938)이라는 동명의 영화에서 버릇없고 고집 센 젊은 남부 여성 벨을 연기한다. 하지만 최근 들어 온라인 페미니스트 잡지인 〈이세벨〉과 성서에 등장하는 이세벨 왕비의 수정주의적 전기를 펴낸 레슬리 헤즐턴*Lesley Hazleton* 같은 작가들에 의해 이세벨의 명성이 회복되고 있다.

　이세벨은 놀랍고도 비범한 인물이다. 어린 나이에 낯선 문화로 이주했지만, 그녀는 자신의 의견을 거침없이 밝혔고 정치적 수완이 남달랐다. 또한 자신의 문화적, 종교적 정체성을 지키고자 하는 의지가 강했다. 나약한 남편을 위해 헌신하며, 그의 자리를 지키고자 최선을 다했다. 왕권을 지킨 것은 그녀라는 명백한 단서들도 존재한다. 훗날 이세벨은 매춘부로 묘사되었지만, 성서에서 그녀의 간통을 입증하는 증거는 찾아볼 수 없다. 많은 학자들은 이세벨이 '창녀(whoredom)'로 평판이 난 것은 여러 신들을 숭배했기 때문이라고 주장한다. 여사제의 경우 여성 혐오 사상 때문에 창녀로 그려졌다는 설도 있다. 반면 기독교 수정주의 작가들에게 이세벨은 권력과 목소리, 자신만의 의견을 지닌 여성을 대변할 뿐만 아니라 옛 종교를 상징하는 존재다. 새로운 신 야훼를 숭배하는 과정에서 이세벨은 죽임을 당했을 뿐만 아니라 명성이 크게 훼손되었다. 그녀의 시신이 개떼에게 헤집어지듯 그녀의 이름도 먼지에 질질 끌려나갔다. 하지만 결단력 있고 자기 표현이 명료한 그녀의 캐릭터가 오늘날에도 여전히 생생하게 살아 숨 쉬고 있다는 것은 이세벨이 얼마나 강인하고 대단한 여성인지 보여주는 징표다.

CHAPTER 3

BRINGERS OF MISFORTUNE

불운을 몰고 오는 자

파괴자, 말살자, 파멸의 전령

헬 *Hel*

북유럽 여신

흔히 헬은 전차를 몰며 사나운 사냥개와 함께 있는 모습으로 묘사된다.
오늘날 우리가 알고 있는 '지옥'이라는 의미의 헬(Hell)은 바로 사악한 신
헬의 이름에서 유래되었다. 하지만 북유럽 여신 헬은 인간이 이승에서
누리는 유한한 삶의 의미를 분명하게 보여준다는 데 그 존재 이유가 있다.

13세기 아이슬란드 학자 스노리 스툴루손*Snorri Sturluson*이 쓴 《산문 에
다(Prose Edda, 신新 에다)》에 따르면, 헬의 아버지는 말썽꾸러기 사기꾼
신 로키이고, 그녀의 어머니는 거인 여인 앙그르보다이다. 형제로는 거
대한 늑대인 펜리르와 인간의 세계 미드가르드를 에워싸고 있는 엄청나
게 큰 뱀인 요르문간드가 있다. 이 가족은 거인들의 땅 요툰하임에 살
았다고 한다.

  헬과 그녀의 형제들을 둘러싼 많은 예언이 있었지만, 그중 좋은 예언
은 단 한 가지도 없었다(오딘은 다른 신들로부터 로키의 아이들이 세상의 종말
을 가져올 것이라는 예언을 듣고 크게 우려했다). 오딘은 신들을 보내 이 오합
지졸 형제들을 데려오도록 했다. 그런 뒤 요르문간드는 미드가르드의 깊
은 바다에 던져버리고, 펜리르는 신들이 직접 감시하여 지키게 했으며,
헬은 니플하임이라는 지하세계에 던져버렸다. 그때부터 니플하임은 여
신 헬을 기리기 위해 '헬'이라는 이름으로 불리게 되었다.

"그녀의 저택은 진눈깨비와 얼음으로 뒤덮여 있다.
그녀의 접시는 굶주림이라 불리고, 그녀의 칼은 기근이라
불린다. 그녀의 노예는 게으르고, 그녀의 하녀는 느리다.
…그녀의 잠자리는 '질병의 침대(病席)'이다."
- 스노리 스툴루손,《산문 에다》

지옥으로 향하는 여정

헬은 반은 살아 있고 반은 죽어 있는 모습이기에, 종종 반은 살색이고 반은 짙은 청색으로 묘사
된다. 흔히 절반이 해골인 모습으로 그려진다. 스툴루손은《산문 에다》에서 그녀에 관해 이렇게
설명했다. "그녀의 저택은 진눈깨비와 얼음으로 뒤덮여 있다. 그녀의 접시는 굶주림이라 불리고,
그녀의 칼은 기근이라 불린다. 그녀의 노예는 게으르고, 그녀의 하녀는 느리다. 대문의 문지방은
발에 걸리는 돌부리이고, 그녀의 잠자리는 질병의 침대이며, 그녀의 커튼은 어슴푸레한 슬픔 – 암
울한 불운 – 이다." 스툴루손은 그녀의 왕국인 헬은 진눈깨비와 얼음, 눈으로 이루어진 장소로 불
명예스럽게 죽은 사람이나 혹은 – 전투에서 죽은 것이 아니라 – 늙어서 편하게 죽은 사람은 그곳
에서 영원히 살게 된다고 말했다.

스툴루손은《산문 에다》에서 지옥으로 향하는 여정을 매우 비중 있게 다룬다. 먼저 망자는 헬
베그(Helveg)라는 험준한 길을 맞닥뜨린다. 그 길을 건너면 거인 여인이자 분노의 전사로 불리
는 모트구트*Móðguðr*와 지하세계를 지키는 헬의 피투성이 경비견인 가름*Garmr*을 만난다. 헬의 궁
전은 수많은 대저택으로 이루어져 있고, 각 저택마다 무수히 많은 하인이 있다고 전해진다. 초
기 북유럽 설화에서 헬의 저택들은 으스스한 곳으로 묘사되지 않았으며, 살아생전 훌륭한 삶을
산 사람들은 그곳에서 평화를 누렸다고 한다. 또 다른 북유럽 전설에 따르면 헬은 다리가 셋 달
린 흰색 말을 타고 다니며 갈퀴나 빗자루로 죽은 자들을 거두는 일에 적극적으로 나섰다고 한다.

《산문 에다》는 오딘과 프리그가 아끼던 아들 발드르(광명의 신)의 죽음을 둘러싼 이야기 또한
들려준다. 발드르를 기리는 전통적인 바이킹 장례식이 거행된 뒤, 발드르는 망자로서 헬을 향해
최후의 여정을 떠난다. 이때 오딘의 아들이자 신들의 전령인 헤르모드는 발드르를 신들의 고향
인 아스가르드로 다시 데려오겠다고 나선다. 저승에 찾아간 헤르모드는 헬에게 세상의 모든 신들
이 발드르의 죽음을 슬퍼하느라 울음이 끊이지 않는다고 말한다. 하지만 헬은 가차 없이 냉담한
태도로 산 자든 죽은 자든 세상의 모든 것들이 발드르를 위해 울어야만 그가 이승으로 돌아갈 수
있다고 말한다. 헤르모드는 이 이야기를 신들에게 전했고, 이 세상의 모든 것들이 발드르를 위해
애도하며 울었다. 하지만 거인족 여자 한 명이 우는 것을 거부하여 발드르는 영원히 지옥에 머물

게 된다. 이 여자는 변신한 로키였다고 전해진다. 발드르의 죽음은 훗날 라그나로크(Ragnarök)로 알려진 세상의 마지막 전쟁에서 헬이 망자들로 이루어진 거대한 군사를 이끌고 아버지 로키 옆에서 신들과 싸우는 사건의 전조가 된다고 알려져 있다.

반쯤 썩은 얼굴에 송장 부대를 이끌고 있는 헬은 대중문화의 소재로 자주 활용된다. 그녀의 외모는 16세기 유럽에서 번성한 연극인 코메디아 델라르테*Commedia dell'arte*에 등장하는 할리퀸의 가면에 영감을 주었다고 한다. 최근에 TV 시리즈 〈왕좌의 게임〉은 헬 이야기의 몇몇 측면을 비중 있게 다루었다. 또한 헬은 마블 영화 〈토르: 라그나로크〉에서 케이트 블란쳇이 연기한 헬라에 의해 다시금 조명받았다. 헬라는 이 영화에서 주요 인물로 이야기를 끌어나간다. 헬은 스칸디나비아 지역 메탈 밴드들의 단골 캐릭터이기도 한데, 스웨덴 밴드 아몬 아마스*Amon Amarth*의 노래 '헬'의 가사는 스노리 스툴루손의 섬뜩한 묘사를 바탕으로 한다.

최근 들어 헬이 명백히 악당이었던 것만은 아니고, 스툴루손의 설명은 옛 종교를 새로운 종교인 기독교와 통합하기 위한 시도였을지도 모른다는 설이 제기되고 있다. 고대 북유럽의 여러 문헌들에서 헬의 왕국과 그녀의 특성은 스툴루손의 설명보다 모호하고 양면적으로 묘사된다고 한다. 이 고대 기록들에서 헬의 지하세계는 영혼이 고통받는 장소가 아니라 내세처럼 삶이 지속되는 장소로 그려진다. 또한 이름의 기원을 따져 볼 때 헬과 가까운 관계라고 여겨지는 홀레*Holle*와 홀다*Hulda*는 유럽 전역에서 농사와 가정생활의 규칙을 중요시하는 관대한 어머니 여신(34~37쪽 페르히타 참조)으로 더욱 자주 표현된다. 헬은 죽음과 내세의 여신이지만, 애초에 그러했듯 파괴나 불운을 가져온다기보다는 자연스러운 질서에 따른 죽음을 상징한다고 볼 수 있다.

헬은 여러 종교에서 볼 수 있듯이 처녀-어머니-노파로 이어지는 삼신에서 흔히 '노파'로 나타난다. 노파는 삶의 마지막 장이자 동트기 직전의 어둠을 의미하며, 처녀가 탄생하고 이 주기가 다시 시작되기 위해 죽어야 하는 존재다. 죽음과 부패 없이는 성장도 없다. 얼굴의 절반이 썩은 시체의 모습을 한 것은 죽음을 향한 솔직한 태도가 반영된 것이라 하겠다. 헬은 '고결하게' 죽지 못한 자들을 위해 피난처를 제공하고, 그들의 영혼을 지키는 죽음의 양치기다. 이 같은 잔혹한 솔직함 때문에 수 세기 동안 헬이 단순히 악으로 치부된 것은 너무도 안타까운 일이다.

모리안 *Morrígan*

켈트족 여신

다른 표기법:

Morrígu

Mór-Ríoghain

모리안은 아일랜드의 초자연적 종족에 속하는 투어허 데 다넌(Tuatha Dé Danaan) 신족의 유일한 여왕이었을까, 아니면 타락한 여전사였을까? 어느 쪽이든 전쟁을 도발하고, 변신에 능하며 - 까마귀로 변신하는 것을 가장 좋아한다 - 고스(goth: 고딕 문화를 바탕으로 죽음과 공포, 어둠을 지향하는 문화)걸의 본보기를 세운 이 여신 근처에서는 문제가 늘 끊이지 않았다.

모리안의 이야기는 온통 피로 물들어 있다. 모리안은 전쟁에 필요한 광기를 불러일으켜 자신의 사람들에게 힘을 주는 전쟁광이다. 피에 굶주린 그녀의 모습은 적군을 동요하게 만든다. 그녀는 마법의 주문을 외워 벼락을 일으키고, 춤추듯 칼과 창끝을 뛰어넘으며, 병사들을 승리에 필요한 광기 상태로 몰아간다.

　하지만 모리안을 단순히 폭력을 선동하는 인물로 치부해서는 안 된다. 아일랜드 신화에서는 신들을 세 부류로 나누는 기록을 볼 수 있는데 아일랜드 땅의 여신들, 세 명의 공예가 신, 세 명의 기술 신 등이 있다. 이처럼 아일랜드의 풍부한 신화에는 종종 자매 여신들이 삼신일체를 이룬 존재를 모리안으로 묘사하기도 한다. 모리안은 다섯 가지 조합이 존재하는데, 그중 가장 일반적인 삼신의 조합은 바이브*Badb*, 마하*Macha*, 아난*Annan*이다.

먼저 바이브는 임박한 전투를 경고하는 신호로 까마귀로 변신해 전투 현장에 난입하여 자신의 예언을 깍깍거리며 내뱉는다. 그리고 인간 여성의 모습으로 전투에 참여해 적군을 혼란스럽게 만든다. 바이브는 또한 병사의 죽은 영혼을 내세로 데리고 가는 저승사자이기도 하다. 그다음 마하는 땅과 토양, 농작물, 그리고 가족과 그들의 부(富)와 밀접한 관계가 있다. 그녀는 아일랜드의 안녕과 행복을 깊이 염려하는 여신이다. 그녀는 남을 권좌에 올릴 수 있을 만큼 영향력을 지닌 킹메이커이기도 하다. 또한 마하는 말과의 경주에서 이길 정도로 달리기에 능한 인물로 알려져 있다. 그러나 출산을 앞두고 경주할 수밖에 없는 처지에 몰린 그녀는 시합에서 승리를 거두었지만, 곧바로 쌍둥이를 낳고 죽었다. 이런 사태를 초래한 사람들에게 분노한 마하는 전쟁이 임박할 무렵 얼스터의 남자들이 출산의 고통을 느끼도록 저주를 내린 것으로 유명하다. 마지막으로 아난은 셋 중 가장 온화한 성품으로 다산과 소와 관련 있는 여신이다. 그녀는 또한 전투에서 가장 약한 병사들을 가려내 죽음을 부여함으로써 그들을 위로한다. 그녀의 온화한 성품 때문에 현대의 일부 작가들은 아난을 맹렬한 전투를 추구하는 인물인 네반*Nemain*으로 대체하기도 한다.

> "그의 머리 위에서 한 노파가 날카롭게 소리를 지른다. 노파는 무기와 방패 위를 재빨리 뛰어넘는다. 그녀가 바로 회색의 모리안*Morrigii*이다."
> - 마그 라트(Magh Rath) 전투를 기리는 시

아일랜드 신화 속 모리안

모리안은 8세기 라틴어 문서에서 통상 여자 괴물을 일컫는 말로 처음 언급되었다. 그랬던 그녀가 단독으로 등장하기 시작한 것은 7세기와 8세기에 쓰인 운문을 12세기부터 15세기에 걸쳐 이야기로 엮어낸《얼스터 대계*Ulster Cycle*》가 처음이다. 서기 1세기를 배경으로 하는 이 켈트족 설화집에는 아일랜드 신화에 등장하는 제일 유명한 영웅인 쿠 훌린과 그녀의 관계가 담겨 있다. 어떤 사건으로 모리안은 쿠 훌린을 만나고, 그에게 호감을 느낀 모리안이 잠자리를 갖자고 제안한다. 하지만 쿠 훌린이 제안을 거절했고, 이에 모리안이 전쟁의 여신인 자신의 정체를 드러낸다는 이야기이다. 쿠 훌린이 그녀의 접근을 거절하자, 모리안은 화가 나서 이리, 암소, 장어로 변신하여 복수를 감행한다. 하지만 쿠 훌린은 그녀의 술수를 능가할 만큼 뛰어났고, 그녀의 복수는 실패하고 만다. 마지막으로, 모리안은 상처를 입은 노파로 변신해 소젖을 짜는 모습으로 쿠 훌린 앞에 나타난다. 이때 그가 모리안의 상처를 치료해주면서 그녀는 쿠 훌린에 대한 복수심을 버리게 된다.

그 후 모리안은 계속해서 쿠 훌린 앞에 나타난다. 어느 날 그녀는 계곡에서 피 묻은 갑옷을 빨고 있는 여인의 모습으로 나타난다. 그에게 불길한 일이 벌어질 것임을 보여준 것이다. 몇 년 후 쿠 훌린은 전투에서 치명상을 입는데, 적들 앞에서 똑바로 선 채 죽음을 맞이하고자 바위에 자신의 내장으로 몸을 묶어 고정시킨 채 영웅다운 최후를 맞는다. 쿠 훌린의 죽음은 까마귀 한 마리가 날아와 그의 어깨에 내려앉는 것으로 그려지는데, 아마도 까마귀로 변신한 모리안이 고하는 최후의 작별 인사가 아니었을까?

6세기에서 10세기에 쓰인 것으로 추정되지만, 16세기 문서로만 남아 있는 '티러이 벌판 전투

(Cath Maige Tuired)'에 관한 기록에서 모리안은 매우 유혹적인 존재로 묘사된다. 그녀는 삼하인 축제 때 전투를 앞둔 투어허 데 다넌족의 최고 신이자 풍요의 신인 다그다를 초대해 자신과 잠자리를 갖도록 유혹한다. 삼하인은 켈트 문화에서 가장 중요한 축제 중 하나로, 이 시기 산에서 소들을 몰고 내려오고, 마을 사람들은 겨울을 준비한다. 생명으로 가득한 다그다와 죽음의 여신 모리안의 결합은 여름이 앙상하고 추운 계절에 자리를 내어주는 과정을 상징한 것일지도 모른다. 잠자리를 가진 후 다그다는 전쟁에 나섰고, 전쟁터에서 그는 여신이 행한 마법의 힘을 목격한다. 모리안이 날카로운 소리로 시를 읊자, 다그다의 적들이 바다에 빠져버린 것이다. 이 전투는 모리안이 살해된 왕의 피를 한 움큼 떠서 강에 뿌리며, 이 세계의 종말을 예언하면서 전투가 끝난다.

모리안 설화는 아일랜드의 역사에서 유혈이 낭자하던 시기에 탄생했다. 옛 아일랜드는 부족 간의 원한이 깊고, 정치적으로 혼란하며, 또한 소 떼의 습격도 잦았던 곳이었다. 전쟁에서 이기려면 잔혹한 힘이 필수적이었기에 무시무시한 전투 여신이 자신의 편일 경우 병사들의 사기를 높이는 데 유리했을 것이다. 이 사나운 여인의 이야기는 전투에 나서기 전 집회에서 겁에 질린 어린 병사들에게 용기를 주고 싸움에 나설 수 있도록 그들을 광기로 몰아갔다.

성적이고 강인한 이미지 때문인지 모리안은 대중문화의 주요 소재로 자주 등장한다. 블랙 메탈의 가사를 위한 소재로 쓰이고, 젊은 남녀 모두에게 인기 있는 게임 캐릭터로 이용되고 있으며, 판타지 문학의 등장인물로도 존재감을 드러내고 있다. 그녀는 단순히 메기나 암소로 변신하는 존재, 그리고 창으로 대표되는 폭력적인 존재로 치부될 수는 없다. 모리안의 다면적인 모습은 빛과 어둠 둘 다 삶의 주기적이고 반복적인 흐름의 일부라는 사실을 상기시킨다. 그녀가 혼란을 가져오고, 전사들이 죽음을 향해 나아갈 수 있도록 선동하는 모습 뒤에는 또 다른 모습이 존재한다. 미래를 예언하고 병자를 돌보며 왕위를 결정하는 모습은 그녀의 복잡한 면모를 보여준다. 전투에서 나타나는 모리안의 힘과 추진력은 깊은 애국심에서 비롯한다. 그녀는 아일랜드 영토가 풍요롭고, 아일랜드 사람들이 안전하고, 죽음을 맞이한 자들이 내세로 안전하게 향할 수 있도록 힘쓴다. 이 열정적이고 끈질긴 기질이야말로 그녀를 숭배하는 사람들이 자신 안의 악마와 싸울 수 있도록 힘을 주는 요인이 아닐까.

발퀴레 *The Valkyries*

북유럽 정령

다른 표기법:

Valkyrja

강인하고 아름다운 발퀴레는 안장도 없이 말을 타고 하늘을 날아오르며 눈부신 여성미를 발산한다. 북유럽 신화의 최고 신 오딘을 섬기는 처녀 전사들인 발퀴레는 죽은 전사자의 영혼을 영광의 전당 발할라로 인도한다. 하지만 이들의 초기 모습은 좀 더 어둡고 복잡한 면모를 지녔다.

북유럽 전사들은 발퀴레 군마의 우레 같은 말발굽 소리를 반기는 동시에 두려워했다. 유혈이 낭자하고 시끄러운 전투가 절정에 달할 무렵, 번쩍이는 갑옷을 입은 처녀 전사들이 말을 타고 나타나 칼을 휘두르며 구름 사이를 질주했다. 이들은 급강하해서는 칼에 맞고 쓰러진 가장 용감한 전사들의 영혼을 말에 태워 전사자의 전당인 오딘의 발할라로 데리고 갔다. 발퀴레는 발할라의 영웅들이 모든 신과 인간의 멸망을 가져오는 최후의 전쟁인 라그나로크에 참여하여 싸우라는 부름을 받기 전까지 그들에게 고기와 벌꿀 술을 대접했다.

전사자를 선택하는 자

13세기와 14세기에 쓰인 고대 북유럽 신화를 모은 서사집인 《운문 에다 (Poetic Edda, 고古 에다)》에서 발퀴레의 초기 화신은 피에 굶주린 존재로 묘사된다. 이들은 늑대를 애완동물처럼 끌고 다니고, 때로는 썩은 고기를 뜯어 먹는 까마귀로 그려졌다. '발퀴레'라는 이름은 '전사자를 선택하는 자'를 의미한다. 이들은 전쟁터에서 자신이 데려갈 병사를 선택하는 데 마법을 사용할 수도 있었으며, 이러한 선택은 전투의 결과에 영향을 미쳤다. 이 거칠고 강인한 여성들은 공정함과는 거리가 멀었다. 이들은 자신이 좋아하는 병사를 보호하고 훈련시켰으며 병사들과 사랑에 빠지기도 했다. 반면에 어떤 병사에게 유감이 있으면 전쟁터에서 앙갚음했다. 한편 북극 지방에서 볼 수 있는 북극광은 발퀴레의 방패와 갑옷이 반사되어 빛나는 것이며, 이들이 몰던 말의 갈기에서는 이슬과 우박이 떨어진다는 이야기도 있다.

초기 발퀴레에 관한 가장 끔찍한 묘사 중 하나는 13세기에 쓰인 아이슬란드의 설화 《냘의 사가*Njáls Saga*》에 나오는 서사시인 '헬가크비다 훈딩스바나 I*Helgakviða Hundingsbana I*'에서 찾아볼 수 있다. 이 이야기의 일부는 아일랜드 왕인 브리안 보루의 군대와 스칸디나비아·아일랜드 지역의 바이킹 연합군 간의 싸움인 클론타프 전투가 일어나기 직전의 아일랜드를 배경으로 한다. 이 이야기에서 도루드*Dörruð*라는 남자는 열두 명의 발퀴레들이 인간의 유해와 신체 일부로 만든 끔찍한 베틀을 사용하는 것을 목격한다. 이들은 망자의 잘린 머리를 베틀의 추로, 칼은 북으로, 화살은 얼레로 사용했으며, 심지어 내장을 씨실과 날실로 사용하여 흉측한 직물을 짜고 있었다. 발퀴레들은 신나는 모습으로 직물을 짜며 군대의 운명을 엮고 있었다. 전투에서 죽을 자를 골라내며 그들의 운명을 직조하는 것이다.

훗날 발퀴레의 모습은 좀 더 낭만적이고 부드럽고 감상적으로 변화되었다. 이들은 뼈로 만든 베틀을 내려놓고, 금발 머리를 빗고 빛나는 청동 갑옷을 입기 시작했다. 오딘을 받드는 방패 처녀로 지위가 낮아지면서 이들의 투지와 독특한 개성이 다소 흐려지기는 했지만, 발퀴레들은 강인하고 단호하며 자신들의 생각을 표현하는 데 거리낌이 없었다.

가장 유명한 발퀴레는 브륀힐드로 그녀의 복잡한 이야기는 13세기에 쓰인 《볼숭 사가*Völsunga saga*》에 실려 있다. 오딘의 명을 거역한 그녀는 산꼭대기의 외딴 성으로 추방되어 남자가 찾아와 자신을 구출해줄 때까지 잠에서 깨어나지 못하는 오딘의 저주를 받는다. 하지만 이 근처를 지나던 영웅 시구르드가 성으로 들어와 무장한 채 잠들어 있는 금발의 처녀 전사를 발견하고, 그녀의 갑옷을 잘라낸다. 이 둘은 사랑에 빠졌고, 시구르드는 브륀힐드에게 마법의 반지를 주며 청혼한다. 그러고는 나중에 돌아와 그녀와 결혼하겠다고 약속하며 떠난다. 이에 브륀힐드는 성 주위에 불의 고리를 만들어 둘러싼 뒤 사랑하는 사람이 돌아오기를 기다린다.

하지만 시구르드는 돌아오는 길에 사악한 마녀 그림힐드를 만나게 된다. 그림힐드는 자신의 딸 구드룬과 시구르드를 결혼시키려고 그에게 마법의 물약을 먹여 브륀힐드를 잊고 구드룬과 결혼하도록 만든다. 게다가 그림힐드는 이 둘이 절대로 이루어질 수 없도록 브륀힐드를 자신의 아들인 군나르와 결혼시키기로 한다. 하지만 군나르는 브륀힐드가 만든 불의 장막을 뚫을 수 없었고 매부인 시구르드에게 도움을 청한다. 그림힐드의 주술에 여전히 걸려 있던 시구르드는 기꺼이 군나르와 몸을 바꿔 불의 고리를 뛰어넘는다. 브륀힐드는 이 용감한 모습에 감명을 받고, 둘은 사홀 동안 함께 밤을 보낸다. 그림힐드의 마법과 시구르드의 타고난 고결함으로 둘 사이에 성적인 결합은 이루어지지 않았다. 군나르와 시구르드는 다시 몸을 맞바꾸고, 브륀힐드는 그런 속임수가 있었는지 알지 못한 채 군나르와 결혼한다.

그러던 어느 날 구드룬과 브륀힐드는 누구의 남편이 더 용감한지 열띤 논쟁을 벌이는데, 이때 구드룬이 진실을 폭로하고 만다. 돌연 시구르드의 기억이 돌아오고, 그가 브륀힐드에게 사실을 말하려고 애쓰지만 그녀는 믿었던 애인이 자신을 버린 것에 분노해 복수를 결심한다. 아무런 감정의 동요 없이 그녀는 남편 군나르에게 시구르드를 죽이라고 부추긴다. 군나르는 시구르드를 죽이는 것을 꺼렸기에, 동생 구트호름을 설득하여 자신을 대신해 잠자는 시구르드를 죽이도록 한다. 영웅 시구르드는 구트호름에게 당해 죽어가는 와중에도 그에게 칼을 던져 꽂음으로써 치명상을 입힌다. 하지만 브륀힐드의 분노는 사그라들 줄 몰랐고, 그녀는 "불을 일으키고 … 원한을 드러내며 씩씩거렸다." 그리고 브륀힐드는 시구르드는 물론 군나르의 세 살 난 아들까지 처참하게 죽인 뒤, 시구르드의 시신을 화장할 때 타오르는 장작더미에 몸을 던져 스스로 생을 마감한다.

"머리 위에서 핏빛 질주가 펼쳐지네.
발퀴레가 군가를 부르니,
하늘은 전사들의 피로 낭자하네."
- 고대 북유럽의 시(詩)
'다라달요드 *Darraðarljóð*' 중에서

군마를 타고 전장을 누비는 여전사

발퀴레는 인상 깊은 고유한 주제곡을 지닌 유일한 신화적 존재일 것이다. 바그너의 오페라 〈링 사이클 *The Ring Cycle*〉에 수록된 장엄하고 전율이 느껴지는 '발퀴레의 기행 *The Ride of the Valkyries*'은 처녀 전사들이 말을 타고 하늘을 질주하는 모습을 떠올리게 한다. 이 작품은 프란시스 포드 코폴라 *Francis Ford Coppola* 감독의 영화 〈지옥의 묵시록 *Apocalypse Now*〉(1979)에서 극적인 효과를 연출하기 위해 쓰이기도 했다. 베트남 전쟁을 배경으로 한 이 영화에서 미군의 헬기 부대가 아무런 죄 없는 평화로운 베트남 마을을 무자비하게 공격하는 장면이 나오는데, 그때 헬리콥터의 스피커에서 금관악기 연주와 함께 울려 퍼지던 노래가 바로 '발퀴레의 기행'이다. 고막을 찢을 듯한 굉음을 쏟아내는 이 금속 비행기계는 죽음으로 가득한 혼란스러운 대학살의 현장 위로 거침없이 날아오르며 마을 사람들을 공포에 떨게 만드는 발퀴레를 연상시킨다.

북유럽 신화에서는 흔히 여성 주인공들에게 많은 힘을 부여한다. 중요한 전투에 영향을 미치는 발퀴레의 능력은 대단히 인상적이며, 수많은 영웅담에서 주요 인물로 등장한다. 발퀴레는 치열하게 사랑하고 격렬하게 싸웠다. 이들은 서로 어울리는 의상을 차려입고 투구를 쓰고 날카로운 검을 휘두르며 '짧고 굵게 살다 죽자'라는 태도로 말을 타고 질주하는 거친 여성 갱 같았다. 발퀴레의 영향력은 역사의 흐름을 바꾸었으며-이들은 북유럽 신화의 위대한 전투에서 누구를 죽이고, 살릴지를 선택했다-수 세기가 흐른 지금까지도 여전히 이어지고 있다.

폰티아낙 *Pontianak*

말레이 유령

다른 표기법:

Kuntilanak

Matianak

Kunti

Churel

길게 늘어뜨린 머리카락이 얼굴을 가리고, 흘러내릴 듯한 흰색 드레스를 입은 신비한 여성을 보거든 조심하기 바란다. 그녀는 성질 사나운 말레이 유령이자 내장을 먹는 것을 특히 좋아하는 폰티아낙일지도 모른다.

이 여성 흡혈귀의 이야기는 수천 년 동안 전해 내려온 것으로 여겨지지만, 구체적인 기록으로 세상에 알려지기 시작한 것은 19세기로 접어들면서였다. 폰티아낙은 칼리만탄-현재 보르네오섬 중에서 인도네시아 지역을 가리키는 현지 이름-서쪽 해안에 자리한 도시로, 이 지역의 초대 술탄인 샤리프 압둘라흐만 알카드리 *Syarif Abdurrahman Alkadrie* (1730~1808) 앞에 출몰한 유령의 이름을 따서 지었다고 한다. 일설에 따르면 그가 배를 갈라 내장을 먹어치우는 이 긴 머리 유령을 무찔렀다고 하고, 혹은 이 유령에게 희생당했다고도 전해진다. 19세기 말에 폰티아낙 지역이 식민지화 되면서 서구의 민족지학자들은 이 무시무시한 여성 식인귀에 대해 더욱 많은 이야기를 기록으로 남겼다.

선사시대 정령 신앙의 잔재인 폰티아낙은 동남아시아에서 전해지는 유령 신들 가운데 하나가 힌두교와 불교 전통에 뒤섞이고, 이후 이슬람 관행에 흡수된 사례. 비슷한 부류의 존재로는 몸은 없고 머리만 떼어

내진 모습으로 내장을 늘어뜨리고 다니는 페난가란*Penanggalan*과 올빼미로 변신할 수 있는 랑그스이르*lang suir*와 반시(126~129쪽 참조)가 있다.

일각에서는 폰티아낙을 출산하다가 죽거나 임신 중에 죽은 여성의 정령으로 보기도 하고, 유산된 여자 아기의 유령으로 보는 설도 있다. 두 유령 모두 비슷하게 나타나는데, 자신이나 아이의 죽음에 대한 복수를 하러 온다고 여겨진다. 폰티아낙은 낮에는 바나나 나무에서 머무르지만, 밤이 되면─특히 보름달이 뜨는 밤이면─밖으로 나온다. 개들이 짖거나 울던 아이가 잠잠해지면 폰티아낙이 나타났다는 뜻이다. 혹은 폰티아낙을 보기 전에 그녀의 냄새를 맡을 수도 있다. 폰티아낙이 나타날 때면 협죽도과(科)의 꽃향기가 나기 때문이다. 얼굴을 덮은 긴 머리카락을 넘기면 창백한 피부에 붉은 눈을 가진 아름다운 여인의 얼굴이 드러난다. 그녀는 피로 얼룩진 흰색 드레스를 입고 있으며, 그녀의 긴 손톱은 달빛을 받아 번뜩인다. 하지만 연약해 보이는 폰티아낙이 폭력적인 공격성을 드러내며 흉측한 흡혈귀로 바뀌는 순간, 그 달콤한 향기는 썩은 살냄새로 변할 것이다. 그러고 나서 그녀는 날카로운 손톱으로 희생자의 배를 가르고 내장을 꺼낸 다음 게걸스럽게 먹어치운다. 때로 그녀는 남자의 생식기를 갈기갈기 찢고, 눈을 빨아먹기도 한다. 폰티아낙은 오직 남자만 공격하는데, 그녀를 막는 방법은 단 한 가지뿐이다. 그녀의 목덜미에 난 구멍에 못을 찔러 넣는 것이다. 그러면 폰티아낙은 유순하고 순종적이며 아름답게 미소 짓는 아내로 변한다고 한다. 하지만 못을 빼내면 다시 원귀로 돌아간다고 한다.

두려움 또는 힘의 상징

민속학적 관점에서 폰티아낙은 현대에도 여전히 큰 존재감을 발휘하고 있다. 폰티아낙을 보았다는 신문 기사는 물론, 그녀를 촬영했다는 음침한 유튜브 영상도 떠돈다. 이 하얀 형체는 고층 건물의 탁한 복도를 따라 떠다니고, 잘 정돈된 공원 한가운데나 심지어 스타벅스 매장에서도 포착된다. 부모들은 바르게 행동하지 않으면 폰티아낙이 데려갈 것이라고 아이들에게 경고한다. 특히 여자아이들에게는 뱀파이어 괴물처럼 보이지 않도록 예의 바르고 단정하게 처신하라고 충고한다.

폰티아낙의 강렬한 이미지는 1950년대 말 저예산 상업 영화 제작자의 관심을 사로잡았다. 이후 큰 인기를 끈 폰티아낙 영화가 1960년대 초까지 시리즈로 개봉하면서 말레이 호러는 하나의 장르로 자리 잡았다. 말레이시아 영화 〈도와줘! 나는 폰티아낙이야*Tolong! Awek Aku Pontianak*〉(2011)에서 볼 수 있듯이, 21세기에 이 장르가 다시 인기를 끌기도 했다. 쿠알라룸푸르에서 활동하는 아만다 넬 유*Amanda Nell Eu* 감독의 단편영화 〈나무 소녀*It's Easier to Raise Cattle*〉(2017)에도 폰티아낙이 주인공으로 등장한다. 감독은 폰티아낙 설화를 완전히 재해석해 두 소녀 사이의 다정한 우정을 그리는데, 그중 한 명이 폰티아낙이다.

사회의 성 균형이 위협받을 때마다 폰티아낙의 인기가 크게 높아지는 것은 우연이 아니다. 여성들이 독립성을 주장하기 시작한 1950년대든, 아니면 이슬람 극단주의자들이 자치권을 요구하던 2000년대든 폰티아낙의 인기는 여성의 힘에 대한 두려움을 나타낸다고 볼 수 있다. 가족을 돌봐야 한다는 여성적인 '규범'에 순응하지 않는 여성들을 폰티아낙 같은 괴물로 여기는 것이다. 영화에서 폰티아낙을 무찌르는 행위는 경계를 넘어서는 거침없는 여성을 통제하는 행위나 다름없다. 폰티아낙의 목에 못을 박으면 그 존재를 길들일 수 있고, '이상적인' 여성으로 돌아가며, 질서가 회복되고, 가부장제는 강화된다.

오늘날 일부 말레이시아 여성들은 무력화된 폰티아낙을 거부하며 길들여지지 않은 그녀의 자율성과 힘을 기리고자 한다. 폰티아낙은 아무 두려움 없이 밤에 혼자 거리를 다닐 수 있다. 그녀는 강간범이나 폭력범, 그리고 여성을 열등한 존재로 보는 자들이나 여성의 자유를 제약하는 자들을 상대로 희생자를 대신해 복수를 실행한다. 살을 갈가리 찢을 수 있는 길고 날카로운 손톱을 가진 난폭한 폰티아낙은 여성들의 좌절이 유형으로 발현된 존재다. 아마도 현대의 많은 말레이시아 여성들에게 분노를 표출할 수 있는 생활과 전통적인 관습을 거부하는 폰티아낙 같은 삶은 싱크대와 오븐, 요람에 매인 삶보다 더 매력적으로 느껴지지 않았을까.

바반 시 *Baobhan Sith*

스코틀랜드 흡혈귀

아름답지만 무자비하고 인간의 피를 좋아하는 매혹적인 바반 시는
세상의 자매들을 대신해 간음한 남자들을 상대로 유혈이 난무하는
잔혹한 복수극을 펼친다.

전 세계적으로 다양한 여성 흡혈귀 이야기가 존재한다. 서큐버스(succu-
bus: 중세 유럽의 민담에 등장하는 여자 악령으로 남자들의 꿈에 나타나 그들을
유혹해 성관계를 갖는다고 한다)와 아라비아의 카리나*qarinah*, 유대교의 에
스트리스*estries* 는 모두 아름다운 여성의 모습으로 변하는 특징을 지니고
있다. 이들은 상대-희생자는 거의 언제나 남성이다-가 잠들어 있을 때
나, 그녀의 매력에 빠져들었을 때 유혹해서 목적을 달성한다. 바반 시는
흡혈귀와 유령, 요정의 특성을 부분적으로 가지고 있는데, 그 영묘한 분
위기는 전반적으로 공포감을 자아낸다.

바반 시는 대개 시골이나 교외 지역의 수풀과 산길, 한적한 외딴길을
돌아다닌다. 녹색 드레스를 좋아하는 그녀는-녹색은 요정이 선호하는
색이다-사슴 발굽을 가진 자신의 발을 숨기려고 긴 드레스를 입으며,
해가 진 뒤에야 밖으로 나온다. 그녀는 입김으로 성에를 끼게 만들 정도
로 날씨를 조종할 수 있는 능력을 가지고 있다. 그녀는 짙고 뿌연 안개와
구름으로 자신의 모습을 숨기고, 지나가는 사람들을 혼란스럽게 만든다.

"모든 뱀파이어 소설은 자신의 욕망에 따라
뱀파이어를 재창조한다.
각자가 원하는 형태로 만들면 된다."
- 조스 웨던 *Joss Whedon*

바반 시는 늑대나 까마귀로 변신할 수 있지만, 결국에는 보다 유혹적인 형태인 인간 여성의 모습으로 나타나는 것을 좋아한다.

바반 시는 텔레파시를 사용할 수 있기에 언어가 필요 없다. 이들은 또한 초인적인 후각을 지니고 있어 옷에 묻은 피 냄새만으로 사냥꾼의 존재를 알아챌 수 있다. 바반 시는 이 같은 능력을 이용해 사냥꾼을 목표물로 삼곤 하는데, 희생자는 언제나 남성이며 가끔은 여성과 함께 있기를 원하는 남성들을 유혹한다. 하지만 이들에게도 약점은 존재한다. 바반 시는 쇠에 약하며, 이들의 무덤 위에 돌을 올려놓으면 밖으로 나오지 못한다고 한다.

스코틀랜드 신화에서 '시(sith)'라는 용어는 '언덕(mound)의 사람들'을 의미하며, 선사시대에 스코틀랜드를 점령했다고 전해지는 사람들을 일컫는다. 이는 바반 시가 이 지역에서 수천 년 동안 두려움의 대상이 되어 왔다는 뜻이다. 하지만 바반 시가 사람들에게 가장 큰 공포의 대상이 되었던 것은 이들이 이교도를 배척하기 위한 선전 수단으로 이용되었던 16~19세기였다. 당시 이 여성들의 발굽 소리는 쾅쾅 울리는 악마의 발소리를 상기시킨다고 여겨졌다.

가장 유명한 바반 시 이야기 가운데 하나는 네 명의 사냥꾼에 관한 것이다. 그들은 외딴곳에 자리한 작은 오두막에서 하룻밤을 묵게 되었다. 난로에 불을 붙이고 저녁 식사를 마친 뒤, 그들은 술을 마시고 춤추며 즐기기 시작했다. 흥겨운 밤이었지만 그중 세 명이 남자 넷이서만 춤추고 노는 것이 이상하지 않느냐며 분위기를 돋울 만한 여자들이 몇 명 있으면 얼마나 좋을까 하는 이야기를 나누기 시작했다. 이때 바이올린을 연주하던 한 남자는 그 말에 동의하지 않으며, 자신은 아내가 있어서 행복하고 다른 여자는 필요 없다고 분명하게 말한다. 때마침 문 두드리는 소리가 나고, 남자들이 문을 열어보니 녹색 드레스를 입은 네 명의 아름다운 여인들이 서 있었다. "길을 잃었어요. 안으로 들어가도 될까요?"라고 여자들 중 한 명이 말했다.

이쯤 되면, 매혹적인 여인들이 느닷없이 외딴곳에 나타나 파티에 함께해도 되겠냐고 물을 가능성이 얼마나 되느냐는 생각부터 할지도 모르겠다. 여하튼 고대 스코틀랜드에서조차 육체적 욕망이 뇌를 지배했고, 여인들은 남자들의 환대를 받으며 오두막 안으로 들어갔다. 밤이 깊어지자, 흥겨운 파티는 절정에 달했고 남녀는 짝을 지어 격정적으로 춤을 추기 시작했다. 하지만 바이올린을 연주하던 남자는 무언가 이상한 모습을 목격하게 된다. 여인들 가운데 한 여자에게서 피가 뚝뚝 떨어지고 있었기 때문이다. 좀 더 자세히 살펴보니 여자가 춤을 추면서 치맛자락을 들어 올리는 순간 그 아래로 사슴 발굽이 보이는 게 아닌가. 자신들의 비밀이 탄로 난 것을 알게 된 여자들은 긴 손톱을 드러내어 함께 춤추던 상대의 목을 베었다. 겁에 질린 연주자는 바이올린을 내던지고 차가운 밤 속으로 달아났다. 연주자에게 말을 걸었던 여자가 그를 뒤쫓으면서 긴 손톱으로 그의 목덜미를 베려 했다. 여자를 간신히 따돌린 그는 말들을 발견하고 말 무리 속에 몸을 숨겼다. 그런데 그곳에 당도한 여자가 그에게 더 가까이 가려 하자 무엇인가 그녀를 가로막았다. 다름 아닌 쇠로 만든 말의 편자가 그를 보호해주었던 것이다. 그 자리에 그대로 숨어 있는 것이 낫겠다고 생각한 남자는 길고 추운 밤을 말들 사이에서 보냈다. 새벽이 밝아오자, 그는 멍하니 혼란스러운 상태로 오두막으로 돌아갔다. 문을 열고 들어가 보니, 피가 빠진 채 바싹 말라 있는 친구들의 시신이 바닥에 널브러져 있었다.

바반 시에 관한 이 이야기는 남자들이 아내를 두고 바람을 피우지 말라는 일종의 경고처럼 작용했다. 사냥꾼이 등장하는 이 전설은 기독교 교회에서 춤을 좋지 않게 보던 시기에 등장했다고도 알려져 있다. 이 이야기는 사람들이 방탕하게 놀지 않도록 제어하는 수단으로 이용되었다. 바반 시의 성적 욕망과 자유분방한 행동은 당시의 교회가 두려워했던 모든 것을 상징했다.

현대 문화에 등장하는 바반 시

바반 시와 여성 흡혈귀는 드라큘라에서부터 선정적인 레즈비언 흡혈귀 영화에 이르기까지 수많은 책과 영화에서 찾아볼 수 있다. ─〈스타워즈〉 시리즈에서는 다스 베이더가 속한 어둠의 세력을 칭하는 이름(Sith)으로 쓰였다 ─ 최근에는 〈언더 더 스킨 Under The Skin〉(2013) 같은 SF 영화에서 바반 시의 변형된 캐릭터를 엿볼 수 있다. 미헬 파버르 Michel Faber 가 쓴 동명의 소설을 원작으로 만들어진 이 영화는 스칼렛 요한슨 Scarlett Johansson 이 인간의 몸으로 위장해 남자를 유혹하는 에일리언으로 등장한다. 그녀는 냉혹한 의도를 감춘 채 현대의 스코틀랜드를 배회하며 남자를 유혹해 집으로 불러들인 뒤, 그들을 검은 늪과 같은 진득하고 시커먼 물질 속으로 빠져들게 만든다.

바반 시는 으스스하고 잔혹한 존재로 보인다. 하지만 남자를 유혹할 때만 그런 특성을 이용한다. 이렇듯 여성에게 부여된 전통적인 역할을 거부하는 이들의 캐릭터는 자체로 매우 흥미롭다. 상대를 겨냥해 의도적인 폭력을 휘두르는 바반 시는 복수의 여신들(64~67쪽 참조)처럼 희생양을 선택하는 특정한 이유가 있다. 배우자나 연인에 대한 부정과 윤리적인 죄악을 처단하려는 것이다. 바반 시는 남자들이 사냥하러 집을 나선 뒤 춤추며 놀면서 다른 여자들에게 추파를 던지는 동안 가정을 돌보는 여자들을 대신해 복수에 나선다. 바반 시는 사회 전복적인 존재로 젠더 구조를 뒤엎으며 창조자가 아닌 파괴자로 역할한다. 이들은 중요한 사회 윤리적 의제를 추구하기 위해서라면 폭력을 사용하기를 주저하지 않는다.

혹여 당신의 삶의 파트너가 제 위치에서 벗어나 한눈팔까 걱정된다면 안심하기를 바란다. 바반 시가 당신의 뒤를 봐주고 있을 테니 말이다.

릴리트 *Lilith*

유대교 악마

다른 표기법:
Lilit
Lilitu
Lillu
Lilin

유대 신화에서 최초의 여성은 사실 순종적인 이브가 아니라 급진적인 페미니스트 릴리트였다. 성욕을 드러내는 데 거침이 없다는 이유로 수 세기 동안 악마화 되었던 릴리트는 이제 긍정적인 여성을 나타내는 대중의 여주인공으로서 새롭게 떠오르고 있다.

릴리트는 기원전 2000년에 쓰인 수메르어 서사시 '길가메시와 훌루푸 나무*Gilgamesh and the Huluppu-Tree*'에서 길가메시가 무찌른 여성 악마로 처음 등장한다. 같은 시대에 만들어진 어느 점토 부조판에서 릴리트는 벌거벗은 몸에 새의 날개와 뿔, 날카로운 발톱이 달린 발을 가진 모습으로 묘사되었다. 당시 사람들은 릴리트가 바빌로니아의 아이들을 납치한다고 여겼으며, 부적과 주문으로만 물리칠 수 있다고 보았다. 이러한 그녀의 행적에 관한 이야기들은 이 지역에 널리 퍼져 있었다.

성서가 쓰일 무렵, 릴리트는 근동(유럽과 가까운 서아시아) 지역 전체에 걸쳐 출몰하는 밤의 악마를 가리키는 대명사가 되었다. 이사야서에서 릴리트는 황량한 곳에 사는 것으로 설명되며 "가면올빼미"에 비유된다. 이처럼 밤에 활동하는 그녀의 습성 때문에 릴리트는 그리스의 아테나, 켈트족의 블로데이웨드*Blodeuwedd*, 힌두교의 락슈미*Lakshmi*, 하와이의 히이아카*Hi'iaka*, 말레이시아의 랑그스이르(98~101쪽 폰티아낙 참조), 카리브해 지역의 라 디아블레스*La Diablesse*와 같이 새와 관련된 신화 속 여성이나 여신을 언급할 때 함께 거론되곤 한다. 서기 500~600년에 편찬된 유대교 경전《탈무드》에서 악마 릴리트는 긴 머리와 날개를 가진 흡혈귀 서큐버스로 묘사되었다. 이들은 밤이 되면 잠자는 남자들을 찾아가 몽정을 하게 만들어 그들의 정자를 몰래 훔쳤다고 한다. 그러고 나서 정자를 자신에게 수정시켜 엄청나게 많은 사생아 악마를 만들어냈다. 그리하여 남자들은 집에서 절대로 혼자 자지 말라는 주의를 받게 되었다. 이러한 특성의 릴리트는 밤의 외설스러운 측면, 즉 밤의 관능성과 자유를 주의하라는 경고이자, 젊은 남자가 자위를 하지 못하게 만류하는 수단으로 이용되었다. 유대교 랍비들은 자위를 끔찍한 죄악으로 여겼다.

아담의 아내로서 릴리트의 모습은《벤 시라의 알파벳*Alphabet of Ben Sira*》에 처음으로 성문화되었다. 서기 700~1000년에 쓰인 이 문헌은 중세의 성서 주해서(midrash)로, 성서에 기록된 사건을 전통적인 유대교 구전 전승을 포함하여 풍자적으로 해석한 문서이다. 이 기록은 창세기에 나오는 아담의 첫 번째 아내에 관한 두 가지 대조적인 설명을 분석하는데, 자신감 넘치는 릴리트가 사실은 아담과 같은 흙에서 동시에 만들어졌으며, 에덴동산에서 그와 동등한 존재였다고 결론 내린다.

"네가 내 아래에 누워라. 우리는 둘 다 흙으로 만들어졌으니 동등하다."

신의 손에서 창조된 후, 릴리트는 아담에게 만물의 질서에 대해 질문한다. 이 대화는 성에 관한 실질적인 논쟁으로 이어졌는데, 아담은 성관계할 때 릴리트가 자신 아래에 있는 남성 상위 체위를 고집했다. 이 말에는 그가 관계를 주도한다는 암시가 담겨 있다. 이에 릴리트는 아담의 면전에 대고 코웃음을 치며 "네가 내 아래에 누워라. 우리는 둘 다 흙으로 만들어졌으니 동등하다."라고 말했다. 논쟁이 격화되고, 결국 릴리트는 화가 나서 신의 이름을 외치며 밤하늘을 향해 날아가 버렸다(그 뒤 릴리트는 홍해 근처에서 지내며 악마들과 사는 것을 선택했다고 한다). 분노한 아담은 신에게 도움을 청했고, 신은 자신의 천사인 세노이, 산세노이, 세만겔로프에게 릴리트를 뒤쫓으라고 명령했다. 신은 몹시 괴로워하는 아담에게 "릴리트가 돌아오기를 원한다면 모든 일이 잘 마무리될 테지만, 돌아오지 않는다면 그녀는 매일 100명의 자식 - 악마 - 이 죽는 것을 봐야 할 것이다."라고 위협적인 어조로 말했다.

세 명의 천사들은 홍해 근처에 숨어 있던 릴리트를 찾아냈고, 신의 조건을 전했다. 릴리트는 아담에게 복종하느니 자식을 잃더라도 외로움을 견디는 것을 택하겠다며 돌아가기를 거부했다. 그리하여 신의 벌이 내려지고, 그녀의 자식이 매일 100명씩 죽어 나갔다. 이후 (인간 아기의 운명을 좌우할 수 있는 힘을 갖게 된) 릴리트는 다음과 같이 위협했다. "나는 아기들에게 병을 일으킬 수 있는 존재다. 아기가 남자라면 태어난 후 8일 동안 지배할 것이고, 아기가 여자라면 20일 동안 지배할 것이다." 이 같은 협박은 허황된 것이 아니었고, 그녀는 인간의 자녀들에게 보복을 감행했다고 한다.

그리하여 릴리트는 민간 설화에서 아기를 죽이는 악마나 사산과 유아 돌연사의 원인으로 묘사되었다. 하지만 그녀는 자신을 쫓던 천사들과 한 가지 타협을 했는데, 그것은 세 천사의 이름이 적히거나 모습이 담긴 부적을 지닌 신생아는 화를 면할 수 있다는 것이었다. 이렇듯 릴리트는 아담이 감당할 수 없는 벅찬 존재였고, 아담은 자신의 갈비뼈에서 창조된 온순한 아내인 이브와 다시 결혼한다.

릴리트는 문자 그대로도, 비유적으로도 악마화 되었다. 종종 명성이 실추된 여신들이 그렇듯, 그녀의 추방은 더 많은 권리를 요구하는 여성들을 향한 경고를 의미했다. 이브는 동시대 유대인 여성들이 지켜야 하는 거의 모든 것을 상징했다. 이브는 순종적이고 돕는 존재이며, 그녀가 저지른 유일한 악덕이란 금단의 열매를 맛봄으로써 성적 욕망을 품은 것뿐이었다. 반면에 릴리트는 자유를 추구했고, 결혼의 속박에서 벗어났으며, 충동적이면서도 의지가 확고했다. 이 두 여성은 알파와 베타 측면처럼 모든 여성이 지닌 두 가지 면을 상징한다. 하나는 사회가 여성에게 요구하는 기대를 모두 충족시키려는 모습이고, 다른 하나는 좀 더 무모하고 순응하기를 거부하는 모습이다.

《카발라의 경전Kabbalic Zohar》이 쓰일 무렵, 12세기 스페인에서 릴리트는 아담의 첫 번째 아내일 뿐만 아니라 사탄의 배우자로도 여겨졌다. 그녀는 또한《탈무드》에 묘사된 것처럼 밤하늘을 날아다니는 요부이자, 쉐키나Shekhinah-즉 신의 신성한 여성적 측면인 음-에 반하는 혼돈스러운 양으로 여겨졌다. 릴리트의 이 어두운 면은 근동 지역과 유럽 전역에 퍼져 있는 유대인 민속 전통에 깊이 스며들었다. 모든 것을 앗아가는 악마를 연상시키는 릴리트는 예술가들의 다크 뮤즈로서 영감을 주는 존재이기도 하다. 미켈란젤로는 릴리트를 절반은 여인, 절반은 뱀의 모습으로 묘사했고, 시인이자 화가인 단테 가브리엘 로세티Dante Gabriel Rossetti는 그녀의 밝은 머리카락을 "최초의 금"이라고 칭했다. 작가 제임스 조이스James Joyce는《율리시스Ulysses》에서 그녀를 "낙태 옹호자"라 일컬었다. C. S. 루이스의《사자, 마녀 그리고 옷장》에서 말하는 비버는 하얀 마녀가 "네 아버지 아담의 … 첫 번째 아내 릴리트"에게서 나왔다고 설명한다.

릴리트, 명성을 되찾다

최근 릴리트는 새로운 모습으로 재탄생하고 있다. 신학자 주디스 플래스코우 골든버그Judith Plaskow Goldenberg가 쓴《릴리트의 도래 The Coming of Lilith》(1972)는 추방당한 아내 릴리트가 에덴으로 돌아와 이브와 우정을 나누고 연대를 맺어, 신과 아담을 당혹스럽게 한다는 줄거리를 담고 있다. 다면적인 특성을 가진 릴리트는 2차 페미니즘의 우상이 되었으며, 그 후 그녀의 이름을 딴 여성 중심적인 유대교 문화 잡지가 등장하기도 했다. 1990년대 말에는 여성 음악인들로만 구성한 음악 축제인 '릴리트 페어Lilith Fair'가 열리기도 했다. 또한 여러 수상 경력에 빛나는 TV 시리즈〈킬링 이브Killing Eve〉(2018)는 릴리트의 이야기를 한층 더 깊이 있게 다룬다. 극 중에서 '선한' 여주인공과 '사악한' 여주인공은 서로에게 이끌려 집착하면서 그녀들 곁의 남성 인물들을 공포에 빠뜨린다.

릴리트의 손상된 명예가 비로소 회복된 것은 타당하다고 본다. 유대교 최초의 여성이 당당한 페미니스트라는 사실은 매우 긍정적으로 여겨진다. 순종적인 아내가 되기를 거부하고 저항한 탓에 수천 년 동안이나 변방에서 떠돈 그녀가 뒤늦게나마 명성을 되찾은 것은 축복할 만한 일이다.

로비아타르 *Loviatar*

핀란드 여신

다른 표기법:

Loveatar

Lovetar

Lovehetar

Louhetar

Louhiatar

Louhi

로비아타르는 사악하고 다혈질이고 흉측한 외모를 가진 핀란드 여신이다. 게다가 그녀가 낳은 아홉 명의 자식은 치명적인 질병을 일으켜 전 세계를 혼란에 빠뜨린다고 한다. 로비아타르는 우리가 도저히 좋아하기에 어려운 여신이다.

로비아타르는 지하세계의 왕과 여왕인 투오니와 투오네타르 사이에서 태어났다. 그녀의 부모는 그들만의 끔찍한 접대 방식으로 유명했다. 투오네타르가 건네는 '망각의 맥주'는 개구리 알, 독사, 도마뱀, 벌레로 만든 독주로, 이 술을 마신 사람은 누구든 자신의 존재를 잊게 되었다. 지상에서의 삶을 잊는 것이다.

로비아타르는 그들 부부가 낳은 자식들 중에 가장 사악한 아이였다. 죽음과 부패의 여신 칼마*Kalma*와 질병의 여신 키푸튓퇴*Kipu-Tyttö*도 그들의 자식이었는데, 로비아타르의 악행에는 비할 바가 못 되었다. 핀란드 출신의 작가 엘리아스 뢴로트*Elias Lönnrot*가 19세기에 펴낸《칼레발라 *Kalevala*》(핀란드와 카렐리야 지역에서 전해 내려오는 민간 신화와 전설, 시가를 채집하여 작성한 대서사시)에서 로비아타르는 "라팔라*Lappala*의 사악한 천재"라고 명확하게 묘사되었을 정도다.

로비아타르는 처녀였지만 바다 괴물 이쿠투르소*Iku-Turso*가 그녀를 임

> "마음도 영혼도 검고, 얼굴마저 음침한
> 라팔라의 사악한 천재가 길가에 잠자리를
> 마련했다. 죄악과 슬픔의 들판에."
> - 《칼레발라》 중에서

신시켜, 9년 동안이나 무거운 아이를 밴 채 끊임없는 고통에 시달린다. 그녀의 진통은 너무도 끔찍했다. 로비아타르는 고통으로 몸부림치며 하천과 소용돌이를 건너 화산과 툰드라 지대를 지나 차가운 바람 속에 떠돌면서 그 시간을 견뎠다. 《칼레발라》에 따르면, 로비아타르는 "결코 쾌적하지 않은" 불길한 북쪽으로 향했고, 그곳에서 사악한 여왕 로우히*Louhi*를 만난다. 로우히는 그녀를 자신의 궁전으로 데려가 조산사처럼 돌봐주었다. 여왕은 로비아타르에게 맥주를 따라주고 사우나로 데리고 갔으며, 그곳에서 그녀가 아홉 명의 아들을 낳는 것을 도왔다.

파괴의 여신

로비아타르는 먼저 여덟 명의 아들에게 폐결핵, 산통(복통), 통풍, 구루병, 궤양, 피부병, 암, 전염병이라는 이름을 각각 지어주었다. 그들은 자체로 노스랜드(Northland: 스칸디나비아반도와 이곳 동북쪽에 위치한 러시아 지역)의 모든 질병과 역병을 상징했다. 그녀의 막내아들은 이름이 없었지만, 세상에서 가장 끔찍한 전염병일 수 있는 질투를 상징하는 존재였다. 어떤 이야기에서는 로비아타르가 딸을 낳기도 했지만 그 자리에서 죽었다고 한다.

파괴의 아홉 형제는 칼레발라(통상 카렐리야 지역을 일컬음)를 아수라장으로 만들기 위해 지상으로 보내졌으나, 배이내뫼이넨*Väinämöinen*이 그들을 막곤 했다. 배이내뫼이넨은 사우나와 약초 치유법에 관한 해박한 지식으로 사람들을 치유하는 영웅적인 현자였다. 그러나 전투의 경우는 그가 막을 수 있었지만, 질병을 퍼뜨리는 아홉 형제들을 이기지는 못했다. 그들은 결국 세계를 지배하려는 목표를 달성한다.

뢴로트가 펴낸 《칼레발라》에서 로비아타르는 로우히의 도움을 받는 것으로 묘사되지만, 더 오래된 설화에서 이 둘은 같은 존재로 여겨진다. 이 이야기에서 로우히는 여신의 보다 긍정적인 또 다른 자아이자, 변신하고 마법을 부릴 수 있는 존재를 상징하는 것처럼 보인다. 핀란드 신화의 초기 기록에서 로우히는 별과 북극성을 통해 망자와 소통하는 달의 여신으로 그려지기도 했다. 하지만 《칼레발라》가 출간된 뒤 1848년에 로우히는 로비아타르에서 완전히 분리되어 악마화 되었다. 로우히는 이교도 신앙을 상징하게 되었고, 새로운 종교인 기독교를 대변하는 마법사 배이내뫼이넨에게 정복당했다.

진정한 생존자

로비아타르는 여러 시대에 걸쳐 계속 단편적으로 언급되며 살아남았다. 19세기까지도 그녀는 여성이 출산할 때 부적처럼 소환되었다. 현대의 대중문화와 비디오게임, 메탈 커뮤니티에 그녀의 팬이 많은 것은 놀랄 일도 아니다. 밴드들은 그녀의 이름을 따서 밴드 이름을 짓고, 몇몇 아이슬란드 펑크 밴드들은 그녀를 기리는 노래를 작곡하기도 했다.

죽음과 질병을 가져오고 악마들을 낳았으며, 자신의 딸아이를 죽이는 최악의 범죄를 저지르기까지 한 이 여신에게서 긍정적인 면을 찾기란 쉽지 않다. 그녀에게는 악행을 만회할 만한 신의 은총도 기대하기 어렵다. 로비아타르는 괴팍하고 음침했으며, 자신처럼 문제가 많은 로우히하고만 관계를 맺었다. 하지만 모든 신화의 영웅들에게는 악당이 필요한 법이다. 악당이 없으면 이야기가 성립되지 않으며 투지를 발휘할 필요도, 해결책을 마련할 필요도 없어진다. 로비아타르는 신이 선이 아닌 악을 택할 때 어떤 일이 일어나는지 우리에게 가르침을 전해준다.

하지만 가장 사악한 여신조차도 인류를 파괴하려는 과업을 완벽하게 달성하지는 못했다. 로비아타르는 자신이 가진 전부인 아홉 명의 사악한 자식들을 보냈지만, 우리 인간은 기어코 살아남았다. 질병을 가져오는 아홉 명의 자식이 결국 지구를 완전히 파괴하지 못한 것으로 볼 때, 어쩌면 로비아타르는 신화를 통해 인류의 회복력을 보여주려는 뒤틀린 상징이 아니었을까.

하르피아이 *Harpies*

그리스 신화의 괴물

폭풍을 일으키며 약탈을 일삼고, 새의 몸에 여자의 얼굴을 한 끔찍한 괴물 하르피아이는 '목소리를 높여' 잔소리를 해대는 여성을 일컫는 대명사로 자리 잡았다. 그러나 오늘날 이 이름은 주로 변화를 요구하는 여성들을 상징하는 말로 쓰이고 있다.

하르피아이라고 불리는 아엘로(Aello, 질풍)와 오퀴페테(Ocypete, 빠른 날개)는 기원전 700년경 헤시오도스의 작품에서 폭풍의 화신인 아름다운 날개 달린 처녀로 처음으로 묘사되었다. 하지만 기원전 4세기 혹은 5세기 무렵 극작가 아이스킬로스는 그녀를 날카로운 금속 발톱에 독수리 같은 날개와 꼬리, 다리를 가진 괴물로 바꿔버렸다. 이들의 얼굴은 여전히 여성의 얼굴이었으나 굶주림에 초췌했고, 썩은 고기를 먹는 새처럼 음식을 찾아다녔음에도 항상 걸신들린 모습이었다. 이들은 심지어 아무 곳에나 배변해서 고약한 냄새를 풍겼다고 한다. 하르피아이는 그리스 여성이 해서는 안 되는 모든 것, 즉 탐욕스럽고 추악하며 시끄럽고 청결하지 못한 것을 상징했다. 처음에는 아엘로와 오퀴페테 둘 뿐이던 하르피아이는 이후 셋 이상이 되었고, 더욱 괴물처럼 변하면서 그 수가 늘어났다. 제우스와 헤라, 아테나는 이 추악한 하르피아이를 청부 살인자로 고용했고, 죄를 범한 자들을 처단해야 할 때면 이들을 보냈다.

만족할 줄 모르는 이 탐욕스러운 괴물들은 이아손과 아르고 원정대 이야기에도 등장한다. 보물인 황금 양털을 찾아 나선 그들은 원정 중에 폭풍에 떠밀려 외딴 섬에 상륙하고, 그곳에서 눈먼 왕 피네우스를 만난다. 피네우스는 미래를 예언하는 재능을 지녔지만, 신들의 비밀을 누설하는 바람에 제우스의 분노를 사고 만다. 제우스는 피네우스 왕을 벌하면서 그의 시력을 앗아간 뒤 그를 섬으로 유배 보냈는데, 마지막 처벌은 지독한 고문과도 같았다. 제우스는 매일 성대한 만찬을 차렸지만 굶주린 피네우스가 음식을 먹으려고만 하면 하르피아이 무리가 내려와 음식을 훔치고, 보란 듯이 식탁에 배설물을 떨어뜨려 음식을 더럽혔다.

이러한 광경에 경악한 이아손은 불쌍하고 굶주린 피네우스에게 돕겠다고 약속했고, 북풍의 신 보레아스의 아들 보레아다이(칼라이스와 제테스를 말하며, 이들 형제는 원정대의 일원이다)의 강력한 힘을 빌린다. 바람의 형제들은 그곳에서 하르피아이 무리를 몰아냈고, 도망치는 하르피아이를 잡기 위해 전 세계를 날아다니며 맹렬히 뒤쫓았다. 그런데 하르피아이의 자매인 이리스가 개입하여(천계의 여신인 그녀는 보레아다이 형제에게 하르피아이를 죽이지 말아 달라고 청하며 신성한 맹세로써 협상한다), 하르피아이는 결국 크레테 섬의 동굴에서 숨어 지내게 된다. 감사의 표시로 피네우스는 이아손에게 배가 절벽 사이를 지나갈 때마다 서로 부딪쳐 배를 박살 내는 심플레가데스(Symplegades) 바위를 뚫고 지나가는 방법을 알려준다.

인간이 실종될 때도 날쌘 괴물 하르피아이의 짓으로 여겨졌는데, 고귀한 신분의 여성들조차 하르피아이의 횡포를 피해갈 수는 없었다. 포상금을 노린 하르피아이는 판다레오스 왕의 딸들을 하늘 높이 낚아채 양모(養母)인 아프로디테에게서 납치하여 복수의 여신들(64~67쪽 참조)에게 넘겼고, 그 딸들은 결국 하인이 되었다. 하르피아이는 또한 악당처럼 제멋대로 굴었는데 음식을 훔치고, 집과 농작물을 파괴하고, 폭풍을 일으키기도 했다. 고대 그리스인들은 음식과 귀중한 물건이 사라지거나 갑작스러운 재앙이 닥치면 이를 하르피아이의 소행으로 여겼다.

악을 쓰고 다니는 이 굶주린 짐승들은 모리안(90~93쪽 참조)이나 발퀴레(94~97쪽 참조)처럼 죽은 자의 영혼을 데려가는 신들 중 하나로 여겨졌다. 이처럼 강렬한 신적인 존재로서 하르피아이는 문학과 예술 작품에서 생생하게 묘사되며 우리 곁에 살아 있다. 하르피아이의 독특한 외모는 신전의 조각품과 꽃병에 남아 있으며, 이들의 이름은 로마와 비잔틴 작가들의 작품 속에 영원히 담겨 있다. 중세 시대에 하르피아이는 단테의 《신곡La Divina Commedia》 '지옥편' 가운데 일곱 번째 고리에 등장한다. 자살한 사람들의 육신이 나무에 갇혀 있는 망령 들린 숲에 하르피아이가 들끓었다. 이 장면은 윌리엄 블레이크가 1824~1827년에 그린 작품 〈자살의 숲The Wood of the Self-Murderers〉에 묘사되어 그 명성이 오래도록 이어지고 있다.

하르피아이는 '황금 양털' 설화에서 시선을 사로잡는 역할 덕분에, 이 이야기를 각색한 영화에 카메오로 등장하기도 했다. 특수효과의 선구자로 불리는 레이 해리하우젠Ray Harryhausen의 영화 〈아르고 황금 탐험대Jason and the Argonauts〉(1963)가 대표적이다. 이 영화에서 날카롭게 새된 소리를 지르며 회오리바람을 일으키는 하르피아이는 여러 세대에 걸쳐 TV 앞의 아이들을 소파 뒤로 허둥지둥 도망치게 만들었다.

그런데 이 괴물 같은 존재의 이름이 원래의 특징을 가리키는 것보다 더욱 끔찍한 의도로 쓰이고 있다. 셰익스피어의 《헛소동Much Ado About Nothing》에서 극 중 인물인 베네디크는 직설적인 베아트리체에 대해

"이 하르피아이와 세 마디 말을 하느니, 차라리 힘든 노동을 하겠다."고 말한다. '하르피아이'라는 단어가 너무 많은 것을 요구하고, 지나치게 큰 소리로 말하며, 너무 많은 영역이나 발언권을 차지하려는 여성을 일컫는 성 편향성이 짙은 대명사로 자리 잡은 것이다. 오늘날 하르피아이는 점점 더 잔소리가 심하고, 상대를 질타하고, 거칠고, 사나우며, 반시(126~129쪽 참조) 같은 여성이나 또는 페미니스트를 암시하는 용어가 되고 있다.

"나는 목소리를 내려 한다. 소리를 지르기 위해서가 아니라, 목소리를 내지 못하는 사람들이 그들의 목소리를 듣도록 하기 위해서다. … 절반이 뒤로 물러선다면 우리는 앞으로 나아갈 수 없다."
- 말랄라 유사프자이Malala Yousafzai

빅토리아 시대의 여성들이 가정에서 나와 직업을 갖기 시작할 무렵 이 이름은 그들을 끈질기게 괴롭혔다. 여성이 정치에 발을 디디려는 약간의 시도만 보여도 권력자들은 여성의 등 뒤에서 쉬쉬하며 제지했다. 1872년 미국 최초의 여성 대통령 후보자인 빅토리아 우드헐Victoria Woodhull에게는 '하르피아이'라는 별명이 따라다녔다. 그녀의 뒤에서 속닥거리던 자들은 그녀가 대통령 후보가 되자 이내 대놓고 큰 소리로 비판하기에 이르렀다. 오늘날 구글에서 '힐러리 클린턴'과 '하르피아이harpy'를 함께 입력하면 6만 개 이상의 검색 결과가 나온다. 하르피아이는 남성들에게 지켜야 할 경계를 상징했는데, 탁자에 놓인 것은 가져도 되지만 원하는 대로 마음껏 가지려 하다가는 화를 당할 것이라는 의미였다.

우리는 하르피아이다

'하르피아이'라는 단어는 이제 사회 '규범'에서 벗어났다고 여겨지는 모든 여성을 지칭하는 표현으로 쓰이고 있다. 야망이 지나치게 크고 목소리가 너무 크며 지나치게 많이 요구하는 여성들, 분노를 표출하고 사회 변화를 위해 싸우는 여성들, 너무 섹시하거나 또는 섹시하지 않은 여성들 말이다. 또한 하르피아이라는 단어는 온·오프라인 담론에서 논쟁과 질문을 차단하는 방법이자 누군가를 편견에 가두는 방법이며, 합리적인 논쟁을 차단하는 손쉬운 방법으로 사용되고 있다. 하르피아이 말고도 비슷한 의도로 쓰이는 단어로는 '눈송이(snowflake: 미국의 대안 우파들이 정치적 올바름이나 평등을 주장하는 진보주의자와 소수자를 비하하며, 세상 물정에 어둡고 민감한 사람들이라고 싸잡아 비꼬는 의미로 사용하는 단어)', '분별없는 진보주의자(libtard: 진보주의자라는 의미의 'liberal'과 모자라는 사람을 뜻하는 'retard'의 합성어)', '징징대는 밀레니얼(whining millennial: 현실 감각이 없는 밀레니얼 세대를 비꼬는 용어)' 등이 있다.

이제는 '하르피아이'를 다시 정의할 때다. 이 단어를 무기처럼 공격적으로 사용하지 말고 긍정적으로 이용하거나, 최소한 제멋대로 오용하는 사람들에게 이의를 제기하고 맞서야 한다. 더욱 양극화된 세상에서 공존할 수 있으려면 여성들은 예의 바르고 고상하며 수용적인 모습을 버리고, 자신의 정당한 몫을 차지하기 위해 거침없이 나아가야 한다.

여성들도 축제에서 남은 것들을 받을 때까지 잠자코 기다리지 않을 것이며, 날개와 발톱을 이용하여 자신의 것을 움켜쥘 것이다. 그렇다. 여성들은 분노했다. 자신의 정당한 몫을 위해 큰 목소리를 내고 변화를 갈망하는 우리는 하르피아이다.

메두사 *Medusa*

그리스 및 로마 괴물

머리카락이 온통 꿈틀거리는 뱀으로 뒤섞인 소름 끼치는 모습의 메두사는 누구나 그 얼굴을 쳐다보기만 해도 곧바로 돌로 변했다. 이러한 메두사의 무시무시한 모습은 양날의 검으로 저주이자 초능력이었다. 그녀의 극적인 외모는 지금도 여전히 유혹적이면서도 끔찍하게 느껴진다. 오늘날 메두사는 강한 여성이나 거침없이 말하는 여성, 그리고 충격적인 사건의 생존자를 가리키는 용어로 새롭게 해석되고 있다.

고르곤 세 자매(스텐노, 에우리알레, 메두사)는 바다의 신 포르키스와 케토 사이에서 태어났다. 헤시오도스의 작품에 따르면 그중 스텐노와 에우리알레는 불멸의 존재였던 반면에, 금발의 아름다운 메두사는 인간이었다고 한다. 오비디우스의 작품에 의하면 유난히도 아름다운 메두사의 머리카락은 바다의 왕 포세이돈의 관심을 끌었고, 그는 아테나 – 로마 신화의 미네르바에 해당한다 – 여신에게 봉헌된 신전에서 그녀를 무참하게 겁탈했다(이 장면에서는 포세이돈과 그녀가 사랑을 나누었다든가, 포세이돈이 그녀를 겁탈했다든가 하는 상이한 이야기가 전해지고 있다). 신성모독에 분노한 아테나는 메두사에게 저주를 내렸고, 그 결과 메두사는 기괴한 얼굴에 머리카락이 뱀인 머리를 갖게 되었다.

누구든 힐끗 쳐다보기만 해도 움직일 수 없을 정도로 무시무시한 괴

물로 여겨지면서 메두사는 슈퍼 빌런(악당)이 되어버렸다. 게다가 아테나의 저주는 너무 강력해서 메두사의 자매인 스텐노와 에우리알레 역시 몸이 용 비늘 같은 것으로 덮이고, 거대한 날개가 돋고, 날카로운 송곳니와 발톱을 가진 괴물로 변했다. 우애 깊은 자매들은 이후 사르페돈 섬에 위치한 동굴에서 숨어 지냈다고 한다.

돌로 만들어버리는 얼굴

메두사의 개인적인 이야기는 거의 알려진 바가 없다. 변모된 얼굴과 모습이 그녀를 찾아온 자들에게 미친 영향만 전해질 뿐 그녀의 삶이나 내적인 이야기에 관한 기록은 존재하지 않는다. 그러면 메두사는 자신의 모습에 겁을 먹었을까? 아테나의 배신으로 상처받아 복수를 실행했을까? 아니면 누구든 돌덩이로 바꿔버리는 자신의 새로운 재능에 기세등등했을까? 나는 메두사가 자신을 여전히 매력적으로 생각했다고 믿고 싶다. 프랑스의 페미니스트 이론가 엘렌 식수*Hélène Cixous*는 그녀의 에세이 '메두사의 웃음*The Laugh of the Medusa*'에서 용기 내서 메두사의 눈을 바라볼 것을 권하며 이렇게 말한다. "그녀는 괴기스럽지 않다. 그녀는 웃고 있으며 아름답다."

메두사는 감히 겁도 없이 자신의 동굴로 쳐들어오는 전사들을 모두 돌로 만들어버렸다. 그리고 반신인 페르세우스와도 맞닥뜨린다. 그는 자신의 적인 폴리덱테스 왕에게 속아 메두사의 머리를 가져오라는 명을 받아들이게 되었다. 먼저 페르세우스는 헤르메스와 아테나의 도움을 받아 고르곤과 자매 사이인 세 명의 그라이아이의 은신처로 향했다. 그라이아이 자매는 이빨과 눈이 하나뿐인데, 페르세우스가 이들의 눈을 빼앗은 뒤 메두사가 어디 있는지 말할 때까지 돌려주지 않겠다고 말했다. 결국 메두사가 있는 곳을 알아낸 페르세우스는 자신을 도와줄 마법의 물건들로 무장하고 메두사의 동굴에 당도한다. 페르세우스는 광택이 나는 방패를 거울처럼 사용해 잠자는 메두사에게 슬금슬금 다가갔다. 그는 방패에 반사된 메두사의 모습을 보면서 접근해 돌이 되는 것을 피할 수 있었다. 이윽고 페르세우스는 단칼에 메두사를 죽이고 목을 베어 그녀의 머리를 가방에 넣었다. 메두사의 몸에서 피가 흘렀고, 두 개의 핏방울이 땅에 떨어지자 엄청난 동물의 형상으로 변했다. 그것은 날개 달린 말 페가수스와 날개 달린 멧돼지 크리사오르(크리사오르는 황금 검을 든 전사의 모습으로도 전해지고 있다)로, 지난날 메두사를 범하여 잉태된 포세이돈의 자식이었다. 메두사의 언니들은 동생의 죽음을 복수하고자 페르세우스를 뒤쫓았지만, 그가 투명 투구를 써서 이들을 피할 수 있었다.

> "당신이 메두사라도 보고 돌로 변한 줄 알았소. 이제 당신 재산이 얼마인지 물어보겠소?"
> - 샬롯 브론테*Charlotte Brontë*, 《제인 에어*Jane Eyre*》

메두사는 죽은 상태에서도 그 힘을 잃지 않았기에, 페르세우스는 그녀의 머리를 마법의 무기로 사용했다. 그가 메두사의 머리를 꺼내 적군 앞에 흔들자 그들은 전부 돌로 변했다. 메두사의 머리는 결국 아테나의 손에 들어갔는데, 그녀는 악마를 물리치기 위해 자신의 방패에 메두사의 머리를 붙였다. 이것은 메두사에게 너무도 치욕적인 일이 아니었을까. 메두사를 괴물로 바꿔버린 장본인인 아테나가 자신의 힘을 보여주려고 죽은 그녀의 머리를 이용했으니 말이다.

메두사 신화는 대중문화에 반향을 일으키며 수많은 사람들의 마음을 사로잡고 황홀하게 만들었다. 그녀의 얼굴은 일종의 부적으로 사용되고 있는데, 온갖 건물에 설치되는 것은 물론, 알렉산더 대왕의 방패에도 선명히 새겨져 있다. 메두사는 카라바조, 루벤스, 레오나르도 다 빈치의 그림과 첼리니, 카노바, 달리의 조각품, 그리고 퍼시 비시 셸리*Percy Bysshe Shelley*와 아이리스 머독*Iris Murdoch*의 문학 작품 속에서도 여전히 살아 숨 쉬고 있다. 오늘날 – 괴물로 변하기 전 – 그녀의 얼굴은 베르사체의 로고에서 빛나고 있다.

정치계에서 메두사는 공격적이거나 '여성 답지 않다'고 여겨지는 강인한 여성을 나타내는 상징적인 용어가 되었다. 마리 앙투아네트는 17세기 프랑스 만화에서 뱀 같은 머리카락을 가진 모습으로 그려졌고, 20세기 초 여성 참정권 반대 운동가들의 엽서에서 시위자들은 메두사 같은 괴물로 묘사되었다. 2016년 미국 선거 운동 기간에는 뱀으로 뒤덮인 힐러리 클린턴의 성난 머리가 페르세우스에 비유된 공화당 후보자 도널드 트럼프에게 잘리는 모습이 비공식적인 선거용품에 등장하기도 했다. 또 다른 강인한 여성 지도자인 앙겔라 메르켈 독일 총리는 고르곤으로 그려졌다. 이러한 묘사는 남성들이 여성들에게 전하는 천년 넘게 지속된 메시지, 이를테면 '입 다물어라. 안 그러면 우리가 입 다물게 해주겠다'라는 강한 메시지를 보여준다. 여성이 자신만의 견해나 목소리를 표명할 경우 온라인 괴물들은 포토샵으로 이들 여성의 머리에 언제든 뱀을 그려 넣을 준비가 되어 있다. 고전학자 메리 비어드*Mary Beard*는《여성, 전적으로 권력에 관한*Women & Power: A Manifesto*》(2017)에서 암울한 어조로 이렇게 말했다. "지난 50여 년 동안 저명한 페미니스트들은 메두사를 여성의 힘을 나타내는 상징으로 복권시키려는 시도를 해왔다. … 그러나 여성 정치가들을 공격할 때 메두사를 이용하는 방식에는 그 어떤 변화도 찾아볼 수 없다."

안타깝게도 오늘날 메두사는 목소리를 내고 분노를 표출하며 지도자의 자리에 나서는 현대 여성들을 괴물로 만들어버리고, 폭력으로 이들을 침묵시키는 행위를 상징한다. 메두사는 겁탈당한 후 살아남았지만 그녀의 잘못으로 여겨졌고 저주까지 받았다. 이것은 21세기에 전 세계로 퍼져나간 미투 운동과 성적 학대, 성폭력, 성희롱에 반대하는 운동들의 전조가 되는 사건이 아닐까.

매혹적이고 다면적인 메두사는 분노, 보호, 대행자, 희생양 또는 힘의 상징으로 다양하게 이용되면서 오늘날까지도 수수께끼 같은 존재로 인식되고 있다. 저주를 받았지만 그로써 메두사는 힘을 얻었다. 자신의 외모를 이용해 상대를 돌로 만들어버리는 능력을 얻었다. 메두사는 흉측하다는 비난을 받기도 하지만 여전히 매혹적이다. 그녀의 이중성은 신비로운 느낌을 자아낸다. 심지어 죽어서 침묵당한 뒤에도 메두사의 외모는 힘을 발휘했고, 그 힘은 여전히 두려움과 경외의 대상이 되고 있다.

라 요로나 *La Llorona*

멕시코 정령

'우는 여인'이라는 뜻의 라 요로나는 멕시코 문화와 민간 설화에 깊이
뿌리내려 있다. 라 요로나는 사회에서 가장 금기시되는 것 가운데 하나인
유아 살해를 저지르는 정령이다.

황홀할 정도로 아름다운 라 요로나는 리오그란데 강둑을 비롯해 멕시코
전역의 강가를 떠돌아다닌다고 알려져 있다. 그녀는 낡디낡은 흰색 드레
스를 입었으며, 길고 검은 머리카락은 달빛이 비치는 물처럼 반짝인다
고 한다. 라 요로나는 '오, 나의 아이야!'라며 애끓는 소리로 밤늦도록 울
부짖으며 야트막한 물 위를 떠다닌다. 오늘날에도 멕시코와 미국의 남부
주에서는 라 요로나를 목격했다는 이야기가 나돌며, 아이들에게 밤중에
강 근처를 서성이지 말라고 여전히 경고한다. '그렇게 했다가는 라 요로
나가 잡아갈 것이다!' 하고 말이다. 밤늦게 돌아다니는 아이를 발견하면,
라 요로나는 겁에 질려 비명을 지르는 아이를 깊은 물속으로 끌고 들어
가 아이의 숨이 끊길 때까지 놔주지 않을 것이다.

멕시코의 각 마을에는 아이를 데려가는 이 정령과 관련된 저마다의 이
야기가 전해 내려온다. 하지만 가장 인기 있는 것은 생기발랄하고 아름
다웠던 소작농 마리아-라 요로나가 사람이었을 때의 이름-가 바람둥이
귀족의 눈에 띄면서 펼쳐지는 이야기이다. 두 연인은 서로 사랑에 빠졌

고, 남자는 방탕한 과거를 청산한다. 마리아가 살던 마을에 신혼집을 마련한 이들 부부는 아들 둘을 낳았다. 마리아는 엄마로서 가정에 충실했고 헌신했다. 그러나 남편은 그녀의 노력에 감사할 줄 몰랐다. 그는 결국 예전의 모습으로 돌아갔는데, 술을 마시고 밤늦게까지 집에 들어오지 않으며 바람을 피웠다. 하루는 마리아가 늦은 밤에 강가를 거닐고 있는데, 마차가 그녀 옆을 지나갔다. 그런데 마차에서 그녀의 남편이 다른 여자와 입맞춤을 하고 있었다. 분노로 폭발한 마리아는 집으로 급히 돌아가 침대에서 아들들을 끌어냈다. 그녀는 아들들을 강으로 데려가 익사시킨 다음, 자신 또한 아들들의 뒤를 따라 물속으로 들어가 죽음을 맞이한다. 하늘의 문에 다다른 마리아는 아이들의 영혼이 행방불명이라는 말을 듣고는, 이 세상으로 돌아와 영원히 자신의 아이들을 찾아다니게 되었다. 오늘날까지도 마리아는 아이들을 찾고 있다고 한다. 어떤 이야기에 따르면 마리아는 술에 취하거나 아내를 속이고 바람을 피우는 남자들도 데려간다고 한다.

물이 있는 곳엔 그녀들이 있다

오랜 세월 동안 라 요로나는 어린 소녀들에게 방탕한 사내를 멀리하라는 경고처럼 이용되었지만, 아이들이 물 가까이에 가지 못하도록 경계하기 위한 수단으로도 쓰였다. 가정에서 흔히 수돗물을 이용할 수 없던 시절, 또한 어린아이조차 밖에서 물을 길어 와야 했던 때에는 익사를 예방하는 차원에서 이처럼 공포를 유발하는 이야기가 반드시 필요했다. 익사는 예전부터 전 세계적으로 어린아이들의 주요 사망 원인 중 하나였으며 지금도 마찬가지이다. 전설 속 끔찍한 유령의 이야기는 텔레비전이 등장하기 전이나 디지털 시대 이전에 물의 위험을 잊지 않도록 상기시키는 효과적인 방법이었다.

아이를 잡아가는 괴물과 굶주린 정령이 강이나 호수 같은 물 근처에 도사리고 있다는 이야기는 멕시코 이외의 지역에도 존재한다. 영국 북부에 출몰하며 개구리밥이 떠 있는 곳에 살고 있다는 녹색 이빨의 제니*Jenny Greenteeth*를 비롯해, 영국 전역에는 그녀와 비슷한 자매들—긴 팔의 넬리*Nellie Longarms*, 페그 파울러*Peg Powler*, 강가의 추악한 노파 지니 번타르세*Ginny Burntarse*—이 존재한다. 그 밖에도 슬라브족의 루살카*Rusalka*, 일본의 갓파*kappa*, 오스트레일리아의 거대한 버닙*bunyip* 등이 있다. 앞에서 다룬 마리아에 대한 설화는 4세기 이후에야 기록되었지만, 일각에서는 이 이야기에 보다 오래된 고대의 신비로운 DNA가 담겨 있다고 주장한다. 이를테면 아즈텍 여신 시우아코아틀*Cihuacōātl*—'뱀 여인'으로도 불린다—은 아이들이 물의 여신 코아틀리쿠에*Coatlicue*에게 제물로 바쳐지면 흰색 옷을 입고 어두운 밤에 서성이며 울부짖었다고 한다.

또 다른 설화에 따르면 마리아의 이야기는 라 말린체에서 유래했다고 한다. 라 말린체는 15세기의 스페인 정복자인 에르난 코르테스의 통역관이었던 원주민 여성이다. 그녀는 코르테스의 정부가 되었고 그의 아이를 임신했지만, 코르테스는 그녀를 버리고 스페인 여성을 택한다. 사람들 사이에 널리 퍼진 민담에 따르면 부족민들에게 반역자로 여겨진 라 말린체는 피의 복수를 결심하고 자신의 아들을 죽였다고 한다. 하지만 이 사실을 입증하는 역사적인 증거는 없다. 라 말린체 설화를 바탕으로 한 라 요로나 이야기는 원주민들이 살던 영토에 스페인이 침략하면서 토착 문화가 사라진 것을 상징하는 보다 넓은 비유로 해석하기도 한다.

라 요로나의 이야기는 각 세대의 관심사와 우려를 반영하여 또 다른 모습으로 이어지고 있다. 과거 정복당한 사람들에게 라 요로나의 이야기는 정체성과 역사의 상실을 의미했다. 최근 들어 라 요로나는 페미니스트의 아이콘으로 부상했다. 작가 스테파니 서라노*Stephanie Surrano*는 자신의 저서 《눈물은 이제 그만: 페미니즘의 갈림길에 선 라 요로나*No More Tears: La Llorona at the Crossroads of Feminism*》(2011)에서 이렇게 말했다. "새롭게 각색된 이 이야기는 진화하고 변화하는 치카나(Chicana: 멕시코계 미국 여성), 구체적으로 말하면 이들이 지닌 모성의 역동적인 측면을 보여준다. … 그것은 수동적이고 나약하거나, 자애롭고 보살피는 식으로 묘사되는 어머니 신화를 깨뜨린다."

공포 영화 역시 그녀의 단골 무대다. 라 요로나는 1960년대 이후 B급 영화의 대표적인 캐릭터로 떠올랐으며 TV 시리즈나 비디오게임에도 등장했다. 또한 라 요로나가 타란티노의 컬트 영화 〈킬 빌*Kill Bill*〉에 나오는 신부(The Bride)를 연출하는 데 영감을 주었다는 사실은 어렵지 않게 알 수 있다. 비쩍 마른 몰골로 터벅터벅 걸으며, 먼지가 자욱한 어둠 속에서 불쑥 튀어나올 법한 유령 같은 모습의 이 여인은 배 속의 아이가 죽은 것이 자신 탓이라고 생각하며 괴로워한다.

> "라 요로나는 엄마가 되는 과정을 버거워하는 수많은 여성의 두려움이 구체화된 존재다. 아이를 낳으면 행복하지만 그런 기쁨만큼이나 숨 막힐 정도로 깊고 어두운 감정도 찾아온다."

라 요로나의 이야기는 수백 년은 아니더라도 수십 년 동안에 걸쳐 멕시코인들의 노래로도 전해 내려오고 있다. 민요 '라 요로나'는 망자의 날 축제에 울려 퍼지는 대표적인 곡이다. 한 남자가 떠나려 할 때마다 슬피 우는 연인을 바라보는 남자의 관점에서 이야기하는 곡으로 라파엘*Raphael*, 에우헤니아 레온*Eugenia León*, 조안 바에즈*Joan Baez* 등의 가수들이 부른 노래가 잘 알려져 있다. 이 노래는 영화 〈프리다*Frida*〉(2002)와 〈코코*Coco*〉(2017)에서 배경음악으로 흘러나오는 것을 누구나 한 번쯤 들어봤을 것이다.

라 요로나는 엄마가 되는 과정을 버거워하는 수많은 여성의 두려움이 구체화된 존재다. 아이를 낳으면 행복하지만 그런 기쁨만큼이나 숨 막힐 정도로 깊고 어두운 감정도 찾아온다. 여성들은 자신의 정체성을 잃거나, 혹은 파트너의 감정이 자신과 다를지도 모른다는 망상에 시달리기도 한다. 출산한 지 얼마 안 된 자기주장이 강한 엄마들조차 그런 두려움에 시달린다. 이를테면 아이에게 너무 집중하면 남편이 자신을 원망하고 화를 내지는 않을까 생각하는 것이다.

이야기를 비트는 방식으로 라 요로나는 여성들에게 힘과 목소리를 부여하고, 이와 같이 강력하고 무서운 감정에 사로잡히는 것이 그들만은 아님을 보여주며 위로를 건넨다. 호르몬에 휘둘려 어두운 감정이 밀려오는 긴 밤, 여성들이 연대감과 자매애를 꿈꿀 수 있는 것은 그녀 덕분이 아닐까.

반시 *Banshee*

켈트족 정령/요정

다른 표기법:

Bean sí

Baintsí

Ben síde

Baintsíde

깊은 밤을 가르는 반시의 울부짖는 소리는 소름이 끼칠 만큼 으스스하다고 전해진다. 이는 그녀의 떨리는 목소리나 귀에 거슬리는 섬뜩한 고음 때문만이 아니라, 그 비명이 가족의 임박한 죽음과 같은 상실과 비탄을 의미하기 때문이다. 하지만 반시의 울음소리가 두려움을 일으키는 것은 여성의 목소리가 지닌 근본적인 힘 때문이지 않을까?

날카로운 비명 소리로 반시 또는 빈시 *bean-sídhe* – 아일랜드어로 '여자 요정'이라는 뜻이다 – 라고 알아챌 수 있더라도, 그 모습만으로는 정체를 알 수 없을 만큼 그녀의 외모는 다양하다. 반시는 종종 은빛 드레스를 입고, 눈부신 흰색 또는 반짝이는 붉은 머리카락을 등 뒤로 늘어뜨린 아름다운 젊은 여인의 모습으로 나타난다. 반면 긴 손톱과 썩은 이빨을 가진 먼지투성이 노파나, 피 한 사발을 들고 다니는 머리 없는 여인, 상체를 벌거벗은 여인의 모습으로도 나타난다. 이처럼 다양한 외모는 삼신의 모습을 지닌 여신 모리안(90~93쪽 참조)을 상기시킨다. 모리안이 악을 쓰는 정령의 모태라고 생각하는 사람들도 많다.

죽음을 울부짖는 정령인 반시는 수 세기 동안 눈물을 흘린 탓에 눈이 붉게 충혈되었고, 종종 은색 빗을 가지고 다닌다고 한다. 오늘날에도 아일랜드 사람들은 이 정령의 화를 입을까 두려워 버려진 빗을 줍는 것을 꺼린다. 반시의 외모는 섬뜩하지만 그녀는 대개 유순한 정령으로 알려져 있다. 반시는 누군가 사망하기 전날 밤, 그의 집 밖에서 울거나 가족들 앞에 모습을 드러낸다. 고대 켈트족의 귀족에게는 그들 가문만의 반시가 있었는데, 이 반시는 지위를 나타내는 상징으로 여겨졌다. 가족들이 새로운 곳으로 이주할 때면, 그들은 반시를 함께 데려가기도 했지만 대체로 남겨두고 떠났는데, 그 가문의 반시는 자신의 임무를 잃은 것에 슬퍼했다고 한다.

반시가 왕의 죽음을 예언했다는 이야기도 있다. 1437년, 스코틀랜드의 왕 제임스 1세에게 아일랜드 예언자 - 인간의 모습을 한 반시 - 가 접근해 아톨*Atholl* 백작이 꾀한 음모로 왕이 살해당할 것이라는 예언을 전했다. 하지만 제임스 1세는 그 예언을 무시했다고 한다.

> "나는 오늘 밤 기분이 아주 언짢아. 거품 속에서 춤이라도 추고 싶다고. 반시가 부르는 소리가 들릴 지경이야."
> - 레이먼드 챈들러*Raymond Chandler*, 《안녕 내 사랑*Farewell My Lovely*》

일부 사람들은 반시가 올빼미(98~101쪽 폰티아낙 참조)에서 기원한다고 여긴다. 반시의 치마에서 날개가 파닥이는 소리가 나고, 그녀가 하늘을 나는 모습이 거대한 새가 나는 모습과 비슷하며, 이상한 울음소리를 낸다고 묘사되기 때문이다.

새의 모습을 한 그리스 신화 속 괴물 하르피아이(114~117쪽 참조)도 반시의 조상으로 꼽힌다. 켈트족 신화에는 반시와 매우 비슷한 정령들이 있다. 그중 스코틀랜드에서 반시와 동시대에 등장했던 존재로는, 오리 발을 가지고 있고 이빨이 한 개뿐이며 가슴이 축 처진 페니어*bean-nighe*가 있다. 페니어는 '빨래하는 여자'라는 뜻이다. 그녀는 호수나 개울에서 피 묻은 수의를 빨면서 망자를 애도하는 노래를 불렀다고 한다. 이 이야기는 모리안(90~93쪽 참조) 설화에서 따온 내용을 덧붙여 만들어진 것으로 추정된다.

반시가 처음으로 문헌에 언급된 것은 14세기에 션 맥 크레이스*Seán Mac Craith*가 쓴 역사적인 저서 《톨로의 승리*Cathreim Thoirdhealbhaigh*》이다. 여기서 맥 크레이스가 묘사한 반시는 이렇게 말한다. "나는 물에 사는 비통한 자다. 이 땅의 언덕에 살지만, 나의 출신은 지옥의 투어허(tuatha, 종족)다. 너희 모두를 초대하려고 지금 너희 앞에 섰다. 잠시 후면, 너희와 나는 같은 나라의 사람이 될 것이다." 아일랜드 여신이자 요정 종족인 투어허 데 다넌(모리안과 186~189쪽 브리지드 참조)과 공통점이 많은 반시는 아일랜드 초원에 산재해 있던 철기 시대의 봉분에 산다고 여겨졌다. 경적 소리 같은 반시의 애절한 외침은 병사들을 미지의 땅인 죽음으로 인도했다고 한다.

곡(哭)이라는 장례 풍습으로 알려진 이 슬픔에 가득 찬 통곡은 아들의 부서진 시신 앞에서 비명을 지르며 울부짖던 여신 브리지드의 모습이 그 시초라고 전해진다. 8세기에 활동하던 여성 '곡꾼(keeners)'은 이러한 반시가 현실적으로 발현된 사례다. 곡꾼은 술을 대접받는 대가로 누군가의 죽음을 슬퍼해주고 애가(哀歌)를 부르거나 무덤가에서 울며 내세로 향하는 망자들의 길을 평안하게 이끌어주었다. 기독교 여성들은 교회의 달갑지 않은 시선에도 불구하고 20세기까지 '곡'을 했다. 이 전통은 세계 곳곳에서 여전히 시행되고 있지만, 최근 아일랜드에서는 금하고 있는 추세이다. 교회는 절망의 울부짖음이 너무 노골적이고 원시적이고 감정적이어서 이 같은 슬픔을 표현하는 행위를 두려워한 것으로 보인다. 여성의 감정과 목소리는 이제 꽉 다문 입술처럼 침묵

해야 했다. 신부가 다시 장례식을 집행하게 되었고, 남성 중심적으로 교회가 장례 절차를 결정했으며, 큰 소리로 슬픔을 표현하는 행위는 억제되었다.

반시의 외침

지금 이 시대 문화에는 두 가지 유형의 반시가 존재한다. 하나는 전통적인 반시로 사람을 감싸주려는 선한 정령이다. 전통적 반시는 자신이 맡은 가족과 끈끈한 관계를 맺으며, 가족 구성원의 죽음이 임박했을 때 노래로 애도해준다. 또 다른 반시는 현대적인 반시로 앞에 설명한 반시와 달리 적대적이고 추악하다. 살벌한 그녀의 외침은 임박한 죽음을 반기는 역할을 하는데, 이 괴성이 희생자를 이른 죽음으로 이끈다는 설이 있다. 비디오게임이나 공포 영화, 인기 있는 만화인 〈스쿠비 두*Scooby Doo*〉의 에피소드에서도 이 같은 적대적인 반시의 모습을 찾아볼 수 있다.

이렇듯 단순화된 반시의 특징들은 점점 상대의 명성을 깎아내리려는 의도로 사용되고 있다. 2018년 온라인상에서 미국의 공화당 후보인 코틀랜드 사이크스*Courtland Sykes* 는 워킹맘들을 "경력에 집착하는 반시"라고 공공연하게 불평했다. 이러한 비유는 여성, 특히 여성의 목소리가 남편을 쥐고 흔들고, 어조가 높으며, 짜증스럽다는 오래된 편견에서 비롯된 것이다. 힐러리 클린턴은 정치 생활 내내 강하고 '높은' 어조의 목소리로 인해 '꼬꼬댁'거린다고 조롱받았다. 그녀는 성 일치 편향(gender congruence bias)의 대표적인 피해자이다. 여성이 사회에서 적절하다고 여겨지는 방식대로 행동하지 않을 경우, 사람들은 그녀를 '좋아하지 않고' 그녀에게 투표하지 않는다는 편견이다. 여러 증거에 따르면 전 세계 여성들은 직장에서 중요한 대우를 받기 위해 그들의 목소리를 낮추며, 계속해서 목소리를 낮추고 일할수록 더 많은 돈을 번다고 한다.

여성의 타고난 목소리를 불편하게 여기는 것은 음악계에서도 뚜렷하게 나타난다. 남성 가수들은 특유한 목소리를 캐릭터로 지닐 수 있지만, 여성 가수들은 예쁜 목소리를 낼 것을 기대한다. 펑크 록 운동을 이끈 여성들은 이런 기대를 당혹스럽게 만들었다. 예를 들어 수지 수*Siouxsie Sioux*는 반시를 자신의 밴드 이름으로 내걸고 활동하지만 이전보다 인기와 영향력이 더 높아졌다. 엑스레이 스펙스*X-Ray Spex*의 'Oh, Bondage, Up Yours!'는 리드 보컬 폴리 스티렌*Poly Styrene*의 엄숙한 주문으로 시작해, 마지막에 큰소리로 제목을 외치면서 노래가 끝난다. 음악계의 현 상황을 전복시키려는 다른 여성 가수들 역시 표준적인 목소리를 좇는 것을 거부하고 있다. 빅 마마 쏜튼*Big Mama Thornton*의 그르렁대는 소리, 재니스 조플린*Janis Joplin*의 거칠게 내지르는 소리, 코트니 러브*Courtney Love*의 카타르시스를 느끼게 하는 외침, 티나 터너*Tina Turner*가 'River Deep, Mountain High'에서 들려주는 날카롭게 악쓰는 소리, 허기 베어*Huggy Bear*의 과격한 비명 소리, 케샤*Kesha*가 'Praying'에서 선보인 격정적으로 울부짖는 소리, 비요크*Bjørk*의 관중을 충격에 빠뜨리는 애끓는 괴성이 대표적이다. 이 들쭉날쭉하고 가공되지 않은 목소리들은 내 목소리를 들어달라고 외치는 반시를 떠올리게 하며, 미래 세대가 거침없이 자신의 목소리를 내도록 영감을 준다.

후타쿠치온나 *Futakuchi-Onna*

일본의 초자연적인 괴수/요괴

역사적으로 많은 사회는 여성에게 자신의 생각을 감추고, 조용히 있고, 예의 바르게 식사하고, 사회에서 인정된 규범을 따르도록 요구했다. 입이 두 개 달린 괴물인 후타쿠치온나는 이런 규율을 따를 때 어떤 결론에 도달하는지를 보여주는 상징적인 존재다. 이 같은 억압의 결과는 어딘가에서 반드시 나타나기 마련이다.

후타쿠치온나는 수천 개에 이르는 일본 '요괴'-유령 괴물-가운데 하나다. 서기 1세기 이후부터 일본 문화에 등장하기 시작한 요괴들은 고대 두루마리 사료나 인쇄물, 역사적인 문서에서 찾아볼 수 있다. 하지만 요괴들이 본격적으로 인기를 끌게 된 것은 1776년에 토리야마 세키엔 *Toriyama Sekien*, 鳥山石燕이 《화도 백귀야행(画図 百鬼夜行)》이라는 요괴 화집(畫集)에 일본 요괴들의 이야기를 집대성한 뒤부터였다. 또한 세기말적 문화를 선호하던 저널리스트 고이즈미 야쿠모 *Lafcadio Hearn*, 小泉八雲 (아일랜드계 영국 출신으로 일본에 귀화한 작가)가 일본인에게 영감을 준 전설들을 모아 일본의 전통 설화를 재발견하면서 요괴를 향한 관심이 다시 높아졌다.

요괴는 시골을 활보할 뿐만 아니라 도시의 길거리에도 숨어 있다. 요괴는 천년 전부터 존재했을지 모르지만 상당히 현대적인 느낌을 준다.

지금 이 시대의 미신과 걱정거리를 고스란히 반영하는 요괴는 적응에 매우 능해 수시로 모습을 탈바꿈한다. 일본의 요괴는 그 설화만으로도 책 한 권을 충분히 채울 수 있을 정도다. 대표적인 요괴로는 변신하는 거미 여인 조로구모*Jorōgumo*가 있고, 기차에 치여 상체와 하체가 절단된 소녀가 복수심에 불타 유령이 된 테케테케*Teke Teke*가 있다. 그리고 화장실에 나타나 빨간 휴지 줄까, 아니면 파란 휴지 줄까를 묻는 악한 유령인 아카 만토(Aka Manto, 빨간 망토) – 빨간 휴지를 택하면 몸이 갈기갈기 찢겨 죽고, 파란 휴지를 택하면 피를 모두 빨려서 죽는다 – 등이 있다.

후타쿠치온나는 단순히 공포를 유발하는 존재가 아니라 그 이상의 의미를 나타낸다. 무엇보다 그녀는 전형적인 여성의 모습에 가깝고, 그녀의 다소 기이한 특징은 소식(小食)을 한다는 것이다. 하지만 그녀의 길고 검은 머리에는 섬뜩한 비밀이 숨어 있는데, 그것은 바로 뒤통수에 쫙 벌어진 거대한 입이 달려 있다는 것이다. 후타쿠치온나는 촉수 역할을 하는 머리카락이 음식을 움켜쥘 수 있어서, 이를 이용해 뒤통수에 있는 입안으로 음식을 집어넣는다. 게다가 이 입은 욕설을 중얼거리거나 거침없이 내뱉기도 한다.

기원에 관한 이야기

후타쿠치온나는 원래 인간이었지만 저주나 질병으로 인해 초자연적인 존재로 변했다고 알려져 있다. 이들은 많은 이야기에 등장하는데, 가장 유명한 것은 구두쇠 남자가 등장하는 이야기이다. 그는 식비 걱정 때문에 결혼하거나 가정을 꾸리는 것을 망설이고 있었다. 그러던 와중에 그는 새처럼 조금 먹는 여자를 만났고, 너무나 기쁜 나머지 곧장 그녀에게 청혼했다. 그의 아내는 열심히 일했지만 음식은 거의 먹지 않았기에, 구두쇠인 그에게는 아주 만족스러운 상대였다. 하지만 비축해놓은 음식이 너무 빨리 사라지자 이상하게 생각한 그는 어느 날 집에 남아 아내를 몰래 염탐했다. 소름 끼치게도 아내는 바닥에 무릎을 꿇고, 머리카락을 써서 구멍같이 생긴 뒤통수에 있는 커다란 입으로 주먹밥을 밀어 넣고 있었다. 이렇듯 어떤 이야기에서 후타쿠치온나는 구두쇠에게 교훈을 전하기 위해 나타나는 존재로 표현되고, 다른 이야기에서는 여성 자신이 인색하고 금욕적(자기 부인)이어서 그 결과 머리 뒤에 입이 생겨났다고도 전해진다.

또 다른 설에 따르면 후타쿠치온나가 벌을 받아 그런 끔찍한 입이 생겼다고 한다. 이 이야기에는 자신이 낳은 자식은 배불리 먹여 키우고, 의붓자식은 돌보지 않아서 굶어 죽게 한 여인이 등장한다. 의붓자식이 죽고 49일 후 – 일본에서 전통적으로 추도를 위해 필요한 기간 – 남편은 실수로 아내의 뒤통수를 도끼로 치고 만다. 결국 아내의 상처는 아물지 않았고, 그 틈에서 입이 생겨나면서 이빨이 솟고 혀가 자랐다. 그 입은 음식을 요구할 뿐만 아니라 의붓자식에게 저지른 끔찍한 죄에 대해 끊임없이 호되게 질책했다고 한다.

요괴는 지난 수십 년 동안 대중문화에서 영감의 대상이었다. 극적이고 시각적으로도 눈길을 사로잡는 후타쿠치온나는 만화의 줄거리나 비디오게임의 캐릭터, 공포 영화 및 TV 프로그램의 악당으로 매력적인 존재였다. 후타쿠치온나는 포켓몬 게임 캐릭터에 영감을 주기도 했는데, 그녀와 놀라울 정도로 비슷한 캐릭터의 이름은 마와일(Mawile: 한국어 이름으로는 입치트)이다. 마와일은 머리 뒤에 쫙 벌어지는 턱이 커다란 입을 연상시킨다.

후타쿠치온나 이야기에서는 실제 여성의 삶과 유사한 점들을 발견할 수 있다. 그녀는 섭식 장애를 앓는 여성을 만화처럼 묘사한 존재와 다름없다. 낮 동안에는 '고상한' 사람처럼 보이려 하거나 사회의 기대에 부응하는 것처럼 보이려고 음식을 거부하지만, 밤이 되면 폭식을 해서 과도한 보상을 꾀하는 것이다. 그녀의 두 번째 입은 여성의 음식에 대한 자연스러운 욕망이 억제될 때 나타나는 결과로 볼 수 있다.

"여자가 먹으면 매력이 사라질 수 있지만, 여자가 먹지 않으면 우리의 저녁 식사가 사라질 수 있다."
- 벤저민 디즈레일리 *Benjamin Disraeli*

후타쿠치온나의 감춰진 두 번째 구멍(입)에서 나오는 욕설과 불쾌한 발언은 또 다른 형태의 억압인 침묵이 불러온 결과이다. 역사적으로 일본 여성들–그리고 전 세계 여성들–은 자신의 목소리를 내고 의견을 표현하는 것은 남성들에게 매력적이지 않을 뿐만 아니라 그럴 권리도 없다는 주의를 받아왔다. 반면 후타쿠치온나의 초자연적인 입은 거짓말을 하거나 입에 발린 말–많은 여성들이 감정을 관리하는 도구상자에서 꺼낸 선의의 거짓말–을 하지 못한다. 그녀의 입술은 초자아와 자아에서 벗어나 의견을 표출하는 이드로 진짜 생각과 동기, 의견을 드러낸다.

후타쿠치온나 설화는 여성들이 목소리를 갖는 것을 막으려는 자들에게 경고를 던지는 이야기이자, 스스로 표현하기를–혹은 사회나 가족의 요구가 아니라 자신이 원하는 대로 먹는 것을–갈망하는 여성에게 영감을 주는 이야기이다. 몸을 긍정하는 운동이 양이라면, 이를 억압하는 요구는 음이다. 싱어송라이터 메건 트레이너*Meghan Trainor*는 그녀의 유쾌한 곡 'All About that Bass'에서 "있을 곳 다 있어. 나올 덴 나오고 들어갈 덴 들어갔지"라고 노래하며, 사회에 드리운 몸에 대한 부정적인 편견에 일침을 가했다. 지난 10년 동안 전 세계 여성들은 삐쩍 마른 여성의 헤게모니에 맞서 행동해왔다. 영화감독이자 배우인 레나 던햄*Lena Dunham*과 가수 베스 디토*Beth Ditto*와 같은 풍만한 몸매의 여성들도 잡지의 표지를 장식했고, 리아나*Rihanna*의 대형 사이즈 속옷 라인도 큰 인기를 끌고 있다. 탄탄한 근육과 엉덩이를 가진 발레리나 미스티 코플랜드*Misty Copeland*는 발레계에서 뛰어난 활약을 보여주고 있다. 이 여성들은 모두 자신의 몸을 당당하게 내세운다. 후타쿠치온나와 그녀가 상징하는 의미를 억누르는 사회에 맞서 싸우는 이 여성들이야말로 현실의 여성을 지켜주는 진정한 후타쿠치온나가 아닐까.

CHAPTER 4

ELEMENTAL SPIRITS

광포한 정령

번개를 던지는 자, 불과 얼음을 지휘하는 자, 이 세상의 창조자

티아마트 *Tiamat*

바빌로니아 여신

다른 표기법:
Thalátte
Tam-Tum

'혼돈의 괴물'이라는 별명으로 불리는 바빌로니아 여신 티아마트는
이 세상에 강렬하고 극적인 사건을 몰고 온 신으로 전해진다.
바다뱀의 모습을 한 이 고대 신은 〈왕좌의 게임〉에서 곧바로 튀어나온 듯한
용과 폭풍, 기상천외한 괴수들의 어머니였다. 고대 바빌로니아인들은
이 여신의 몸이 찢어지면서 세상이 창조되었다고 믿었다.

기원전 1900년에서 1600년에 쓰인 바빌로니아의 창세 서사시 '에누마
엘리쉬*Enuma Elish*'에 따르면 티아마트가 이 세상을 창조했다고 한다. – 이
창세 신화는 약간 혼란스러울 수 있으니 집중력을 잃지 않기를 바란다 –
바빌로니아인들은 천지창조 이전에 우주가 바다(물)로 이루어져 있다고
믿었다. 이 바다는 반은 지각이 있는 태초의 존재이며, 반은 신이었다. 이
혼돈 속에 염수를 상징하는 여신 티아마트와 담수를 상징하는 남신 아
프수*Apsu*가 존재했다. 이 둘이 섞이면서 신들이 탄생했고, 그들은 계속
해서 더 많은 자녀를 낳아 4세대를 이루었다. 태초의 신 티아마트와 아
프수의 기이한 자식 중에는 뱀인 라흐무*Lahmu*와 라하무*Lahamu*가 있었
다. 그 둘은 안샤르*Anshar*와 키샤르*Kishar*를 낳았고 각각 하늘과 땅을 상
징했다. 안샤르와 키샤르는 하늘의 신이자 최고신인 아누*Anu*, 심술궂은
물의 신 엔키*Enki*, 폭풍을 지배하는 대지의 신이자 바람의 신 엔릴*Enlil*을

낳았다. 그런데 이 늘어나는 어린 신들은 태초의 신에게 골칫거리였다. 이 세계는 점점 그들의 소음으로 가득 찼기 때문이다. 그들은 시끄럽게 놀고 다투기 일쑤여서 아프수는 잠을 잘 수가 없었다. 이에 아프수는 시종인 뭄무*Mummu*에게 조언을 구했다. 그런데 그들이 생각해낸 해결책은 극단적이었다. 아들과 딸, 손주 신들을 전부 죽이는 것이었기 때문이다. 아프수의 계획을 들은 티아마트는 당연히 격분했고, 손주인 엔키에게 그들이 처한 위험을 알렸다. 결국 엔키는 아프수를 잡아 잠들게 한 다음, 그를 죽이고 그의 후광을 훔친다.

남편의 계획에 반대하기는 했지만, 아프수가 죽자 비탄에 빠진 티아마트는 손주 엔키를 비롯한 다른 자손 신들을 상대로 전쟁을 선포했다. 그녀는 홀로 키메라, 거대한 독사, 무자비한 송곳니를 지닌 뱀, 허리케인, 매서운 사냥개, 전갈의 모습을 한 남자, 거대한 사자, 남자 인어, 황소의 모습을 한 남자, 폭풍을 낳아 군대를 조직했다. 그리고 강력한 자식들 가운데 하나인 킹구*Kingu*와 결혼해 그가 이 무시무시한 괴물 부대를 이끌게 했다.

이때 엔키의 아들인 마르두크*Marduk*가 그녀에게 저항했다. 마르두크는 신들에게 한 가지 조건을 걸고 할머니와 싸우겠다고 말했는데, 자신이 승리하면 신들의 왕이 되게 해달라는 것이었다. 그는 자신을 보호하기 위한 거대한 바람을 소환하여 전투 준비에 나섰다.

마침내 마르두크는 전장에서 그의 선조인 티아마트를 만났다. 실로 극적인 광경이 펼쳐졌다. 마지막 결전이 그들의 가족뿐만 아니라 이 세상에 엄청난 결과를 가져오리라는 것을 알기에 그들은 서로를 향해 조심스레 발을 내디뎠고, 드디어 싸움이 시작되었다. 마르두크는 그물을 펼쳐 뱀의 여신을 땅으로 몰아갔다. 죄어오는 마르두크의 공격에 그녀의 몸이 휘청거렸다. 그의 손에서 나온 맹렬한 바람이 이 둘을 휘감으며 귀청이 떨어질 만큼 큰 소리로 윙윙댔다. 티아마트가 소리를 지르며 모든 것을 삼켜버릴 듯 입을 크게 벌리자, 마르두크는 곧바로 허리케인을 만들어내 그녀의 입안으로 바람을 불어넣었다. ─ 입을 이용한 강간을 미묘하게 비유했다고 보는 견해도 있다 ─ 세찬 바람이 티아마트의 배를 가득 채우자, 그녀의 배 속에서 기이한 소리가 울리며 마치 임신한 것처럼 배가 부풀었다.

마르두크는 창을 들어 티아마트의 배를 가르고, 내장과 장기를 갈기갈기 찢고, 심장에 창을 꽂았다. 그는 의기양양하게 할머니의 시신을 밟고 나서는 그녀의 두개골을 박살 냈다. 그런 뒤 그녀의 몸을 둘로 찢었는데, 그 안에서 세상과 별, 달이 만들어졌다. 데이비드 크로넨버그*David Cronenberg* 감독의 '보디 호러(body horror: 신체의 변형이나 훼손을 통해 공포를 유발하는 영화 장르)' 영화를 연상시키는 피비린내 나는 이야기이다. 티아마트의 갈비뼈는 하늘과 땅의 천장을 만드는 데 사용되었고, 눈물이 흘러내리는 눈은 거대한 티그리스강과 유프라테스강의 원천이 되었으며, 그녀의 꼬리는 서서히 사라지면서 은하가 되었다.

티아마트의 희생

티아마트와 자녀들의 복잡한 관계는 대단히 흥미롭다. 이 문제 많은 집안에서 그녀는 어쩔 수 없이 한쪽의 편을 드는데, 처음에는 소란스러운 자식들을 향한 남편의 냉정한 태도에 반대했다가, 나중에 남편이 죽자 복수를 결심하며 자식들에게 전쟁을 선포한다. 티아마트는 완전한 괴물이나 자애로운 지모신이라기보다는 그 둘 사이 중간쯤에 놓인 존재였다. 도덕적으로 힘겨운 문제 앞에서 그녀는 남편을 존중하거나, 아니면 자식들을 보호할 것인지를 택해야 했다. 이는 가족들의 손에 처참한 죽음을 맞을 수 있는 선택이다. 하지만 그녀는 살해당하면서도 인류의 기원을 가져왔다. 물론 초기의 창조 방식과는 매우 달랐지만 말이다. 티아마트는 탄생과 긍정성, 희생적인 사랑을 통해 우주를 만들지만, 인간 세계는 혼란스럽고 증오로 가득 찬 그녀의 죽음과 강간, 시신, 내장으로 만들어진다. 이는 거의 출산 과정을 역행하는 일이다. 어머니의 껍질을 바꾸어 안식처와 하늘, 땅을 만든 것이다.

티아마트의 이야기는 역사가들을 매료시켰다. 작가 로버트 그레이브스Robert Graves는-신이 여신을 무찌르는 다른 많은 이야기와 마찬가지로-이 신화가 모계사회에서 부계사회로의 이행을 상징하고, 그녀는 오래전에 잊힌 여성 중심적인 종교를 상징한다고 보았다. 또한 그녀가 전쟁에서 패배하면서 괴물로 여겨진 것은 여성 중심의 사회를 폐기하고 주요한 인물을 악마화하려는 남성 계승자들의 의도라고 밝혔다. 하지만 최근 들어《여신의 얼굴The Faces of the Goddess》(1997)을 쓴 로테 모츠Lotte Motz나《원시 모권제의 미신The Myth of Matriarchal Prehistory》(2000)을 집필한 신시아 엘러Cynthia Eller 같은 역사가들은 선사 시대가 모계사회였다는 이론을 거부하며 "고상한 거짓말"이라고 비판했다(엘러가 쓴 책의 부제는 '왜 만들어진 과거는 여성들에게 미래를 주지 않는가'이다).

티아마트가 깊은 역사의 비밀을 간직한 암호 같은 존재이든 그렇지 않든, 그녀는 여전히 엄청난 영향력을 지니고 있고 진정으로 여성을 대변하는 신이다. 티아마트는 괴물들을 지휘하고 물을 창조하며 별과 달을 가지런히 위치시키는 여신이다. 그런 그녀에게도 대단히 심각한 고민이 있었다. 자식들은 조용할 날이 없고, 남편은 짜증을 내며 불평하기 일쑤고, 아들들이 자라면서 아버지에게 맞서려고 한다. 이 땅의 많은 여성처럼 티아마트는 '옳은 일'을 하기 위해 수많은 타협을 시도했다. 결국 티아마트는 자신의 가장 소중한 것-아이들과의 관계와 자신의 삶-을 포기하고, 그 희생으로 말미암아 세상이 생겨난다. 이 '혼돈의 괴물'은 궁극적으로 이타적인 행동을 한 셈이다.

마미 와타 *Mami Wata*

아프리카 및 아메리카 여신

다른 표기법:

Mammy Water

Mamy-Wata

Mawu-Lisu

Yemanja

Mamadilo

Maame Water

Watramama

La Sirène

Maman de l'Eau

그림같이 아름다운 해안가 바위를 찾는다면 셀카 여왕이라고 칭할 만한 마미 와타가 앉아 있는 모습을 발견할 수 있을지도 모른다. 거울을 들여다보며 몸단장을 하는 그녀는 구애자들이 함정에 걸려들 때까지 모르는 척하며 그들을 꾀어낸다. 마미 와타는 자신의 매력이 지닌 힘을 잘 알고 있다. 그녀는 대개 '초월적인 아름다움'과 지나치게 긴 머리와 같이 과한 모습으로 묘사된다. 또한 마미 와타는 물질적인 것과 도구(빗, 거울, 핸드백 등)를 좋아한다. 라이프스타일을 표현하고, 셀카가 넘쳐나는 인스타그램 세상에 그녀만큼 안성맞춤인 여신이 있을까.

마미 와타는 원래 한 명의 신이 아니다. 그녀는 아프리카의 서부, 중부, 남부와 아프리카 이주민들이 모여 살던 아메리카와 카리브해 지역에서 숭배되던 물의 신으로 '복수'로 존재한다. 반인반어(半人半魚)의 모습을 한 마미 와타는 삼단 같은 머리를 길게 늘어뜨린 대단히 여성적인 모습으로 묘사된다. 일각에서는 마미 와타가 아프리카 대륙에 퍼져 있는 다양한 신화가 뒤섞인 존재이기에, 고대 이집트나 에티오피아에서 기원했다고 주장한다. 이집트에서 마(ma) 또는 마마(mama)는 '진실과 지혜'를 의미하며, 와타(wata)는 '바닷물'을 뜻하는 우아티(uati)에서 유래했다. 여신 이시스가 원래 마미 와타의 이름으로 숭배되었다는 설도 있다. 마미 와타가 'Mother Water'의 피진어(pidgin: 어떤 언어, 특히 영어·포르투갈

어·네덜란드어 등이 지역 토착어와 결합하여 만들어진 언어)라는 주장도 있다. 많은 인어 신화가 그렇 듯 마미 와타는 선원들이 묘사하는 놀라운 바다 생명체, 이 경우에는 코끼리처럼 생긴 매너티(海 牛)에서 유래했을지도 모른다.

돈의 여신이 되다

15세기 이후부터는 유럽 상인들이 아프리카 지역에 접촉하면서 마미 와타의 전설에 영향을 미 쳤다. 그들은 마미 와타의 모습을 문서로 기록하고, 그녀의 명성을 높였다. 유럽 상인들은 금을 가져오고 인어 선수상(船首像: 배의 앞머리에 장식 으로 만들어 붙이는 조각상)이 달린 배를 몰고 왔으 며 인어와 세이렌 이야기를 들려주었는데, 그 과 정에서 마미 와타 설화가 미묘하게 바뀌었다. 유 럽 상인들은 아프리카 대륙을 돌아다니며 그녀의 이야기를 전파했고, 그렇게 마미 와타 설화는 아프리카 외진 곳까지 퍼져나갔다. 마미 와타가 부(富)와 연관된 여신으로 묘사되는 것은 돈을 다 루는 상인의 특징과 관련 있기 때문일 것이다.

> "사람들은 돈이 행복의 열쇠가 아니라고 말한다. 하지만 나는 돈이 많으면 그 열쇠를 만들 수 있다고 생각한다."
> - 조안 리버스 *Joan Rivers*

　돈에 집착하는 그녀의 행동을 보여주는 이야기는 수없이 많다. 마미 와타가 바다에서 수영하 는 사람들 가운데 부주의한 자들을 낚아채 수중 왕국으로 끌고 간다는 이야기가 대표적이다. 그 런데 그녀의 손아귀에서 풀려날 경우, 사람들은 더욱 매력적인 외모를 갖게 되고 부자가 되었다 고 한다. 강둑에서 머리를 빗던 마미 와타가 들켜서 달아나다가 거울이나 빗을 떨어뜨리는 이야 기도 있다. 지나가는 남자가 빗을 가져가면, 마미 와타는 그의 꿈에 나타나 자신의 물건을 돌려 달라고 요구하며 남자를 꾄다. 이때 그가 충실한 애인이 되겠다고 맹세하면 온갖 물질적인 것으 로 그에게 보상해주지만, 그렇지 않으면 그에게 저주를 내린다고 한다.

　마미 와타가 장신구로 치장하고 아름다운 여인으로 위장한 채 시장을 돌아다닌다는 이야기도 있다. 이처럼 상인들의 영향은 마미 와타가 확고하고 단일한 존재로 거듭나는 데 도움을 주었다. 그녀만을 위한 독특한 숭배 의식도 생겨났다. 마미 와타의 추종자들은 유럽 상품을 한가득 쌓아 올린 제단을 만들고 왁자지껄 춤을 추는데, 그 춤에 흠뻑 도취되어 무아지경 상태에 이를 정도라 고 한다. 나이지리아에서 그녀의 숭배자들은 죽음과 남성성, 힘을 상징하는 붉은색 옷과 부와 미, 여성성을 상징하는 흰색 옷을 입는다.

　그런데 그 유럽 상인들이 인간까지 거래하기 시작하면서, 서로 다른 지역과 부족에서 끌려온 수많은 아프리카인이 노예가 되어 다른 대륙으로 팔려나가게 되었다. 아프리카인들은 주로 대서 양 건너 아메리카 대륙의 노예 농장에서 일을 시키기 위해 보내졌다. 그렇게 모인 아프리카인들 은 자신들의 다양한 신앙을 기독교에 혼합했고, 아프리카인들이 전통적으로 모시던 신과 여신 은 다른 신의 특징을 흡수하게 되었다. 가혹한 환경에서 보수도 없이 일하던 아프리카인들은 삶 의 시련을 극복하고 치유하기 위한 의식으로 마미 와타를 상징하는 무아지경의 춤을 추었다. 17

세기경에 이르러 마미 와타는 수리남의 민속신앙인 윈티(Winti)에서 찾아볼 수 있는 와트라 마마*Watra Mama*, 아이티 부두교의 라 시렌*La Sirène*, 브라질의 예만자*Yemanja*로 변형된 것으로 여겨진다. 마미 와타는 서아프리카 요루바족이 숭배하는 또 다른 물의 정령 예모자*Yemoja*와도 밀접한 관련이 있다.

이 무렵 아프리카에서는 마미 와타를 숭배하는 분위기가 계속 확대되면서 신앙의 양상이 다소 바뀌었다. 1880년대에 유럽의 기괴한 쇼를 광고하는 수많은 포스터가 서아프리카 전역의 벽을 도배한 일이 있었다. 이 포스터에는 뱀을 부리는 사람이 그려져 있었는데, 미국의 정치가이자 사업가였던 P. T. 바넘*P. T. Barnum*의 서커스와 함께 순회공연을 하면서 유명해진 날라 다마잔티*Nala Damajanti*라고 추정되는 여성이었다. 이 포스터는 대중의 마음을 사로잡았고, 곧바로 그 이미지가 집단의식에 스며들면서 마미 와타 이야기와 얽혀 들어갔다. 그렇게 마미 와타의 모습이 정해졌고, 이후로 쭉 그녀는 날라의 모습으로 묘사되었다.

마미 와타는 오늘날에도 여전히 인기 있고 상업적인 아이콘으로 남아 있다. 말하자면 그녀는 '크리올화' 되었다(크리올*Creole*은 본래 식민지로 이주한 유럽인의 자손을 일컫는 말이었으나, 점차 유럽인과 흑인의 혼혈인을 칭하는 말로 의미가 확대되었다). 현대 문화 속에 녹아든 것이다. 문화적, 정치적으로 영향력 있는 이 고대 여신이 서구 자본주의 사회와 더욱 관련 있는 물건들−디자이너 선글라스, 코카콜라 캔, 핸드백, 값비싼 화장품 등−로 가득한 제단과 나란히 놓여 있는 모습은 강렬한 이미지를 형성하며 오늘날의 스타일리스트와 팝 스타, 예술가의 시선을 사로잡고 있다. 흑인 여가수들은 물의 여신으로서 아름답고 섹시한 그녀의 모습을 노래로 표현하기를 즐긴다. 스페이스 디스코 장르의 여신들로 불리는 여성 그룹 라벨레*Labelle*는 물결치듯 흩날리는 깃털 의상을 입고 '레이디 마멀레이드*Lady Marmalade*'를 불렀고, 비욘세는 자신의 앨범 '레모네이드*Lemonade*' 티저 영상에서 마미 와타를 언급했다. 언어에 집착하는 아젤리아 뱅크스*Azealia Banks*는 조개껍데기 모양의 지−스트링을 입고, 머리카락을 등 뒤로 길게 늘어뜨리는 등의 스타일로 꾸민 후 '마미 와타'라고 해시태그를 달아(#mamiwata) 인스타그램에 게시했다. 또한 여신 마미 와타는 실험적이든 전통적이든 미국에서 열리는 주요한 미술 전시회에 모습을 드러내며 주목받고 있다.

하지만 마미 와타의 인기에는 대가가 따랐다. 아프리카 복음주의 기독교인과 이슬람 근본주의자들은 그녀가 현대적인 삶의 폐해를 상징한다고 본다. 그들은 마미 와타가 자신의 아름다움을 악독한 방식으로 이용하고, 취약한 자들을 그릇된 방향으로 이끌며, 물질에 집착한다고 여긴다. 어떤 사람들은 마미 와타를 궁극의 후기 자본주의 여신이라고 부르기도 한다. 그들은 마미 와타가 퇴폐적인 힙합 아티스트처럼 돈과 이미지에만 집착한다고 생각한다. 그러나 마미 와타가 전해주는 자신감과 다정함, 아프리카의 어머니라는 연관성은 그녀의 새로운 팬들에게 또 다른 매력으로 다가온다. 요컨대 마미 와타는 구세대가 젊은 세대에게서 경멸하는 모든 것을 대표하지만, 솔직히 젊은 세대는 그런 점 따위는 개의치 않는다.

펠레 *Pele*

하와이 여신

오늘날에도 많은 하와이 원주민은 공경과 두려움의 대상인 용암과 화산의 신 펠레가 하와이섬(빅아일랜드)에 자리한 킬라우에아 봉우리의 할레마우마우 분화구에 살고 있다고 믿는다. 하와이 신화에 따르면 이 섬에서 일어나는 모든 화산 폭발은 펠레가 진실한 사랑을 갈구하는 심정을 표출하는 것이라고 한다. 강하지만 쉽게 상처받는 이 여신은 자신의 소중한 화산에서 용암 덩어리를 가져가는 자들에게 특히 분노하며 저주를 내린다. 그녀는 나라를 지키는 데 열렬한 수호자이다.

하와이 원주민이 섬기는 정령은 풍요와 창조, 전쟁을 상징하는 신에서부터 조수, 꽃, 심지어 직업을 상징하는 작은 신들에 이르기까지 셀 수 없이 많다. 이러한 신앙이 존재한 지는 수천 년이 되었지만, 서기 1000~1300년에 소시에테제도로부터의 대거 이주로 이들 신의 존재감이 높아지면서 기록에 등장하기 시작했다. 강력한 펠레는 불과 번개, 폭력과 화산의 여신으로, 풍요와 출산의 여신인 하우메아*Haumea*와 하늘과 천국을 창조한 카네 밀로하이*Kane Milohai* 사이에서 태어난 여섯 명의 딸과 일곱 명의 아들 중 하나이다. 이 가족은 오늘날 타이티섬에 속하는 떠다니는 신비로운 섬이라고 전해지는 쿠아이헬라니에 살았다. 어린 시절 펠레는 감정의 기복이 심했다. 그녀는 열정적이고 질투심이 많으며 변덕스러웠다.

"펠레는 번개를 던졌고 화염을 토했다.
용암을 뿜어내는 것은 펠레의 작별인사였다."
- '펠레의 탄생 *The Coming of Pele*'에 대한 전통 설화 중에서

펠레가 언니인 바다의 여신 나마카오카하이*Nā-maka-o-kaha'i*와 싸워서 하와이에 살게 된 이야기는 이곳에서 매우 유명하다. 자매는 용암과 물과 같아 한쪽은 뜨겁고 한쪽은 차가워서, 이들이 만날 때마다 뜨거운 돌에서 김이 뿜어져 나오곤 했다. 그런 와중에 펠레가 언니의 남편을 유혹한 것이 최후의 결정타였다. 분노한 카네 밀로하이는 펠레를 섬에서 쫓아냈다.

다행히 펠레의 남자 형제인 상어 신 카모호알리아이*Kamohoalii*가 카누에 그녀를 태워주었다. 그들은 다른 형제들도 데리고 떠났는데, 그중에는 펠레의 여동생 히이아카*Hi'iaka*가 잉태된 알도 있었다. 펠레는 항해하는 동안 그 알을 안전하게 지킬 수 있도록 겨드랑이 밑에 끼고 있었다. 이 가족들은 남쪽으로 향했는데, 나마카오카하이의 분노에 맞서야 했기에 여정이 매우 험난했다. 그들의 여행은 바다를 지배하는 형제와의 싸움이었다. 그들이 땅에 착륙하여 집을 만들려고 할 때마다 나마카오카하이는 분노하며 그곳을 물로 휩쓸어 버렸다.

마침내 그들은 하와이로 향했고, 펠레는 신성한 지팡이를 이용해 살기 좋은 곳을 찾아냈다. 처음에 그녀는 카우아이에 터전을 마련하려 했으나, 바다의 신인 언니에게 또 공격당했다. 회복한 펠레는 절뚝거리는 몸을 이끌고 오아후로 향했고 호놀룰루, 몰로카이, 마우이에 분화구를 파고 할레아칼라 화산을 만들었다. 펠레는 자연 지물을 활용하여 자신의 땅을 성실하게 가꾸어 나갔다. 이후 자매가 다시 만나 마지막으로 싸운 곳은 마우이에서였다. 최종 전투에서 나마카오카하이는 동생의 사지를 갈기갈기 찢어 죽였는데, 펠레의 뼈들이 쌓여 오늘날 카이위오펠레(Ka-iwi-o-Pele) 라고 부르는 언덕이 되었다. 하지만 그녀의 영혼은 날아올라 킬라우에아 화산 꼭대기에 있는 할레마우마우 분화구를 집으로 삼았다. 오늘날 그곳에 가면 그녀를 발견할 수 있다고 전해진다.

펠레가 돼지의 모습을 한 물의 신(반신반수) 카마푸아아*Kamapua'a*와 짧고 열렬한 관계를 맺었다는 여러 이야기도 있다. - 그들이 벌인 격정적인 싸움은 수중화산 폭발의 파괴적인 힘을 상징한다고 한다. - 예를 들면 펠레가 죽었다고 생각한 카마푸아아가 바다에 뛰어들어 그녀가 비탄에 잠겼다는 이야기도 있다. 또 불같은 펠레가 사랑의 경쟁자와 연인에게 녹은 용암을 던져 그들을 기둥 모양의 암석으로 바꿔버렸다는 이야기도 전해진다. 이 설화들은 주로 19세기에 문서로 기록되었는데, 1896년에 미국이 하와이어를 가르치는 것을 금하면서 그 기록들이 거의 사라졌다.

오늘날 펠레의 영향력

많은 기록들이 사라졌더라도 펠레는 여전히 하와이 곳곳에 살아 숨 쉬고 있다. 상점들 벽에는 그녀의 상징과도 같은 붉은색 옷을 입은 펠레의 그림이 걸려 있고, 기념품 가게에서는 화산의 여신과 관련된 다양한 상품을 구입할 수 있다. 킬라우에아 화산이 우르릉거리기 시작하면-세계에서 가장 활발한 활화산 중에 하나다-사람들은 여신에게 바치는 제물로 꽃과 돈, 향이나 종려나무 잎 등을 화산 정상 근처의 틈에 끼워놓는다. 화산이 분출하면 여신을 달래려고 봉헌한 이 선물들이 용암이 흘러가는 길에 자리한 버려진 집의 현관 계단에 쓸쓸하게 놓인 모습을 볼 수 있다. 갈라진 틈에서 용암이 떠내려오며 식어서 생긴 가늘고 긴 섬유 같은 화산유리(흑요석)는 '펠레의 머리카락'이라 불린다. 화산이 분출할 때마다 흐르는 용암 속에서 펠레 여신의 얼굴이 보인다고 주장하는 유튜브 영상들도 등장하곤 한다. 변신에 능한 펠레는 젊고 아름다운 여인이나 나이 든 여인의 모습으로 나타나 관대한 자에게는 상을 주고, 욕심 많은 자에게는 벌을 준다고 전해진다.

그녀의 불꽃은 더욱 널리 반짝이고 있다. 펠레의 이름을 따서 지은 토리 에이모스*Tori Amos*의 앨범 '펠레의 아이들*Boys for Pele*'(1996)은 종교의 가부장적인 성격과 여성 권한에 대한 열띤 이야기를 풍부하게 담고 있다. 또한 〈미녀 마법사 사브리나*Sabrina the Teenage Witch*〉와 〈하와이 5-0 수사대*Hawaii 5-0*〉 등의 다양한 TV 드라마에 여전히 펠레를 소재로 한 캐릭터들이 등장하곤 한다.

펠레는 영감을 불러일으키는 존재다. 열정적이고 믿을 수 없을 정도로 강력하며, 그녀가 삶에서 겪은 사건들이 섬을 형성하는 기반이 될 정도로, 말 그대로 자신의 나라를 건설한 여신이다. 그런 펠레에게도 인간적인 면은 있다. 그녀는 성미가 불같은 데다 아버지와 사사건건 부딪치고 애정 생활도 꽤 복잡하다. 그녀가 오늘날 태어났더라면 언론의 헤드라인을 독차지하는 것은 물론 뒤죽박죽 엉망인 연애사가 대중에게 시시콜콜 알려지고, 그녀의 여행기를 담은 포스트가 소셜 미디어에 넘쳐날 것이다. 하지만 통제에서 벗어난 감정이야말로 오늘날 펠레가 강인한 여신으로 숭배받는 이유가 아닐까. 펠레는 수천 년 전에 그랬던 것처럼 오늘날에도 공경의 대상이 되고 있으며 화산과 마찬가지로 정복할 수 없는 존재다.

셀키 *Selkies*

스코틀랜드 전설 속 생명체

다른 표기법:

Silkies

Sylkies

Selchies

Selkie folk

Maighdeann-mhara

Marmennlar

Finns

수중의 삶에서 떨어져 나온 스코틀랜드 북부의 바다표범 셀키는 인간과 바다표범의 모습으로 변신하는 전설 속 생명체다. 육지에 돌볼 가족과 집이 있어도 늘 바다를 그리워하는 것은 그 때문이다. 셀키는 인간이 길들일 수 없는 존재이기에, 결국 바다 깊은 곳으로 돌아갈 수밖에 없는 운명이다. 셀키는 무엇보다 원초적이고 야생적인 삶을 갈망한다.

남성 셀키도 존재한다고 알려져 있지만, 스코틀랜드 북쪽의 셰틀랜드제도와 오크니제도에 퍼져 있는 가장 흥미로운 이야기의 중심에는 여성 셀키가 있다. 바위 위에서 한가롭게 햇볕을 쬐며 타피오카 진주처럼 파도 속에 흔들흔들 몸을 맡긴 채 헤엄치는 이 커다란 회색 바다표범은 매년 하지제(Midsummer: 북유럽의 하계 명절로, 1년 중 낮이 가장 긴 하지를 전후로 3일간 북유럽 지역 곳곳에서 축제를 연다. 나라마다 차이가 있지만 보통 6월 19일 ~25일에 열린다) 전야에 묵직한 털가죽을 벗어 던지고 해안가에서 근심 걱정 없이 춤을 춘다고 한다. 셀키의 애절한 눈과 아기 같은 울음소리는 이들이 더욱더 인간 같다는 생각을 들게 한다.

한겨울 벽난로 앞에서 이 지역 사람들이 모여 앉아 주고받는 설화에 따르면, 남자가 셀키의 털가죽을 훔치면 셀키는 어쩔 수 없이 그의 아내가 되며, 감춰둔 털가죽을 아내에게 들키지 않는 한 남자는 셀키를 자신의 곁에 둘 수 있다고 한다. 육지에서 결혼해 아이를 낳고 생활하지만, 바다에서 살던 과거를 잊지 못해 거센 바람이 부는 절벽에서 몇 시간이고 며칠이고 앉아 간절한 눈으로 파도를 응시하는 셀키 여인에 관한 수많은 이야기는 오늘날까지도 생생히 전해지고 있다. 새로운 가족과의 관계가 아무리 끈끈하더라도 깊은 바닷속으로 돌아가고 싶은 셀키의 열망은 더욱 거세진다고 한다. 셀키는 보통 뭍에서 7년밖에 살지 못하는데, 뭍에서 이들은 점차 약해지며 메말라가기 시작한다. 셀키 여인이 털가죽을 찾으면 육지에 얽매인 삶을 뒤로하고 바다 아래 자신의 고향으로 돌아갈 수 있다고 한다. 종종 천진난만한 그녀의 아이가 지붕의 처마나 자물쇠를 채워둔 사물함에 엄마의 낡은 털이 감춰져 있다고 말해주는 경우도 있다. 또는 셀키의 자매들이 파도에서 나타나 그녀에게 새로운 털가죽을 가져다주는 일도 있다. 바다로 돌아간 셀키들 가운데 어떤 이들은 뭍의 가족을 보려고 다시 돌아오는 경우도 있고, 애절한 바다표범의 모습으로 자식들 앞에 나타나는 일도 있다고 한다. 하지만 셀키 여인들 대부분은 알 수 없는 운명에 자신을 내맡긴 채 파도 아래로 다시 사라지고 만다고 전해진다.

여성과 남성에게 전하는 충고

셀키 설화는 비극적이면서도 로맨틱한 특성 때문에 온갖 스토리텔링과 노래, 영화에 등장하며 대중문화 속에서 재탄생되었다. 인상적인 작품으로는 조안 바에즈의 포크송 '셀키*Silkie*'와 아일랜드 애니메이션 〈바다의 노래: 벤과 셀키 요정의 비밀*Song of the Sea*〉(2014)이 있다. 또 조안나 뉴섬*Joanna Newsom*의 노래 '콜린*Colleen*'을 꼽을 수 있다. 이 곡은 과거를 기억하지 못하는 셀키 여인이 자신을 범죄자로 생각하지만, 한 선원 덕분에 그녀가 이전 삶을 기억하게 되고 다시 깊은 바닷속으로 돌아간다는 내용이다.

이 이야기들의 주제는 아마도 여성들이 가장 깊게 공감할 것이다. 바다표범 여인이 뭍 사람의 아내가 되는 것은 여성이 누구와 결혼할지 선택권이 별로 없던 가부장제 시대에 인구가 적은 지역에서 탄생한 이야기였다. 셀키 전설은 남성과 여성 모두에게 전하는 충고와 같은 이야기이기도 하다. 좀 더 자유로운 삶을 원하는 여성이나 또는 자신이 자란 집에서 떠나온 여성에게 가족을 비롯한 다른 책임을 맡길 수 있겠지만, 이들이 예전의 삶을 그리워하다 영영 떠나버릴 수 있으니 주의하라는 충고이다.

바다의 상징성은 중요하게 되짚어 볼 만하다. 괴팍한 바다는 어두운 분노를 내뿜다가도 순식간에 고요해지며 반짝거린다. 비교적 견고한 해안에 비해 바다는 원초적이다. 바다는 진정으로 자유롭고, 이리저리 떠다닐 수 있으며, 길을 잃을 수도 있고, 자신의 영혼과 중심을 찾을 수도 있는 곳이다. 가정적이고 감정적인 책임감에 시달리는 여성들이 늘 파도를 그리워하며, 심연 속에서 자신을 찾기를 바라는 것은 당연하다. 누구나 재충전할 시간이 필요하다. 이와 같은 상황에 직면한 여성이 재충전할 시간을 가지지 못하거나 혹은 스스로 그런 시간을 갖지 않으면, 결국 어떤 문제가 발생할 수 있다. 예전부터 셀키는 여성들이 자신을 돌보고 마음을 살피는 것에 대한 상징이었고, 남편들에게는 여성을 좀 더 자유롭게 해주어야 한다는 것을 상기시키는 교훈이었을 것이다.

셀키 이야기는 인간의 깊은 열망을 구체화해 들려준다. 남자가 털가죽을 훔치는 행위는 여자가 결혼해서 새로운 가족을 꾸릴 때, 자신의 중요한 일부를 잃는다는 것을 상징한다. 가정과 자녀를 돌보는 새로운 역할을 맡는다는 것은, 하루하루 가정에서 필요한 일들을 처리하거나 혹은 남편을 뒷바라지하기 위해 때로는 외출하는 것도, 옛 친구들을 만나는 것도, 자신의 관심사도 포기하게 될 수 있음을 의미한다. 그러나 다락방 한쪽에 접혀 있는 털가죽은 그녀의 옛 시절을 나타내주는 상징물로 열망에 관한 잠재된 가능성을 내포하고 있다.

나이가 들수록 그 가죽이 의미하는 젊은 시절의 매력과 가능성이 여성을 강하게 끌어당긴다. 자녀들에게 점점 손이 덜 가게 되고, 여성이 성숙해지면서 자존감 또한 더 높아진다. 그녀는 낡은 가죽을 꺼내 입고 파도의 자유와 지난 삶에서 누리던 자유에 몸을 맡겨야 할까? 남편은 원초적이고 강렬한 여성을 '길들일' 수 있을까? 그럴 수 없다면 그녀는 자신의 오래된 털가죽을 찾아 책임을 떨쳐버리고 반짝이는 야생으로 뛰어들까?

마리 *Mari*

바스크 여신

다른 표기법:

Mari Urraca

Anbotoko Mari

Murumendiko Dama

거칠고 원초적인 자연을 상징함과 동시에 인간을 보호해주는 관대한 신이기도 한 마리는 프랑스 남서부와 스페인 중북부에 걸쳐 있는 바스크 지역의 지모신이다. 그렇지만 그녀는 오래전에 사라져버린 여신을 숭배하는 범유럽적인 종교의 마지막 흔적일 수도 있지 않을까?

기독교가 등장하기 이전부터 숭배되었지만 오늘날에도 여전히 인정받는 마리는 우박, 비, 폭풍, 가뭄을 관장하는 자연의 여신이다. 마리는 또한 땅의 화신으로 바스크 지방과 산 곳곳에 벌집 같은 동굴을 만들어 거처를 마련하고, 이 동굴들 중 많은 곳을 금으로 화려하게 장식했다고 한다. 그녀는 자신과 마찬가지로 지하에 사는 뱀의 모습을 한 신 수가르*Sugaar*와 결혼했다(수가르는 폭풍과 천둥의 신으로 알려져 있다). 매주 금요일 오후에 둘이 만날 때면, 수가르는 우박과 폭풍우가 몰아치는 가운데 마리의 머리를 빗겨줬다고 한다.

오늘날까지도 마리의 활동은 자연 현상과 맞물려 이야기된다. 이 지역 마을마다 마리는 약간씩 다른 특징을 가지고 있다. 가령 스페인 북부 바스크 지역의 오냐티와 아레차발레타 마을 사람들은 마리가 안보토 산에 있을 때는 비가 내리지만, 그녀가 인근에 위치한 알로냐 석회암 지대에 있을 때는 비가 내리지 않고 건조하다고 말한다. 그녀의 모습 또한 마을마다 다르게 묘사된다. 마리는 동굴에서 구름을 끄집어내어 폭풍을 일으키며, 우물에서 바람을 빨아들여 계곡에 던진다고 알려져 있다. 또 마리가 빵을 굽거나 빨래를 하면, 그녀가 사는 동굴에서 연기구름이 나온다고 한다. 다른 많은 유럽 여신들과 마찬가지로, 마리는 금실을 사용하거나 숫양의 뿔에 실을 감는 것과 같이 실 잣는 일과 관련 있다.

마리의 하인으로는 라미냐크*lamiñak*-오리 발이 달린 인간과 비슷한 생명체-와 소르귄*sorguiñ*-주인을 위해 헌금을 거두는 야행성 마녀-이 있다. 마리의 동굴에 들어가면 자리에 앉을 수 없고, 친근한 단어인 '뚜(*tú*, 당신)'로 그녀를 불러야 하며, 그녀에게 절대로 등을 돌려서는 안 된다. 마리는 엄격한 여신으로 거짓말과 탐욕, 절도, 존경심이 부족한 것을 용서하지 않는다. 그녀는 이 같은 죄를 범한 자에게 우박을 동반한 폭풍을 내리며, 그 대가로 재산을 몰수하거나 당사자가 죄책감을 들게 만든다. 하지만 마리는 보살피는 여신이기도 하다. 오늘날에도 바스크인들은 황무지에서 길을 잃을 때면 그녀의 이름을 세 번 부른다. 그렇게 세 번째 부를 때 마리는 그들의 머리 위에 나타나 문명으로 돌아가는 길을 알려준다고 한다.

여신의 다양한 얼굴

흔히 붉은 드레스를 입고, 그녀 주위로 달이나 별이 떠 있는 모습으로 묘사되는 마리는 다양한 형태로 나타난다. 이를테면 마리는 여신계의 신디 셔먼*Cindy Sherman*이다. 사진작가인 셔먼은 (주로 자화상을 표현하는데) 상상 속의 다양한 캐릭터를 만들기 위해 분장과 소품, 보철을 사용하는 것으로 유명하다. 마리는 발굽이 있는 모습으로 표현되기도 한다. 그녀는 때로 하늘을 나는 마차를 타거나, 숫양을 타거나, 손에서 불을 쏜다고 알려져 있다. 다른 지역에서 마리는 독수리와 까마귀, 말, 염소처럼 동물의 모습으로도 나타난다. 그녀는 또한 돌풍이나 흰 구름, 무지개와 같이 보다 추상적인 형태를 띠기도 한다.

마리가 어떠한 형태이든 그녀는 거침없다. 그녀가 등장하는 설화는 수없이 많은데, 그중 잘 알려진 것은 양을 잃어버린 고아 양치기 소녀가 나오는 설화다. 허둥지둥 사라진 양을 찾던 고아 소녀는 마리의 동굴에 접근하는 것이 얼마나 위험한지 알면서도 자신의 털북숭이 양을 찾아 동굴 근처를 서성였다. 동굴 입구에서 소녀는 마리라고 생각되는 아름다운 여인을 만났다. 여인은 고아 소녀에게 동굴에서 자신과 함께 살자고 말했고, 그렇게 한다면 부자로 만들어주겠다고 약속했다. 7년 동안 소녀는 여인과 같이 살면서 실 잣는 법과 빵 만드는 법, 약초를 이용하는 법, 동물의 언어를 배웠다. 약속된 시간이 지나고 고아 소녀가 그곳을 떠나려 하자, 마리는 그녀에게 거대한 석탄 덩어리를 주었다. 마리의 제자로서 소녀는 살짝 실망했지만 언짢은 기분을 감추었다. 그런데 소녀가 동굴을 떠나자마자, 석탄 덩어리가 반짝이는 금으로 변했다. 그 금덩이는 아주 커서 소녀가 집과 양 떼를 사고, 독립적이고 행복한 삶을 살 수 있도록 해주었다.

마음이 따스해지는 고아 소녀의 이야기는 마리가 보살핌이 필요한 여성에게 단기적인 도움뿐만 아니라, 자신의 특별한 능력을 이용해 힘없는 여성을 북돋워 유리 천장을 깰 수 있도록 도와주

> "인생이라는 모래시계에서 모래가 아래로
> 빠져나갈수록 인생은 더 선명하게 보인다."
> - 장 폴 사르트르 *Jean-Paul Sartre*

는 여신으로 묘사한다. 마리는 고아 소녀를 가르쳤을 뿐만 아니라 남자에게 의존하지 않고 자립해서 살 수 있는 수단을 제공했다. 소녀는 마리 덕분에 새로운 삶은 물론 가정의 의무에 얽매이지 않을 수 있는 자신만의 관심사와 기술을 갖게 되었다.

서기 10세기와 11세기에 바스크 지역에서 강제로 기독교로의 집단 개종이 이루어질 때, 마리의 지위는 격하되면서 새로운 종교에 편입되었다. 기독교로의 유연한 전환을 꾀하고자 마리의 특징을 예수의 어머니인 마리아에게 녹였다고 주장하는 사람들도 있다. 하지만 바스크 지역이 전부 기독교화된 이후에도 사제들은 마리의 동굴 입구에서 미사를 드렸고, 풍작을 기원하며 제물을 바쳤다. 여전히 많은 사람들이 마리의 권능이 기독교 숭배에 필적한다고 여긴다. 일부 역사가들은 기독교가 지배적인 종교가 되었지만 바스크 지역이 지리적, 사회적으로 고립된 곳이기에 마리가 이 지역에서 여전히 숭배의 대상이 될 수 있었다고 주장한다. 말하자면 마리는 신석기 시대부터 여신을 숭배하는 범유럽적인 종교-거석 구조물과 운명의 실 잣기, 그리고 탄생-삶-죽음, 처녀-어머니-노파, 봄-추수기-겨울이라는 순환을 기반으로 하는 종교-의 마지막 흔적이라고 볼 수 있다. 수천 살은 되었을 법한 여신 마리가 황혼기에 물기 어린 눈으로 동굴 밖을 바라보며 앉아 주름진 손가락으로 자신을 숭배하는 자들의 운명의 실을 잣고 있다고 생각해보자. 그녀의 지위가 낮아져서 애석하기는 하지만 이 여신이 오늘날까지도 여전히 숭배되고 있다고 생각하면 너무도 낭만적이지 않은가.

린 이 판 파크의 여인 *The Lady of Llyn Y Fan Fach*

웨일스 요정

어떤 디즈니 요정과도 매우 다른 모습의 웨일스 요정 넬퍼크*Nelferch*는 린 이 판 파크의 여인으로 더 잘 알려져 있다. 직설적인 화법이 인상적인 이 요정은 우리에게 최후통첩이라는 경고와 경계를 존중하는 것, 행위의 결과에 대한 가르침을 전해준다.

이 켈트족 여인의 이름은 실제 존재하는 린 이 판 파크라는 곳에서 유래했다. 린 이 판 파크는 영국 브레콘비콘스 국립공원 내의 웨일스 블랙 산맥 가장자리에 위치한 거울 같은 호수다. 켈트 문화에는 요정과 물에 얽힌 수많은 이야기가 전해지는데, 요정들의 나라와 이 세상 간의 경계는 물가에서 가장 흐릿하다고 한다. 물 숭배는 켈트족의 한 종교인 드루이드교(Druidism)의 특징으로 알려져 있다. 켈트족에게 우물과 샘, 개울은 모두 치유를 위한 신성한 장소가 될 수 있었다. 이 지역의 왕은 심지어 수역 근처에서 맹세를 하며 의식을 치러야 했다. 넬퍼크는 물 아래 궁전에 살던 웨일스의 물의 요정들인 구라게드 아눈*Gwragedd Annwn* 중 하나였다. 아서 왕 설화에서 호수의 여인이 등장하는 부분은 넬퍼크 이야기를 떠올리게 한다.

　고대 요정들은 오늘날 우리가 흔히 생각하는 플라스틱 요정 인형과는 매우 달랐다. 그들은 다른 세상의 종족들이지만, 요정들만의 풍요롭고 복잡한 사회를 이루고 있었다. 켈트 문화와 그 이웃한 지역 문화에서 '요정'이라는 용어는 신들을 완곡하게 표현하고자 초기의 다신교 이야기를 편찬한 종교 작가들이 '신'과 '여신' 대신에 자주 사용한 말이었다. 아일랜드와 스코틀랜드, 웨일스 전역에서 '요정'은 기독교 유입 이전에 존재한 신과 여신의 마지막 흔적이었다. 켈트족의 구전 설화에 따르면 인간은 요정의 나라에 자유롭게 들어갈 수 있었지만, 종종 요정들의 규율을 이해하지 못해 혼란스러워했다고 한다. 많은 지상의 가문은 자신들이 요정의 후손이라고 주장했는데, 이는 씨족의 세력을 정당화하고 권한을 부여하기 위해서였다. 이러한 특징은 다른 문화권도 마찬가지여서 이집트의 파라오, 북유럽 국가의 왕들은 모두 자신의 가문이 신의 혈통이라고 주장했다.

> "본연의 원초적인 여성은 길들일 수 없으며, 이들이 정한 관계의 선을 존중해야 한다. 그렇지 않으면 이들은 다시 물속으로 사라지고 말 것이다."

시골 청년 그윈과 호수의 여인

10세기부터 21세기까지 다양하게 변형되어 전해진 넬퍼크 설화는 젊은 시골 청년 그윈Gwyn에게서 시작된다. 미드파이라는 작은 마을에서 어머니와 함께 농장을 돌보며 살던 그윈은 집에서 몇 시간 떨어진 곳에 있는 호숫가로 소들을 몰고 가 풀을 먹게 하곤 했다. 어느 날 아침에 그윈은 호숫가에서 아름다운 여인이 바위에 앉아 금 빗으로 머리를 빗고 있는 모습을 보았다. 그가 집에서 만든 살짝 딱딱한 빵을 여인에게 권하자, 그녀는 씩 웃더니 이내 물속으로 뛰어들어 사라져버렸다. 다음 날 그는 좀 더 부드러운 빵을 가져갔고, 다시 호숫가에서 이 세상 사람 같지 않은 너무도 아름다운 호수의 여인을 보았다. 하지만 여인은 그를 바라보며 매혹적인 미소를 던지고는 또다시 강물로 뛰어들었다.

　그윈이 그날 밤에 구운 또 다른 빵은 완벽했다. 이번에 호수의 여인은 미소를 지으며 빵을 받아들고는 뭍으로 발을 디뎠다. 그녀는 "당신과 결혼하겠어요. 단, 이유를 불문하고 저를 '세 번 때린다면' 당신과 함께 살 수 없어요."라고 말했다. 여인은 그가 세 번째로 자신을 때리면 그를 영원히 떠나겠다고 강조했다. 그윈이 그녀의 조건에 동의하자, 여인은 곧바로 호수에 뛰어들었다. 사라진 그녀의 모습에 슬픔에 잠긴 그윈이 돌아서려는데, 그의 앞에 불현듯 세 사람이 나타났다. 왕처럼 보이는 나이 든 남자와 똑같이 생긴 두 여인—그중에는 그윈이 사랑에 빠진 여인이 있었다—이 서 있었다. 노인은 그윈에게 넬퍼크를 찾아내라고 말했다. 그윈은 심장이 마구 뛰었지만 샌들에 난 흠집을 보고는 그녀를 찾아냈다. 노인은 또한 딸에게 숨을 오래 참을 수 있는 만큼 이들에게 동물을 주겠다고 약속했다. 넬퍼크가 물속에서 잠수하며 보낸 시간이 결실을 보게 된 순간이었다. 마침내 그녀는 농장을 채울 수 있을 만큼 충분히 많은 가축을 얻었다. 그렇게 이들 연인은 결혼해서 아들 셋을 낳았다.

　어느 날 부부는 미드파이의 한 교회에서 열리는 결혼식에 참석하려고 걸어가고 있었다. 넬퍼크가 꾸물거리자, 그윈은 장난치듯 장갑으로 그녀를 톡 쳤다. 이에 넬퍼크는 그를 돌아보며 무미건조한 말투로 "당신이 처음으로 저를 친 거예요."라고 말했다. 낙담한 그윈은 아내에게 다시는 느닷없이 손대지 않겠다고 맹세했다.

 몇 년 후 세례식에서 넬퍼크는 주체할 수 없을 정도로 눈물을 터뜨렸다. 그윈은 아내를 달래려고 그녀의 어깨에 손을 얹었다. 그녀는 "아이의 미래가 보여서 울었어요. 아이는 이 세상에서 오래 살지 못하고, 아이의 짧은 생애는 고통스러울 거예요. 그리고 당신이 두 번째로 저를 친 거예요."라고 말했다. 그 후 한 아이가 정말로 죽었고, 넬퍼크와 그윈은 아이의 장례식을 치른다. 장례식이 중반쯤 진행되었을 무렵, 넬퍼크는 갑자기 큰 소리를 내며 행복하게 웃었다. 그윈은 소스라치게 놀라 아내의 등을 툭툭 두드렸다. "다시 온전해진 아이의 모습이 보였어요. 아이는 더 나은 곳에서 건강하게 살고 있어요." 이렇게 설명한 뒤 넬퍼크는 "이번이 세 번째로 친 거였어요. 여보."라고 말했다. 그러고는 자리에서 벌떡 일어나 교회 밖으로 걸어 나갔다. 아내를 따라간 그윈은 그녀가 농장으로 성큼 걸어가는 것을 망연자실하게 바라보았다. 아내가 동물들을 부르자 그 무리들은 그녀를 따라 호수로 향했다. 결국 아내와 가축들은 물로 걸어 들어갔고, 한 번도 뒤돌아보지 않은 채 물 아래로 사라졌다.

 그윈과 아들들은 상심에 빠졌다. 아이들은 매일 호숫가로 나가 엄마를 부르며 슬피 울었다. 그러던 어느 날 아침, 기적적으로 그녀가 물에서 성큼성큼 걸어 나왔다. 그녀는 아이들에게 약초를 다루는 법과 치유법을 가르치려고 온 것이었다. 그녀가 전수해준 신비한 지식 덕분에 아이들은 훗날 유명한 의사가 되었다. 아들들은 미드파이 최고의 의사가 되어 귀족들을 치료하고, 부유한 지주가 되었다. 그들의 치료법은 14세기 웨일스 설화를 집대성한 《헤르게스트의 적색서 *Red Book of Hergest*》에서 찾아볼 수 있다. 오늘날 옥스퍼드대학교 지저스칼리지에 있는 《마비노기온》(42~45쪽 리안논 참조)은 이 책에 수록된 이야기를 근간으로 만들어졌다.

 넬퍼크는 언제 결혼할지를 스스로 택하고, 결혼 조건을 아주 분명하게 명시했다. 그녀는 의도적이든 그렇지 않든 어떤 종류의 폭력도 용납하지 않았으며, 이와 관련하여 자신이 내세운 조건을 엄수했다. 또한 지참금을 스스로 획득하고, 동물들을 자신의 재산으로 여겨 호수로 돌아갈 때 그 동물들을 데리고 갔다. 그녀는 언제 물으로 돌아갈지를 선택했고, 아들들에게 지식을 전수하고 사회를 돕고 생계를 유지하는 방법을 알려주기 위해 그들을 가르치는 데 집중했다. 넬퍼크의 이야기는 셀키(148~151쪽 참조)가 전하는 교훈을 상기시킨다. 본연의 원초적인 여성은 길들일 수 없으며, 이들이 정한 관계의 선을 존중해야 한다는 것이다. 그렇지 않으면 이들은 다시 물속으로 뛰어들어 사라지고 말 것이다. 이러한 넬퍼크의 난호한 태도는 우리가 상대와 대화를 나눌 때 자신이 원하는 바를 솔직하게 말해야 한다는 교훈을 전해준다.

무지개 뱀 *The Rainbow Serpent*

**오스트레일리아 원주민과
토레스 해협 섬사람의
여신이자 남신**

다른 표기법:

Ungud

Wagyl

Wonambi

Yulunggal

어느 성별도 될 수 있는(gender-fluid) 신인 무지개 뱀은 활동 범위가 엄청나다. 지구상에 현존하는 가장 오래된 문명들에서 전해지는 이야기에 따르면 이 신은 산이나 들, 강, 바다 등의 자연경관을 창조했다고 한다. 하지만 무지개 뱀은 아이에서 어른으로 되는 고된 여정과 같이 좀 더 인간적인 모습을 상징하기도 한다.

오스트레일리아처럼 메마른 지역에서 강우를 상징하는 무지개는 가장 환영할 만한 광경이다. 이 지역의 많은 부족은 무지개가 한 물웅덩이에서 다른 물웅덩이로 하늘을 가로지르며 넘어가는 이 뱀 신의 상징이라고 여긴다. 그렇기에 이 신의 형상은 삶과 죽음 모두를 의미한다. 이 신은 풍요와 농작물, 자양물을 가져다주지만, 화가 나면 지원을 중단해서 기근과 파괴로 붉은 땅을 뒤덮어버린다.

　오스트레일리아 본토의 원주민과 토레스 해협 섬 주민들 사이에 전해 내려오는 무지개 뱀 설화에는 각기 다양한 모습의 무지개 뱀이 등장한다. 때로는 여성 혹은 남성으로, 흔하게는 성별이 불분명하게 – 가슴 달린 남자처럼 – 묘사되는 이 무지개 뱀은 운구드, 와질, 워남비, 율룬갈 등 여러 이름으로 알려져 있다. 하지만 이 신에 관한 온갖 이야기에서 발견되는 비슷한 특징이 있다. 무지개 뱀 설화는 최소한 6000년 동안 전해

져 왔으며, 서양의 언어로는 전달하기 힘든 과거, 현재, 미래의 개념인 '언제나(everywhen)'를 배경으로 한다는 것이다.

무지개 뱀은 오스트레일리아 원주민의 창조 신화인 '꿈의 시대(Dreamtime: 신이나 초인간적 형태의 토템적 조상이 세상을 창조할 때의 성스러운 시간)'에서 중요한 역할을 한다. 무지개 뱀은 오스트레일리아의 경관을 창조했는데, 땅을 가로질러 수원(水源) 사이를 오가며 산과 협곡을 토해 내면서 지형을 만들었다고 한다. 무지개 뱀이 스르르 지나가는 곳에 계곡과 언덕이 생겨났으며, 그녀가 쉬었던 자리에 호수와 만(灣)이 생겼다고 전한다. 가장 중요한 천연자원을 담아낼 수 있는 지질학적 구조물인 수로를 만든 것도 이 신이었다. 무지개 뱀 신이 없었더라면 이 땅에는 편평한 사막뿐이었을 것이다. 오스트레일리아 원주민과 토레스 해협 섬 주민들은 이 뱀 신이 여전히 바다와 폭포, 해수와 담수 등과 같이 물속에 살고 있다고 믿는다.

스르르 지나가고 삼키다

무지개 뱀은 와왈락Wawalag 자매라고 불리는 와이마리위Waimariwi와 볼리리Boaliri가 등장하는 원주민 신화에서 아주 중요한 역할을 한다. 이 자매들은 드장가울Djanggawul의 자손으로 드장가울과 함께 창조를 관장하는 삼신으로 여겨진다. 와왈락 자매 신화는 여러 가지 변형된 이야기가 존재하지만 중심이 되는 사건들은 동일하다. 두 자매가 로퍼 강 근처의 집을 떠나 북부 해안으로 여행하던 중에 사건이 발생한다. 언니인 와이마리위는 임신하여 만삭의 몸이어서 다니는 속도가 더뎠다. 어느 날 저녁, 자매가 가던 길을 멈추고 쉬고 있을 때 언니의 양수가 터지고 만다. 출산이 임박한 것이다. 침착하게 볼리리는 언니가 아기를 낳을 오두막을 지었다. 그런 뒤 자매는 노래를 부르고 춤을 추며 출산 의식을 시작했다. 그런데 와이마리위의 피 중 일부가 오두막에서 흘러나와 인근의 물웅덩이로 흘러 들어갔다. 자매들이 알지 못하는 그 물웅덩이에는 무지개 뱀이 도사리고 있었다. 피가 물에 스며들자, 잠에서 깬 무지개 뱀은 자신의 집이 더럽혀진 것을 보고 화가 났다.

무지개 뱀이 거대한 폭풍우를 일으키자, 오두막집 주위로 번개가 번쩍이며 찢어질 듯 천둥소리가 울렸다. 그 소리를 들은 자매는 이에 질세라 목소리를 높이고 더 크게 외쳤다. 무지개 뱀은 결국 물웅덩이에서 기어 나와 오두막으로 들어가 자매와 아기를 삼켜버렸다. 이때 무지개 뱀은 자매뿐만 아니라 작은 개미도 삼켰는데, 개미가 뱀의 배 속에서 꿈틀거리며 계속 자극하자 가족을 토해 냈다. 그러나 이 구원은 잠시뿐이었고, 무지개 뱀은 다시 자매를 잡아먹었다. 그러고는 꼿꼿하게 몸을 완전히 일으키더니, 이 땅의 다른 위대한 뱀들과 대화를 나누기 시작했다. 무지개 뱀은 그들에게 자신이 먹은 것들을 말해주며, 마침내 자매들을 삼킨 것을 시인했다. 이윽고 무지개 뱀은 물웅덩이로 다시 들어가고, 자매는 그 안에 갇히게 되었다.

프로이트 학설을 상기시키는 와왈락 자매의 이야기는 오스트레일리아 원주민의 의식의 바탕을 형성해왔다. 그들에게 이 자매의 이야기는 출혈과 여성의 월경, 특히 일정한 월경 주기를 가질 수 있는 여성의 능력을 상징한다. 여성이 월경을 시작하는 것은 아이를 가질 수 있게 되었다는 것을 나타내며, 오스트레일리아 원주민은 이 중요한 사건을 쿠나피피(Kunapipi) 피의 의식으로 기린다. 서양 문화에서는 단지 '붉은 텐트(Red Tent)' 파티나 축하의 개념으로 여자아이의 첫 월경을 기념하지만, 고대 문명에서는 수천 년 동안 자신들만의 고유한 월경 의식을 치러왔다. 이 중요한 시기가 되면 오스트레일리아 원주민 여성들은 뱀과 대등한 자격을 누린다. 그들은 이제 생명을 낳는 창조자로, 그 자체가 기념할 만한 이유였다.

와왈락 자매 설화는 이 지역 원주민의 남자아이들이 치르는 성년식의 근간이기도 한데, 춤과 디저리두(Didgeridoo: 아주 긴 피리처럼 생긴 오스트레일리아 원주민의 목관 악기) 연주, 신성한 피 흘리기, 생리혈 사용 등이 관계가 있다. 성년식에 참가하는 남자아이들은 붉은 황토로 무지개 뱀을 상징하는 문양을 그린 뒤, 상징적으로 '월경'과 '출산'을 나타내는 의식을 치른다. 이때 무지개 뱀은 남자의 생에서 가장 중대한 단계 중 하나인 소년에서 남자로 바뀌는 과정을 이끌어준다. 사실 이 책임은 막중하다. 아이를 존중할 줄 아는 사람으로 기르고, 성별에 따른 규범에 얽매일 필요가 없으며, 친절해야 한다고 가르치는 것은 사회의 미래를 위해 반드시 필요한 일이다. 운 좋게도 오스트레일리아 원주민과 토레스 해협 섬 주민들 곁에는 그런 역할에 도움을 줄 수 있는 성 구분이 모호한 무지개 뱀이 있다.

다채로운 색깔의 이 생명체는 현대 오스트레일리아 문화에서도 상징적인 존재다. 오스트레일리아인이라면 누구나 어린 시절 딕 러프시 *Dick Roughsey* 의 책 《무지개 뱀》을 한 번쯤 읽어봤을 것이다. 또 멜버른에서 매년 열리는 무지개 뱀 일렉트로닉 뮤직 페스티벌은 공연에 참석한 사람들에게 그녀의 존재를 전하고 있다. 무지개 뱀이 등장하는 고대 신화와 동시대 쟁점의 결합이 빚어내는 힘은 강력하다. 무지개 뱀은 오스트레일리아를 비롯한 전 세계의 생태 공동체와 성 소수자들(LGBT+)을 상징하며, 특히 오스트레일리아 원주민과 토레스 해협 섬 주민을 상징하는 존재가 되었다. 어느 성별도 될 수 있는 6000년 된 이 여신은 구세계와 신세계를 능란하게 오가며 모든 세대에서 자신에게 맞는 자리를 찾아가고 있다.

마조 *Mazu*

마조 신앙 및 불교, 도교, 유교 여신

다른 표기법:

Mat-su, Mazupo, A-ma

Linghui Furen

Linghui Fei

Tianfei

Huguo Bimin Miaoling Zhaoying
    Hongren Puji Tianfei

Tianhou

Tianshang Shengmu

Tongxian Lingnu

Shennu

Zhaoxiao Chunzheng Fuji
    Ganying Shengfei

마조는 세계에서 가장 많이 숭배되는 신 중 하나로, 그녀의 추종자는 현재 2억 명이 넘는 것으로 알려져 있다. 마조는 10세기에 실존했던 비범한 인물인 린 모니앙*Lin Mo-Niang*의 이야기에 뿌리를 두고 있다.

서기 960년, 중국 남동부 해안에서 떨어진 타이완 해협에 있는 메이저우 섬의 한 어부 가정에서 태어난 린 모니앙은 빛이 넘치고 신선한 꽃향기가 가득한 방에서 처음 세상과 마주했다. 모니앙은 비범하고 굉장히 영리했으며, 기억력 또한 아주 뛰어났다고 한다.

　네 살 때 절을 방문한 모니앙은 자비심을 상징하는 관음보살을 그린 그림에 완전히 사로잡혔다. 그 후 열렬한 불교신자가 된 모니앙은 미래를 예견할 수 있는 능력을 얻게 되었다. 모니앙은 종교 서적을 집어삼킬 듯 탐독하고, 승려 현통*Xuantong*에게 순간 이동 기술을 배운 뒤 이 능력을 이용해 집 근처의 개인 정원에 몰래 찾아가 꽃들 사이를 거닐었다고 한다. 10대 시절에는 수영에 매우 열정적이었고, 바다에 대한 사랑이 더욱 깊어졌다. 모니앙은 섬을 에워싼 짙은 안개 사이로 어부인 가족들이 자신의 모습을 잘 찾을 수 있도록 붉은색 옷을 입고 가족의 배를 집 쪽으로 안내하곤 했다. 한 번은 가족의 배를 해안가에 안전하게 정박시키려고 집에 불을 지르기까지 했다.

"나는 깊이에 대한 두려움은 없지만,
얄팍하고 무의미하게 사는 것은 정말 두려워."
- 아나이스 닌*Anaïs Nin*,
《심장 속 네 개의 방*The Four-Chambered Heart*》

이 무렵부터 모니앙의 이야기는 더욱 신비로워진다. 열다섯 살이 되었을 때, 모니앙은 두 친구와 함께 새로 산 옷을 물웅덩이에 비춰보며 감탄하고 있었다. 이때 느닷없이 거대한 바다 괴물이 물에서 솟아올라 그들 앞에서 청동 메달을 휘둘렀다. 친구들이 겁에 질려 달아나는 동안 모니앙은 청동 메달을 받았고, 그때부터 초자연적인 힘이 생겼다. 모니앙은 훗날 그 힘을 잘 활용하여 숭배를 받는다. 그녀에 관한 대표적인 이야기들을 소개하면 아래와 같다.

폭풍이 몰아치는 어느 어두운 오후, 모니앙의 형제들과 아버지는 낚시하러 바다에 나가 있었다. 집에서 직물을 짜고 있던 모니앙은 갑자기 넋을 잃은 듯 가수면 상태에 빠졌다. 그녀는 가족들이 탄 배가 거대한 파도를 만나 마구 흔들리며 뒤집히는 모습을 보았다. 모니앙은 즉시 순간 이동 능력을 이용해 가족들이 있는 곳으로 가서, 그들 모두를 수면 위로 끌어올리기 위해 애썼다. 그녀는 아버지를 이빨로 꽉 붙잡고, 가까스로 형제들을 붙들고 있었다. 그런데 집에 돌아온 어머니가 모니앙이 베틀에 쓰러져 있는 참담한 모습을 보고는 곧장 그녀를 깨웠다. 그 바람에 모니앙은 이빨로 붙잡고 있던 아버지를 놓쳤고, 아버지는 바다에 휩쓸리고 말았다. 집으로 돌아온 형제들이 아버지가 실종되었다고 말하자, 슬픔에 빠진 모니앙은 바다로 걸어 들어가 사흘 내내 아버지의 시신을 찾아 헤맸다.

모니앙은 결혼을 원치 않았다. 두 장군이 모니앙에게 결혼을 청했을 때, 그녀는 장군들의 청을 받아들이는 대신 그들에게 결투할 것을 요구했다. 무술이 뛰어났던 두 장군은 모두 패배하고 말았는데, 그들이 싸우다가 둘 다 목숨을 잃었다는 설도 있고, 쿵푸에 능했던 모니앙이 그들을 제압했다는 설도 있다. 여담을 덧붙이자면, 모니앙이 여신으로 변모하면서 두 장군은 모니앙의 하수인이 되었다고 한다. 모니앙이 마법의 스카프로 그들을 길들였다는 이야기도 전해진다.

모니앙은 스물여덟이라는 꽤 어린 나이에 세상을 떠났다. 그녀의 죽음을 둘러싼 이야기는 다양하지만, 가장 신화적인 것 가운데 하나는 어느 날 그녀가 가족들에게 작별 인사를 건넨 뒤 집 근처의 산 정상에 오르면서 벌어진 이야기다. 안개가 자욱한 산 정상에서 모니앙은 안개 속으로 뛰어들었고, 하늘을 향해 호(弧)를 그리더니 그 무지개를 타고 날아올라 여신이 되었다고 한다. 그녀가 죽은 뒤, 섬사람들은 자신의 친구이기도 한 새로운 여신을 위해 절을 세웠고, 그녀에게 '마조'라는 이름을 지어주었다. 마조는 선원을 보호하는 바다의 수호신이 되었고, 그녀를 숭배하는 신앙은 빠른 속도로 전파되었다. 그리하여 지금껏 중국과 타이완 전역에 그녀를 기리는 사원들이 속속 생겨났고, 신전 안에는 그녀의 상징과도 같은 붉은색 예복을 입은 마조의 조각상들을 볼 수 있다. 이 자비로운 여신은 용왕 같은 엄격한 아버지의 모습과는 뚜렷이 달랐다. 모니앙이 큰 명성을 얻은 것은 그녀에게서 자애로운 온정을 느꼈기 때문일 것이다. 마조는 그 후 몇천 년 동안 수차례 지위가 크게 격상되었고, 다른 작은 여신들을 흡수하면서 '천후(天后)' 자리에까지 올랐다. 마조 신앙(Mazuism)은 독립적인 종교이지만, 불교와 도교 사원에도 그녀를 기리는 사당이 있다.

점점 더 강력해지는 여신

생계를 위해 위험한 어업에 의존하는 사람들이 줄고 있음에도 불구하고 마조 신앙은 계속해서 성장하고 있다. 현재 타이완에는 1980년에 비해 거의 두 배나 많은 마조 사원이 있으며, 멜버른에서 샌프란시스코에 이르기까지 전 세계적으로 더 많은 마조 사원이 생겨났다. 2015년에 버닝 맨 페스티벌(Burning Man Festival: 매년 8월에 미국 네바다주 블랙 록 사막에서 열리는 예술 축제)에서는 거대한 연꽃 구조물을 지붕 위에 얹은 약 12미터 높이의 임시 대나무 마조 사원이 만들어지기도 했다.

곤경에 처한 이 지역 사람들은 다른 어떤 신보다도 마조를 먼저 찾는다. 그녀는 독특한 복장을 하거나 거울을 바라보는 것 따위의 준비 절차 없이 도움을 청하는 사람들에게 곧장 달려가기 때문이다. 마조는 평범한 보통 사람들 사이에서 비공식적으로 '어머니'나 '할머니'로 알려진 가정의 여신이다. 이 지역의 가정들은 집에 마조를 기리는 성지를 마련하며, 어부들은 배에 마조의 성상이나 성화를 비치해둔다. 메이저우 섬에 사는 여자들은 그들의 영웅에게 경의를 표하기 위해 머리를 마조 스타일로 꾸미고, 주로 붉은색 옷을 입는다.

한때 지극히 반종교적이었던 중국 공산당은 이제 삼짇날(음력 3월 3일)에 열리는 마조 성지 참배 같은 행사를 장려하고 있다. 물론 숭배 의식이라기보다는 문화적 유산을 기념하는 행사로 표현하고 있다. 마조 사원의 자유롭고 평등한 분위기 때문에 종교적인 특성이 옅어진 것일 수도 있다. 보통 사람들 누구나 마조 신앙의 신자가 될 수 있으며, 스스로를 마조교도라고 밝힐 수 있다. 입회식도 없으며 익혀야 할 교리도 없다. 이 같은 마조 성지 참배 축제는 관광객뿐만 아니라 타이완의 무역과 돈을 중국에 가져다준다는 사실 때문에 중국 경제에도 도움이 된다고 한다.

마조는 평범한 어부의 딸에서 전 세계적으로 수많은 사원을 거느린 유명한 여신이 되었다. 네 살의 린 모니앙이 훗날 일어난 이 모든 일을 안다면 어떻게 생각했을까. 역설적이게도, 공산주의 국가에 뿌리를 둔 그녀가 아무것도 없는 상태에서 출발해 세계적으로 영감을 불어넣으며 아메리칸 드림이라는 궁극의 자본주의 여정을 완성한 셈이니 말이다.

뱀의 여왕 에글레 *Eglė The Queen of Serpents*

리투아니아 여인

에글레와 뱀 왕자 사이에 펼쳐진 로미오와 줄리엣 식의 이야기는 낭만적이고 비극적이지만, 나무에 관한 변신 설화라는 반전적인 전개도 흥미롭다. 에글레는 여성을 재산으로 여기는 문화의 전형을 상징할지도 모르지만, 그녀의 명민한 사고와 온정 어린 태도, 자기 결정 능력은 수 세기 동안 젊은 리투아니아인들에게 위로를 건네는 동시에 영감의 원천이 되고 있다.

에글레 이야기는 리투아니아 동화들 가운데 가장 중심적인 작품으로 꼽힌다. 리투아니아는 14세기 말에 기독교로 개종한 마지막 유럽 국가 중 하나였다. 그렇기에 리투아니아의 신과 여신을 다룬 신화들은 사람들의 입에서 입으로 전해지며 약간 미화되기는 했지만, 대체로 그들의 민간 설화 속에 고스란히 담기게 되었다.

에글레는 농부의 딸로 열두 명의 형제자매 중 막내였다. 하루는 언니들과 수영한 뒤 옷을 입으려는데, 그녀의 옷소매 안에 풀뱀이 들어 있었다. 깜짝 놀란 에글레를 향해 뱀은 남자 목소리로 말을 하기 시작했다. "에글레! 나의 신부가 되어준다고 약속하면 여기서 나가겠습니다." 에글레가 겁에 질려 어쩔 수 없이 그러겠다고 대답하자, 뱀은 옷소매에서 스르르 나와 사라졌다.

사흘 후, 에글레 집의 앞뜰은 몸을 비틀고 똬리를 튼 수많은 뱀들로 득

실댔다. 뱀 떼는 쉭쉭거리며 그녀의 가족을 향해 말했다. "우리는 에글레를 원한다. 그녀는 약속했다." 에글레의 부모는 뱀이 딸을 데려가도록 내버려 두지 않겠다고 굳게 결심했다. 그녀의 아버지는 뱀들이 찾아올 때마다 딸의 옷을 입힌 거위, 양, 암소를 뱀들에게 차례로 건네 그들을 속이려 했다. 하지만 그때마다 번번이 뻐꾸기가 뱀들에게 사실을 말해주었다. 결국 화가 난 뱀들은 농장을 완전히 폐허로 만들겠다고 협박했고, 애석하게도 농부는 그 말에 굴복해 딸을 넘겨주고 말았다.

뱀들이 에글레를 호숫가로 데리고 가자, 그곳에는 잘생긴 젊은 남자가 기다리고 있었다. 그는 자신이 옷소매에 들어갔던 뱀이라고 고백했다. 에글레에게 말했던 뱀이 왕자 질비나스*Žilvinas*로 변신한 것이다. 두 사람은 사랑에 푹 빠졌으며, 바다 아래에 집을 마련하고 네 명의 자식을 낳았다. 시간이 흐른 뒤, 어느 날 에글레는 남편에게 고향 집을 방문하게 해달라고 말했다. 질비나스는 그녀를 보내는 것을 꺼렸는데, 아내가 돌아오지 않을까 봐 두려웠기 때문이다. 그래서 질비나스는 아내에게 세 가지 임무를 연달아 주었다. 엄청난 양의 비단실 뽑기, 철 신발을 닳을 때까지 신기, 빵 굽기-그는 미리 주방 도구를 전부 숨겨놓았다-였다. 이웃 노파에게 조언을 구한 에글레는 그 수법을 이용해 모든 과제를 완수했고, 왕자는 마지못해 그녀를 보내주었다. 그리고 그는 에글레에게 집에 돌아오고 싶을 때는 호숫가에서 이렇게 주문을 외치라고 말했다. "질비나스! 살아 있으면 우윳빛 물결을 보내고, 죽었다면 핏빛 물결을 보내세요!"

에글레는 아이들과 함께 고향 농장으로 돌아왔다. 그녀는 가족에게 새로운 삶에 아주 만족한다고 말했다. 그러나 오빠들은 동생이 집에 머물기를 바랐고, 그녀를 강제로 붙잡아둘 음모를 꾸몄다. 오빠들은 질비나스를 뭍으로 끌어낼 비밀스러운 주문을 알아내려고 에글레의 아이들을 몰래 위협했고, 결국 그녀의 막내딸인 드루벨레*Drubele*가 주문을 가르쳐주고 말았다. 오빠들은 호숫가로 몰려가 주문을 외쳤다. 이내 뱀 왕자가 수면 위로 올라왔고, 오빠들은 그를 낫으로 잔혹하게 난도질해서 죽였다. 다음 날 아침, 에글레는 호숫가로 가서 사랑하는 남편을 불렀지만 피거품이 돌아올 뿐이었다. 이때 남편의 목소리가 귓가에 속삭이며 누가 자신을 죽였고, 누가 그녀를 배반했는지 말해주었다. 순간 비통함과 분노에 휩싸인 그녀는 겁에 질려 우는 아이들을 데려와 마법으로 한 명씩 나무로 만들었다. 세 아들은 각각 참나무, 물푸레나무, 자작나무가 되었고, 막내딸은 와들와들 떠는 사시나무가 되었다. 이윽고 그녀는 눈물을 흘리며 슬퍼하다가 스스로 가문비나무가 되었다. 리투아니아의 산들을 뒤덮고 있는 가문비나무는 회복력 있고 늘 푸른 상록수로 지금도 여전히 '에글레'라는 이름으로 불린다.

에글레의 비극적인 이야기는, 한편으로는 나무가 어떻게 형성되고 이름이 지어졌는지를 알려주는 단순한 창조 신화로도 볼 수 있다. 풀뱀이 에글레 이야기에서 그토록 중요한 역할을 한다는 것 또한 주목할 만하다. 실제로 리투아니아에서 뱀은 다산과 부의 상징으로 가정에서 애완동물로 길러지기도 한다.

전 세계의 동화가 되다

에글레 전설은 인도에서 카자흐스탄과 우크라이나를 거쳐 리투아니아로 전파된 것으로 추정되고 있다. 리투아니아에서 이 전설에 관한 첫 기록이 문서로 알려진 것은 1837년이었다. 그 후 계속해서 다양한 예술 활동과 연극, 전시에 영감을 주었다. 1940년에 이 설화는 리투아니아 시인 살로메야 네리스*Salomėja Nėris*가 쓴 어느 유명한 시의 토대로 사용되었다. 배신과 이주를 주제로 한 이 작품은 제2차 세계대전을 암시하기도 했다. 에글레 설화가 초창기부터 그토록 멀리까지 전파되어 여러 문화권의 수많은 여성에게 공감을 불러일으킨 것은 정말 놀랍지 않은가?

에글레 설화를 파헤쳐보면, 이는 여성을 대하는 태도를 다루는 이야기임을 알 수 있다. 이 설화는 여성이 권력이나 금전적 이익을 위해 거래되는 재산으로 여겨지는 시기에 민간에서 전해져왔다. 집을 잃을까 봐 겁이 난 에글레의 가족들은 미래의 안전을 위해 뱀에게 딸을 내준다. 게다가 가족들이 못마땅하던 그 생명체와 사랑에 빠지자, 그녀는 또다시 가족들에게 처벌된다. 그녀의 남편이 오빠들에게 무참히 살해당한 것이다. 이것은 여성이 강간의 피해자가 되거나 중매결혼을 거부해서 죽임을 당하는 오늘날의 '명예 살인'을 떠올리게 한다.

또 다른 관점에서 에글레 이야기는 과거에 ─ 일부 지역에서는 오늘날까지도 ─ 젊은 여성을 옥죄는 결혼의 위협을 다룬다. 어린 나이에 여성이 나이 많고 위협적인 구애자와 결혼하게 될 수 있다는 두려움과 가족과 함께 살던 집에서 밀쳐져 낯선 곳에서 살림하고, 알지도 못하는 사람과 잠자리를 해야 하는 두려움 말이다. 또한 에글레 설화 속 꿈틀거리는 뱀처럼 그보다 더 프로이트의 이론에 잘 들어맞는 존재는 없을 듯하다.

> "여성이 뱀과 한 팀이 되면 어딘가에 도덕적인 논쟁이 몰아친다."
> - 스테이시 시프 *Stacy Schiff*,
> 《더 퀸 클레오파트라 *Cleopatra: A Life*》

에글레는 과거 두려워하는 소녀들에게 희망이 되어주었을지도 모른다. 물론 에글레는 운이 좋았다. 그녀의 남편이 알고 보니 잘생기고 친절했으니 말이다. 그녀는 또한 나이가 들면서 성숙해짐에 따라 유연성도 갖추었다. 그녀는 자신의 이야기를 만들어가는 삶의 지휘자, 즉 삶의 주체가 되기를 택했다. 안타깝게도 마지막 순간의 비극적 행동조차 그녀는 자신의 방식대로 감당했다.

페미니스트 마리나 워너*Marina Warner*는 자신의 저서 《야수에서 금발 미녀에 이르기까지*From The Beast to The Blonde*》(1994)에서 이렇게 말했다. "동화는 경험을 쌓은 나이 든 독자와 어린 독자 사이에 지식을 나눌 수 있게 해주고, 인물들 앞에 놓인 위험과 가능성을 이야기를 통해 보여준다. … 그 인물들은 복수나 힘, 소명을 실현하기 위해 꿈꾸며 역경에 맞선다." 에글레 이야기에는 '위험'과 '가능성'이 숱하게 등장한다. 하지만 그녀는 소매를 걷어붙이고 자신의 문제에 대해 실질적인 해결책을 찾으려고 노력했다. 비록 일부 해결책은 충격적이었지만 말이다.

CHAPTER 5

MUNIFICENT SPIRITS

아낌없이 주는 정령

너그러운 신, 관대한 정령, 가정의 여신

타라 *Tārā*

불교 및 힌두교 여신

다른 표기법:

Ārya Tārā

Jetsun Dölma

Tara Bosatsu

Duōluó Púsà

Wisdom Moon

여성이 깨달음을 얻어 성불(成佛)하려면 일단 남성의 몸으로 바꾸어야 한다는 당시의 사상을 거부한 여신 타라는 그야말로 최고 수준의 자기 신념을 지닌 인물이었다. 힌두교에서 널리 숭배되고, 불교의 수많은 분파에서 여신, 보살, 부처로 여겨지는 타라는 티베트와 몽골에서 여전히 엄청난 인기를 누리고 있다. 다소 혼란스럽게도, 그녀의 설화는 다양하게 변형되어 전해지고 있다. 힌두교의 선구자 격인 샤크티교를 타라 여신의 기원으로 보기도 하는데, 이 종교에서 타라는 지모신으로 여겨졌다.

타라는 서기 5세기경에 쓰인 《문수보살 물라–칼파*Mañjuśri-mūla-kalpa*》에서 처음으로 이름이 언급되었다. 하지만 그녀에 관한 가장 인상적인 기원 설화는 서기 700~780년경에 인도에서 쓰인 이야기일 것이다. 이 시기는 불교가 큰 변화를 겪은 때로, 당시 형성된 다양한 분파는 결국 밀교(密教)로 자리 잡았다. 밀교는 불교 창시자의 경험과 가르침을 수행을 통해 실천하도록 추종자들을 장려하는 종교의 형태이다. 당시 여성들도 스승과 부처의 자리에 오르기 시작하면서 종교에서 여성의 기여나 중요성이 더욱 인정받게 되었다.

지혜의 달

탄트라 경전에 묘사된 타라의 기원에 따르면, 타라는 처음에는 독실한 공주로서 '지혜의 달(Wis-dom Moon)'로 불렸다고 한다. 밝고 재기 넘치는 왕족인 그녀는 열심히 수행하고 공양하여 깨달음(enlightenment, 開惡)-부처의 높은 지혜를 성취하는 것-에 가까워졌다. 이윽고 부처의 경지에 이른 그녀는 보살 서약을 맹세했다. 성불의 길을 걸으며 계속해서 정진하고, 자신보다 남을 위하겠다고 약속했다. 그 자리에 있던 승려들은 지혜의 달이 특별하고 매우 뛰어난 인물임을 즉시 알아보았다. 승려들은 그녀를 축하하며, 그녀가 남자로 환생할 수 있기를 기원한다면 장차 깨달음을 얻어 성불할 수 있을 것이라고 말했다. 그러자 그녀는 턱을 치켜들고 미소를 지으며 이렇게 응수했다. "여기에는 남자도 없고, 여자도 없으며, 자아도, 사람도, 의식도 없습니다. '남성' 또는 '여성'으로 꼬리표를 붙이는 것은 무의미합니다. 아, 속세의 어리석은 자들이 얼마나 스스로 착각하고 있는가." 그녀는 계속해서 도전적으로 맹세를 이어갔다. "남자의 몸으로 최고의 깨달음을 얻고 싶은 자들은 많지만, 여자의 몸으로 깨달음과 존재의 목적을 성취하기를 바라는 자들은 거의 없습니다. 그러하니 나는 이 세상이 다 비워질 때까지 여자의 몸으로 모든 인간의 축복을 위해 일할 것입니다." 그리고 그녀는 정말로 그렇게 행했다. 그녀는 여성으로 환생해 1010만 년 동안 인류를 위해 기원했고, 그 시간만큼 수많은 존재를 세속적인 마음의 속박으로부터 해방시켜 주었다. 이 업적으로 그녀는 여신 타라가 되었다.

또 다른 티베트 불교 설화에 따르면, 타라는 자비로운 부처인 관세음보살-티베트어로는 'Chenrezig'로 알려져 있다-의 눈물에서 자란 연꽃에서 태어났다고 한다. 관세음보살은 중생들이 고통받고 있는데, 자신이 할 수 있는 일이 거의 없어서 눈물을 쏟았다. 기운이 넘치는 타라는 그가 세상의 고통을 덜어주는 일을 돕겠다고 나섰다. 하지만 타라는 남자 부처의 조력자나 언제든 대체할 수 있는 또 다른 여신의 위치에 머물지 않았으며, 그 이상의 존재가 되었다. 이동과 항해에 능통한 그녀는 사람들이 파도가 출렁이는 바다를 육체적, 정신적으로 헤쳐나가는 데 도움을 주었다. 타라는 또한 숲의 신으로도 알려져 있다. 그녀가 지닌 가장 중요한 능력은 자비롭고, 즉각적이며, 무조건적으로 행동할 수 있는 태도이다. 타라는 흔히 명상하듯 한쪽 다리는 굽혀 안쪽으로 향하고, 다른 쪽 다리는 뻗은 상태로 밖으로 나갈 준비가 된 것처럼 묘사된다. 그녀는 어떤 질문도 하지 않고 어떤 차별도 없이 곧바로 도움의 손길을 건네며, 모든 인간들 개개인이 그녀의 자식인 것처럼 열정적으로 보살핀다.

오늘날 우리 곁에 있는 그녀의 모습을 상상해본다면 기후 변화를 막기 위한 시위대의 맨 앞에서 그녀를 찾아볼 수 있을 것 같다. 지구를 지키는 맹렬한 전사이자 녹색 어머니로서, 플래카드를 손에 들고 사람들에게 환경보호를 촉구함과 동시에 모두의 안전을 기원하는 그녀의 모습을 발견할 수 있지 않을까.

"한 여성이 자신을 위해 일어설 때마다,
그녀는 모든 여성을 위해 일어선 것이다."
- 마야 안젤루*Maya Angelou*

무지개처럼 다양한 모습을 지닌 여신

타라는 여러 가지 모습을 지니고 있다. 불교의 한 분파에서 그녀는 자그마치 21개의 모습이 있는 데, 이들 각각이 다른 색깔과 특성을 가진다. 구세주이자 무리 가운데 가장 유명한 존재는 녹색 타라이고, 장수를 상징하는 치유사는 흰색 타라, 자신의 매혹적인 힘을 이용해 도움을 주는 빨간색 타라, 부(富)를 가져다주는 노란색 타라, 분노에 찬 전사인 파란색 타라, 왕성한 힘을 상징하며 비밀스러운 만트라(mantra: 불교 및 힌두교에서 기도나 명상을 할 때 외는 주문)를 통해 나타나는 검은색 타라 등이 있다. 무지개 색깔처럼 다양한 타라는 그 인물마다 세부적인 특징과 의미를 지닌다. 따라서 요구 사항이 복합적인 사람들은 자신에게 필요한 대로 타라 여신들을 적절하게 조합해 기원할 수 있다. 이 다양성이야말로 타라가 가장 사랑받는 측면이다. 타라는 상반되는 특성을 지니는데, 이는 일과 가정 사이에서 균형을 맞추고, 자기주장을 펼치거나 혹은 배려한다거나, 돈벌이를 하든 집에 있는 것을 좋아하든, 투사이든 보호자이든 오늘날 수많은 여성의 삶이 지닌 복잡성을 대변해준다.

타라 설화는 불교가 탄생한 이래로 수천 년 동안 여성들에게 영감을 주었다. 그녀는 불교도들에게 가만히 앉아서 명상만 하지 말고 자리에서 일어나 행동하고, 현재라는 이 순간을 살라고 독려한다. 전 세계 불교도 커뮤니티는 타라의 이름을 딴 사원을 짓고, 타라의 의식과 수행법을 자신들의 예배에 포함시켜 운영한다. 궁극적으로 그녀는 매우 세속적이고 현실적인 인물이다. 자신의 모습인 여성으로 환생하겠다는 뜻을 굽히지 않았을 뿐만 아니라, 온 세상 모든 여성이 지닌 복잡성과 진취성을 대변하며 그들의 곁에서 도움을 준다.

마데라카 *Madderakka*

사미족 정령

다른 표기법:
Madder-Akka
Mattarakka
Maadteraahka

여성에게 출산은 무섭고 위협적인 일이다. 마취약이나 항생제가 없던 때에는 더욱 그랬을 것이다. 다행히 사미족 - 노르웨이, 스웨덴, 핀란드, 러시아 일부를 포함하는 지역인 사프미(Sápmi)에 살던 사람들 - 에게는 출산이라는 그 혼란 속에서 여성들을 이끌어주는 마데라카와 그녀의 세 딸인 사라카 *Sarakka*, 주크사카 *Juksakka*, 우크사카 *Uksakka*가 있었다.

사미어로 '아카(Akka)'는 증조할머니를 의미하는데, 사미족이 살던 지역에는 탄생과 죽음을 관장하는 '아카' 정령이 존재한다고 전해진다. 이들 정령 가운데 지모신인 마데라카는 아기의 안전하고 건강한 출산을 책임지는 존재다. 그녀는 사미인의 오두막집 마룻바닥 아래에 산다. 사미인의 한 탄생 신화에 따르면, 그녀의 동료인 인류의 신 마데랏차 *Madderatcha*가 영혼을 만든 후 마데라카에게 건네주면, 그녀가 이 영혼을 인간의 몸 안에 심는다고 한다. 또 다른 이야기에서는 최고신 라디엔 *Radien*이 영혼을 만들어 마데랏차에게 주면, 그가 영혼을 뱃속에 넣고 태양 주위를 여행한 후 마데라카에게 건네준다고 한다. 그런 뒤 여자아이면 마데라카는 사라카에게 아기를 주고, 남자아이면 주크사카에게 아기를 준다. 마침내 그렇게 아기는 어머니의 자궁에 자리 잡게 된다.

'분리(splitting)' 또는 '출산'의 할머니이자 다산과 월경의 여신인 사라

카는 사미족 여성이 임신부터 출산까지의 과정을 잘 극복하도록 돕는다. 사라카는 오두막 한가운데 자리한 난로 아래에 산다고 알려져 있다. 사라카는 공감 능력이 뛰어나 산모가 출산할 때 이들과 동일한 고통을 느낀다고 한다. 산모들은 분만하는 중에 나무를 잘라 사라카 여신에게 경의를 표한다. 출산을 마친 뒤, 산모는 식사로 사라카의 이름을 딴 특별한 죽을 다른 여성들과 나눠 먹는다. 죽을 다 먹은 다음에는 세 개의 나무못(wooden pegs) 점괘를 접시에 놓는다. 어떤 지역에서는 흰색과 검은색 나무못, 고리 모양의 나무못 각각 한 개씩을 준비한다고 한다. 출산 후 그 나무못들을 문 아래에 묻는다. 나중에 흰색 못이 사라지면 엄마와 아이는 괜찮지만, 검은색 못이 사라지면 아이는 살아남지 못한다고 한다.

　'활(bow)' 할머니로도 불리는 주크사카는 집 뒤편에 살면서 영유아를 보호하고, 아이들에게 걷는 법을 가르친다. 일부 지역에서는 산후 죽을 먹은 뒤 나무못 대신에 작은 활을 놓기도 한다. 어떤 활이 남았느냐에 따라 아이의 운명이 점쳐지고, 그 활을 아이의 침상 머리맡에 걸어놓는다. 집 앞은 '문(door)' 할머니로 불리는 우크사카의 터전이다. 그녀 역시 산모의 분만을 도우며, 아이가 자라고 걷기 시작하는 과정을 지켜본다. 사미족은 그녀를 기쁘게 하려고 현관문 근처 바닥에 브랜디를 붓곤 한다.

든든한 출산의 여신들

출산이 불확실하고 위험하기까지 했던 시기에, 이제 곧 엄마가 될 임신부를 따뜻하게 감싸주는 여성 집단이 있다는 것은 그들에게 분명 위안과 힘이 되었을 것이다. 실제로 마을의 산파나 나이든 여성들과 더불어 이 현명하고 자애로운 정령들은 출산이 처음인 겁에 질린 여성들에게 든든한 존재였을 것이다. 출산하고 난 뒤에도 이 정령들이 자라나는 아이를 위해 곁을 지키며 안전한 공간을 만들어준다는 생각에 엄마들은 더욱 마음이 놓였을 것이다. 한 아이를 키우는 데 온 마을이 필요하다고들 하는데, 여신들까지 도움의 손길을 뻗는다면 아이를 가진 여성들에게 분명 큰 도움이 되었을 것이다.

　마데라카는 과거에 국한된 먼지로 뒤덮인 유물이 아니다. 17세기와 18세기에 사미족이 살던 지역에 기독교인이 유입되면서 마데라카는 기독교에 통합되었다. 예수의 어머니인 성모 마리아는 사미인들 사이에서 아카로 알려졌고, 마리아는 그녀의 선조들과 마찬가지로 분만과 치유가 필요할 때마다 소환되었다. 마데라카는 사미 문화에서 오늘날까지도 여전히 인기가 높다. 그녀는 진화해 이제 페미니스트들의 집 마룻바닥 아래에도 살고 있다고 여겨진다. 오늘날 그녀는 동등한 권리를 추구하는 사람들을 위한 토템이 되었다.

사라카의 재탄생

1970년대에 들어 순록을 돌보던 사미족 여성 순록지기들은 사미인의 권리를 요구하기 시작했다. 그들은 현대화로 인해 사미인의 삶이 불균형적으로 큰 타격을 입었고-사슴 가죽을 벗기는 사람

"아이를 낳는 것은 정복하는 것보다
더 경이롭고, 자기를 지켜내는 것보다
더 놀라우며, 그 둘만큼 용기 있는 일이다."
- 글로리아 스타이넘 *Gloria Steinem*

들의 전통적인 기술과 집안일 방식 등이 더 이상 필요하지 않게 되었다-기독교의 영향력이 높아지면서 오랫동안 지속된 모계사회 구조가 무너지고 있었기 때문이다. 그리하여 1988년에 사미족 여성들은 사랑하는 출산의 여신 사라카의 이름을 따서 명명한 여성 조직을 결성했다. 이는 사라카 여신이 계속 중요시되고 있고, 영향력 또한 여전하다는 것을 보여준다. 최근 들어서는 옛 신앙을 바탕으로 사미족의 전통을 회복하려는 움직임이 일고 있다. 여러 의식과 민간요법, 심지어 고대의 주술적인 치유 방식을 현대적인 치료법과 혼합하여 운영하는 뷰티살롱을 통해서도 사미족의 무속 신앙이 부흥하고 있다. 예술계에서는 소피아 얀노크 *Sofia Jannok*와 엘레 마리아 아이라 *Elle Márjá Eira*, 얼음 조각가 엘리자베스 크리스텐센 *Elisabeth Kristensen* 같은 사미족 예술가들이 사미 유산에서 영감을 받은 작품을 만들어, 그들 이전부터 수 세대에 걸쳐 탄생을 도운 산파 정령들을 기리고 있다.

마데라카와 그녀의 가족이 가깝게 다가오는 것은 이들이 땅을 터전으로 삼기 때문일 것이다. 새로운 인간의 삶을 창조하는 소중하고도 고된 임무를 맡은 이 여성들은 자신을 숭배하는 사람들의 집과 마룻바닥 아래, 문가, 불 근처 같은 낮은 곳에 머문다. 사미인의 모든 집에는 감싸주고 길러주며 지켜주는 마데라카와 그녀의 딸들이 있는 것이다. 신들의 존재를 느끼기에 이보다 편안하고 가까운 장소가 어디 있을까. 이 여신들은 사미인이 필요로 할 때 속삭이기만 하면 나타날 테니 말이다.

모이라이 *The Moirai*

그리스의 운명의 화신

다른 표기법:

The Fates

Moirae

Moerae

흔히 운명의 여신으로 불리는 삼신 모이라이는 인간과 신의 삶을 지배한다. 모이라이는 운명의 실을 잣고, 날실과 씨실을 엮어 탄생과 삶, 죽음을 결정지어 생명을 순환시킨다.

기원전 700년경에 쓰인 헤시오도스의 《신통기》에 따르면, 모이라이는 신비롭고 어둑어둑한 밤의 여신 닉스-닉스의 망토가 하늘을 쓸고 지나가면 하늘이 검게 변했다고 한다-와 암흑을 상징하는 태초의 신 에레보스의 딸로 묘사된다. 그리스 신들 중에서도 고대 신에 속하는 이 신들은 청동기 시대 미케네인이 믿었던 종교의 마지막을 장식한 신들로 추정된다.

　호메로스는 그의 작품에서 모이라이를 한 번을 제외하고는 모두 단수로 지칭했지만, 기원전 8세기에 헤시오도스가 쓴 작품을 보면 모이라이는 각각 슈퍼 영웅 같은 이름을 가진 세 명의 존재로 묘사되었다. 이들 여신 중 클로토는 실을 뽑는 자로, 한 인간이 탄생했을 때 운명의 실을 잣기 시작한다. 그녀는 물렛가락(spindle: 물레로 실을 자을 때 실이 감기는 꼬챙이)을 들고 다니며 현재를 관장한다. 라케시스는 운명을 할당하는 자로, 인간에게 행운과 기회를 부여하면서 생명의 길이를 정한다. 그녀는 지팡이를 가지고 다니며 과거를 관장한다. 작지만 공포스러운 아트로포스는 피할 수 없는 운명을 상징한다. 그녀는 가위를 지니고 있으며 미래를 주관한다. 가위로 운명의 실을 잘라 생명을 거두는 아트로포스는 사람들이 살아온 인생의 경로를 상징한다. 이들 3인조 여신은 아기가 태어난 후 사흘째 되는 날 나타나서 실을 뽑고, 길이를 정하고, 특정한 부위를 잘라 처음부터 운명을 결정지었다. 모이라이는 보통 낡디낡은 흰색 예복 차림의 냉담한 노파들로 묘사되지만, 때로는 신중한 태도로 열심히 일하는 모습의 젊은 여인들로 그려지기도 한다. 세 여신은 인간이 태어날 때 나타났듯, 인간의 결혼식에도 함께하고 죽음도 관장했다.

모이라이는 모두의 운명을 결정지었다. 부유한 자든 가난한 자든, 선한 자든 악한 자든, 신이든 인간이든 예외가 없었다. 헤시오도스와 그리스의 파우사니아스Pausanias 같은 일부 2세기 작가들의 기록에 따르면, 제우스가 이들 세 여신을 지배하는 수장이었다고 한다. 하지만 퀸투스 스미르나이우스Quintus Smyrnaeus를 포함한 다른 작가들에 의하면, 그 강력한 신인 제우스조차 운명을 다스리는 세 여신의 결정을 따를 수밖에 없었다고 말한다. 모이라이는 신들의 제왕인 제우스의 충실한 동맹으로, 테미스가 그와 결혼할 수 있도록 데려다주었다고도 전해진다. 하지만 보다 가부장적인 관점에서 이 신화를 해석하려는 시도가 이루어지면서 후세의 이야기에서 세 여신은 제우스의 딸로 그려졌다. 세 여신은 티탄 신족과 올림포스 신들 사이에 벌어진 전투에서 아버지를 대신해 싸웠고, 마법의 과일로 속임수를 써서 제우스의 적인 티폰을 약화시켜 그가 승리할 수 있도록 도왔다.

모이라이는 한 이야기의 주연이라기보다는 많은 신화에서 배경처럼 존재하는 어두운 인물에 가까웠다. 배우와 독자에게 삶의 본질과 죽음이라는 필연적인 운명을 상기시키는 침울한 존재였다. 모이라이는 한동안 복수의 여신들인 에리니에스(64~67쪽 복수의 여신들 참조)와 함께 지하세계에서 지냈는데, 모이라이를 대신해 에리니에스가 처벌을 집행하기도 했다. 플라톤은 세 여신을 매혹적이고 위험한 생명체인 사이렌 옆에서 화음을 맞춰 노래하며 "필연의 축(Spindle of Necessity)"을 사용해 행성을 계속해서 회전시키는 존재로 묘사했다. 지하세계는 모이라이가 기록을 보관하는 곳이기도 했다. 이들은 모든 사람의 삶과 온갖 사건을 놋쇠와 철로 된 명판에 작성했다. 모이라이는 낡은 옷차림에 흐트러진 모습이었을지는 모르지만 꼼꼼한 행정관이었던 것만은 분명하다.

세 자매 여신들

운명을 결정하는 세 자매 여신은 시대와 세계를 막론하고 존재한다. 노르웨이에는 노른*Norns*이라는 세 여신이 있는데 우르드(Urðr: 과거를 관장한다), 베르단디(Verðandi: 현재를 관장한다), 스쿨드(Skuld: 미래를 관장한다)가 해당되며, 이들 또한 실을 사용하여 인간의 운명을 결정짓는다. 발퀴레(94~97쪽 참조)들은 인간의 유골과 신체 일부로 만든 베틀을 사용하여 전사의 운명을 정한다. 슬라브족의 풍요의 여신 모코쉬*Mokosh* 역시 운명의 실을 짠다. 마리(152~155쪽 참조)는 자신을 기리는 사람들의 생명의 실을 잣고, 켈트족의 마트레스*Matres*도 마찬가지이다. 이들 세 여신의 이야기는 대중문화에도 영향을 미쳤다. 셰익스피어의 《맥베스》에는 미래를 예언하는 기이한 세 자매 마녀가 등장하고, 앨런 긴즈버그*Allen Ginsberg*는 그의 시 '울부짖음*Howl*'에서 "나이 든 세 명의 사나운 여자"에 대해 읊는다.

이들 세 여신은 손과 물레만으로 엄청난 영향력을 행사한다. 모든 인간과 신의 운명을 설계한다. 모두의 탄생과 죽음의 순간에 함께하며 세상이 계획대로 돌아가도록 하는 일보다 더 큰 책임이 어디 있겠는가. 또한 세 여신은 여성이 팀으로 일하거나 멀티태스킹을 남성보다 더 잘한다는 것을 보여주는 듯하다. 이들 여성은 절대 권력을 가지고 있지만 서로 조화를 이루어 협력하여 권력을 행사한다. 복잡한 시스템이 순항할 수 있는 것은 이들의 단결력과 조직력 덕분이다. 혹은 오프라 윈프리의 말처럼 "여성이 머리를 맞대면 엄청난 일이 일어날 수 있는 것"이다.

브리지드 *Brigid*

켈트족 여신 / 성인

다른 표기법:

Brigit

Brig

Bride

Brigandu

Britannia

Mary of the Gael

브리지드는 1500년이 넘는 시간 동안 성인(聖人)으로 추앙받았으며, 여신으로 숭배된 시간은 그보다 더 오래되었다. 여신 브리지드는 위험을 알리거나 공격 신호를 보낼 수 있는 호루라기를 처음 만든 인물로도 알려져 있다. 또한 성녀 브리지드는 동성애자 커플이자 여성의 낙태를 도와주었다는 기록도 전해진다. 여신 브리지드와 그녀가 기독교화된 대상인 성녀 브리지드는 아일랜드의 핵심적인 존재로 강력한 여성성을 상징한다.

여신으로서 브리지드는 태양이 하늘로 떠오르기 시작하고, 그녀의 이마에서 나온 붉은빛과 황금빛 광선이 하늘을 수놓는 가운데 탄생했다. '빛나는 화살' 또는 '눈부신 자'를 의미하는 그녀의 이름에 걸맞은 그야말로 화려한 등장이다. 중세에 쓰인 아일랜드 역사책 《에린 침략의 서*Lebor Gabála Érenn*》에서 브리지드는 초자연적인 신족 투어허 데 다넌의 아버지 신인 다그다와 풍요의 여신 보안*Boann*의 딸로 묘사된다. 운문, 치유, 산파, 대장장이, 불, 봄, 그리고 무엇보다 태양을 상징하는 이 여신은 강렬함과 예술 감각이 유전자 속에 녹아 있었던 셈이다.

    중세 시대에 쓰인 문헌으로 기독교 유입 이전의 아일랜드 역사로 여겨지는 '신화 대계*Mythological Cycle*'에 따르면, 브리지드는 포모르*Fomorian* – 투어허 데 다넌과 전투를 치른 이계(異系) 종족 – 와 투어허 데 다넌의 혼

혈인 브레스*Bres* 왕과 결혼했다고 한다. 9세기에 쓰인 '티러이 벌판 전투*Cath Maige Tuireadh*'를 11세기 혹은 12세기에 다시 쓴 문헌에는 브리지드의 아들 루아단*Ruadan*이 포모르 편에서 싸우다 투어허 데 다넌의 손에 죽자, 그녀가 울부짖으며 '곡을 하는' 구절이 나온다. 이때부터 아일랜드의 무덤가에서는 마치 전통처럼 오싹한 울음소리가 들리게 되었는데, 이는 반시(126~129쪽 참조)가 통곡으로써 죽음을 예고하는 설화의 기원이 되었다. 같은 연(聯)에서 작가는 밤에 위험을 경고하는 신호로 그녀가 호루라기 – 이것은 아마도 최초의 개인용 경보기이지 않을까 – 를 만들어 사용했다는 유명한 이야기를 들려준다.

브리지드의 영향력은 널리 퍼져 있다. 그녀는 스코틀랜드에서는 브라이드*Bride*로, 브르타뉴와 웨일스에서는 브리간두*Brigandu*로, 잉글랜드에서는 브리타니아*Britannia*로 등장했다. 부두 문화에서는 럼주를 들이키고 입이 거칠며 적갈색 머리에 얼굴을 하얗게 칠한 마만 브리짓(214~217쪽 참조)으로 나타났다. 브리지드는 흔히 삼신이나 세 자매로 묘사되는데 시, 치유 또는 산파, 대장장이의 후원자를 나타낸다고 알려져 있다. 그녀의 페르소나는 전부 불과 관련 있는데 시 창작을 위한 영감의 불꽃이라든가, 산파가 일을 행하는 난롯가, 대장장이의 대장간이 그렇다.

매년 2월 1일에 열리는 켈트족의 불 축제인 임볼크(Imbolc)는 특히 브리지드와 관련이 있다. 임볼크는 차가운 땅을 뚫고 대지에서 처음

> "나는 남자와 여자, 그리고 신과 함께 맥주의 호수에 갈 것입니다. 우리가 영원히 건강하게 맥주를 마실 수 있기를 바라며, 맥주 한 방울 한 방울마다 기도할 것입니다."
> – 성녀 브리지드

으로 솟아오른 초록 새싹을 소중히 여기듯, 봄의 시작을 축복하는 날이다. 이렇듯 임볼크는 양의 출산기와 식물의 개화, 농작물이 땅에서 움트기 직전 꿈틀거리는 생명을 기다리며 축하하는 여성적인 행사이다. 골풀을 엮어 브리지드의 십자가 – 정사각형이 중앙에 있고 여기에 다리가 네 개 있는 모양으로 태양을 표현했다 – 를 만들고, 여신을 위해 침대를 만들며, 불이나 촛불을 밝히는 것과 같이 이 시기에 해야 하는 축제 의식들은 오늘날까지도 지켜지고 있다. 기독교 교회는 브리지드의 축제를 기독교 축일로 택하고 성촉절(Candlemas)이라는 새로운 이름으로 바꾸었는데, 등불을 켜는 의식은 그대로 유지했다. 그러나 교회가 흡수한 것은 여신의 날만은 아니었고, 브리지드 자체였다.

여신에서 성인으로

5세기 무렵 아일랜드가 기독교로 개종하면서 브리지드는 여신에서 성녀로 바뀌었다. 일부 사람들은 기독교인들이 여신 브리지드의 특징을 실제 인물인 성녀 브리지드에게 옮겨 심었다고 여기며, 어떤 사람들은 성녀 브리지드가 옛이야기들에서 끌어낸 혼합된 인물이라고 생각한다. 이제 매년 2월 1일은 성녀 브리지드의 날이 되었고, 이 축제 때 기리던 옛 전통은 기독교 축제에 흡수되었다. 새로워진 성녀 브리지드는 그녀만의 설화가 전해 내려오는데, 이것은 여신 브리지드 이야기만큼이나 믿기지 않을 정도로 인상적이다. 여러 논쟁이 있지만, 수많은 사람이 성녀 브리지드가 서기 451년경에 태어났으며 현대 교회의 기준으로 볼 때도 파격적인 삶을 살았다고 생각한다. 한 이야기에 따르면 결혼하기를 꺼린 그녀는 청혼을 받아들이지 않았고, 신에게 자신의 아름다움을 바치겠다고 청하여 신이 그녀의 한쪽 눈을 가져갔다고 한다. 결혼에서 영원히 벗어나고자 했던 그녀는 당시 많은 여성이 그런 것처럼 수녀의 길을 택했고, 그 후 그녀의

눈이 기적적으로 돌아왔다는 이야기가 있다. 하지만 성녀 브리지드에게 동반자가 없었던 것은 아니다. 그녀에게는 '영혼의 자매'인 다루그다차Darlughdacha가 있었다. 다루그다차는 그녀와 함께 잠자리에 들 정도로 서로 친숙한 사이였고, 이후 킬데어 수도원의 수녀원장이 된 인물이기도 하다. 브리지드가 세운 킬데어 수도원은 그녀가 친애하는 한 종교인의 죽음을 계기로 세울 수 있었다는 설도 전해진다. 성녀 브리지드가 죽고 난 뒤 1년 만에 다루그다차는 연인의 뒤를 따라 사망했다고 한다.

킬데어 수도원은 고대 여신 브리지드의 성지 위에 지어졌지만, 그녀를 기리는 오래된 전통이 완전히 사라진 것은 아니었다. 이 여신의 영원한 불꽃을 지켜온 19명의 여사제는 19명의 수녀로 교체되었는데, 이들은 16세기 잉글랜드 종교개혁 동안에 헨리 8세가 불을 꺼버리기 전까지 그 불을 지켰다(이 종교개혁 시기에 헨리 8세는 로마 가톨릭교회와 결별하고 잉글랜드 교회를 독립시켜 영국 국교회를 설립했다. 그리고 로마 가톨릭교회와 수도원 대부분을 해산하고 재산을 몰수했다). 킬데어 수도원은 매우 진보적이어서 남자와 여자 모두를 수도사와 수녀로 받아들여 공동 수도원으로 운영했다. 이 수도원에서 생활하던 수도자들은 문화적 인식이 높았으며, 암흑시대의 숙청 기간에 많은 고대 문화와 지식을 안전하게 수호했다.

전해지는 흥미로운 이야기에 따르면 성녀 브리지드가 성 패트릭 사제의 지루하고 끝없기로 악명 높은 설교 도중에 잠에 곯아떨어졌다는 설도 있다. 또한 성녀 브리지드가 사제의 '실수로' 주교로 임명되었다는 엉뚱한 사건도 전해진다. 교회는 나중에 그 사제가 "신성한 무아지경" 상태에서 임명했기 때문에 무효라고 선언했다.

성녀 브리지드의 관습에 얽매이지 않는 행동은 계속 이어졌다. 서기 650년에 한 작가는 그녀가 행한 기적을 이렇게 묘사했다. "순결을 맹세한 어떤 여인이 젊은 혈기로 쾌락의 욕망에 빠졌고, 그녀의 자궁에서 아이가 자라기 시작했다. 이에 브리지드는 놀랍고도 강력한 신앙심을 발휘해 아이를 축성했으며, 아이가 태어나지 않으면서 고통도 없이 사라지게 했다. 그 여성은 충실한 마음으로 건강과 속죄를 기원하며 돌아갔다."

자비로운 의사, 인습 타파주의자, 동등한 권리 옹호자, 레즈비언, 주교, 관습적인 생활방식을 거부했던 성녀 브리지드는 현대 여성들 사이에서 새로운 아이콘으로 다시 떠오르고 있다. 1993년, 킬데어 마을에 있는 다종교 영성을 위한 기독교센터에서는 여신 브리지드의 신성한 불이 브리지딘 수녀회(Brigidine Sisters)에 의해 다시 점화되었다. 그 불을 기리는 남녀 공동체는 화해와 평화, 사회 정의의 열렬한 옹호자들이었다.

낙태 문제가 국가적으로 큰 관심사이고, 종파 간 갈등이 언제든 폭력 사태로 번질지 모르며, 여성의 권리를 주장하는 시위대가 더블린과 벨파스트 거리를 가득 메우는 때, 브리지드는 오늘날 아일랜드와 그 너머 지역에서 강력한 롤모델이 되고 있다. 낙태 찬성을 외치며 행진하는 시위대의 플래카드에는 성녀 브리지드의 얼굴이 그려져 있고, 그들의 어깨에는 브리지드의 십자가가 문신으로 새겨져 있는 것을 볼 수 있다. 오늘날 기준으로도 급진적인 그녀의 이야기는 전 세계적으로 큰 반향을 일으키고 있다.

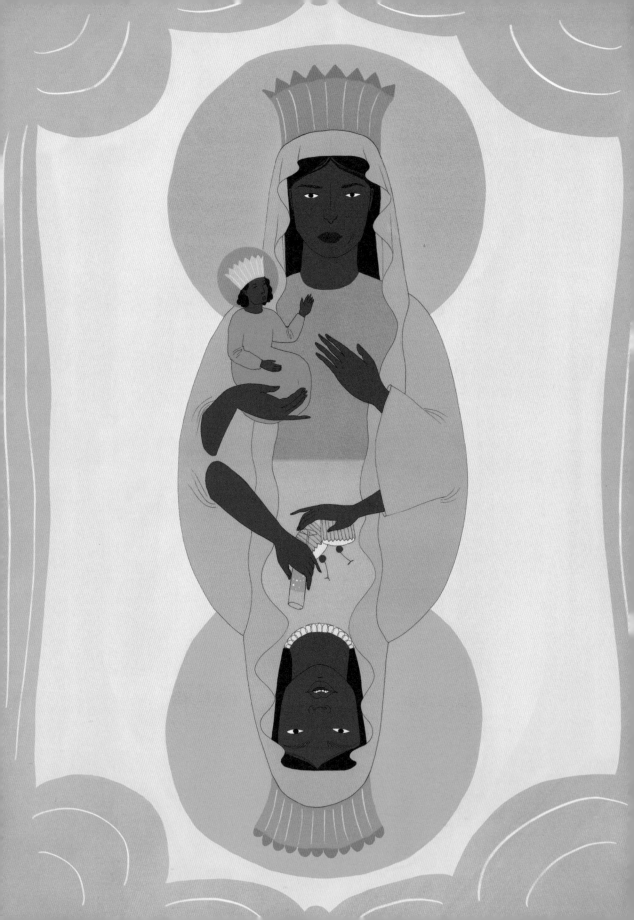

에르줄리 단토르와
에르줄리 프레다 *Erzulie Dantor and Erzulie Freda*

부두교 여신

다른 표기법:
Ezilí Dantor
Erzulie D'en Tort and Lady Erzulie
Erzulie Fréda Dahomey

아이티에서 숭배되는 이 사랑의 여신들은 서로 다른 두 성향을 지닌 여성을 보여준다. 한 명은 관능적이고 매력적이며, 다른 한 명은 단호하고 지조 있는 여성이다. 일각에서는 바다의 여신이자 마미 와타의 변형으로 여겨지는 라 시렌과 이 두 자매를 합쳐 삼신으로 보기도 한다. 또한 이 자매들이 여신의 각기 다른 모습을 상징하는 더욱 광범위한 에르줄리의 일부로 보는 사람들도 있다.

부두교는 아이티에서 숭배되는 정령인 로아*loas* 혹은 신이 있는데, 대표적으로 라다*Rada*와 페트로*Petro* 두 집단을 꼽을 수 있다(로아는 종족의 기원과 특성에 따라 몇 가지로 분류된다). 라다는 18세기에 아프리카인들과 함께 노예선에 올라타, 대서양을 건너 아이티 농장으로 향하는 여정을 참으며 자신을 숭배하는 자들과 어깨를 나란히 한 역사를 가진 오래된 신 - 조상이자 자연의 정령 - 이다.

이 아프리카인들이 아프리카에서 신대륙으로 이동하면서 가져간 의식과 춤, 최면 주술, 소유물들은 그들이 농장에서 겪는 학대를 감내하는 데 어느 정도 도움이 되었다.

혁명과 분노의 상징

결과적으로 페트로는 라다 신을 보완하는 역할을 했는데, 이 정령은 노예들이 처한 상상할 수 없을 만큼 암울한 삶에서 생겨난 더 새롭고 더 공격적인 로아였다. 아프리카인들은 다른 나라에서 온 사람들과 섞여들면서, 다른 종교의 신들을 페트로 로아로 흡수하고 채택했다. 노예가 된 아프리카인들은 심지어 그들의 '주인'인 프랑스 천주교의 우상들까지 택했다. 아프리카인들은 때로 그 우상을 일종의 암호 같은 메시지로 삼아, 그들이 원래 모시던 신과 여신의 대체물로 사용했다. 아프리카인들은 이 같은 방법으로 자신들의 옛 종교를 아무도 눈치채지 못하도록 하여 계속해서 숭배할 수 있었고, 결국 이 새로운 우상들은 부두교에 융화되어 흡수되었다.

폴란드 천주교의 검은 성모상(Black Madonna)은 부두 여신을 위장하고자 채택된 우상 가운데 하나였다. 검은 성모상을 아이티에 가져온 것은 18세기 후반 아이티 혁명 기간에 아프리카 노예들과 싸우던 폴란드 용병들이었다. 이 혁명은 아프리카 노예들의 승리로 끝났고 식민지 지배로부터의 독립을 이끌었다. 검은 성모상은 새로운 페트로 로아 가운데 하나인 에르줄리 단토르와 융합되면서, 그녀는 검은 피부와 얼굴에 난 두 개의 흉터를 갖게 되었다. 아프리카 노예들의 봉기가 단토르를 기리는 축제 이후에 시작되었기에, 그들은 전쟁의 시작을 그녀의 공으로 여긴

> "당신이 나를 그렇게 좋아하지 않는다면, 나 역시 당신 따위는 신경 쓰지 않아."
> - 도로시 파커 *Dorothy Parker*

다. 단토르는 여신이었지만 섬사람(당시는 생도맹그섬, 현재는 아이티섬)들은 실제 삶에 그녀를 끌어들였다. 단토르는 반란을 일으킨 노예들과 함께 싸웠으며, 심지어 혀가 잘려서 말을 못하게 되었다는 이야기도 전해진다. 단토르는 타오르는 분노와 힘을 전투에 쏟아부었고, 단토르의 성격은 그런 충돌을 겪으면서 만들어졌다고 한다.

단토르는 아나이스 *Anais*라는 자식을 둔 미혼모였다. 일부 사람들은 그녀가 동성애자이기에 미혼모가 되었으며, 임신을 하려고 남성 신들과 잤다고 여긴다. 결과적으로 단토르는 동성애 여성들의 수호성인으로 받아들여졌다. – 부두교에서는 동성애가 허용된다 – 단토르는 여성과 아이, 특히 가정 폭력에 시달리는 사람들을 열성적으로 보호하는 약자들의 대변인으로 여겨진다. 감정적인 여동생 프레다와는 달리 단토르는 눈물을 내비치지 않으며, 대신 자신의 슬픔을 행동과 복수로 표출한다.

단토르는 가정을 지키기 위해 고군분투하는 여성, 정신적으로 육체적으로 학대받는 여성, 성적 선택으로 인해 소외된 여성과 같이 현실 속 여성들을 위한 여신이다. 그녀를 따르는 사람들은 단토르에게 자신의 힘겨운 삶을 투영해 위안을 찾는다. 단토르가 오늘날에도 여전히 열렬히 숭배받으며 종교의식에 등장하는 것은 놀라운 일이 아니다.

맹렬한 언니 단토르와 정반대인 에르줄리 프레다는 아프리카의 라다 로아이자 아름다움과 풍요, 춤의 여신이다. 그녀는 결혼반지를 세 개 끼고 있는데, 저마다 지극히 관대한 남편들인 오군 *Ogun*, 아그웨 *Agwe*, 담발라 *Damballah*가 준 선물이다. 프레다는 대단히 여성적인 풍모의 소유자인데 아기자기한 군것질거리, 다이아몬드 목걸이, 하얗게 당의(糖衣)를 입힌 케이크, 향기로운 거

품 목욕을 좋아한다. 그녀는 향수 냄새를 한껏 풍기며 분홍색 샴페인이 담긴 유리잔을 손에 들고, 웃음을 터뜨리며 방 안으로 불쑥 들어와 유혹할 사람을 찾아 시선을 던질 것이다. 그리고 그들을 유혹할 것이다. 공평한 기회를 추구하는 이 사랑꾼은 상대가 남자든 여자든 가리지 않는다.

호화롭고 돈과 애정 앞에 관대한 프레다는 칭찬받는 것을 좋아한다. 그녀가 정말 아름답고, 그녀에게서 좋은 향기가 난다고 말하면, 프레다의 관심을 끌 수 있다. 이 같은 좋은 말로 그녀를 도취시키면, 프레다와 깊고 관능적인 춤에 빠지게 된다고 한다. 하지만 프레다와 친밀한 남자와 여자들 - 부두교 신봉자들은 때로 그녀와 '결혼'하거나, 그녀의 영혼에 완전히 사로잡힌다 - 은 그녀와의 관계가 공허하며 만족스럽지 못하다고 말한다. 사랑의 습성 때문인지 프레다는 자주 눈물을 흘리는데, 그런 그녀와의 관계는 항상 슬프게 끝난다고 한다. 프레다의 눈물은 기독교에서 비탄에 빠진 성모 - 슬피 우는 동정녀 마리아 - 의 눈물과 동일시된다. 프레다는 남자 동성애자, 특히 여자 차림을 좋아하는 남자(drag queen) 동성애자들의 수호신이기도 하다. 프레다의 외모가 흡사 그들에게 여장 남자 아티스트의 모습처럼 닮아 보이기 때문이다. 프레다를 따르는 남자들은 부두 의식을 하는 동안에 그녀처럼 요염하게 행동하고 춤추다가, 결국에는 감정을 주체하지 못하고 눈물을 흘린다.

이렇듯 두 자매 여신들은 굉장히 대조적이다. 단토르는 정직하고 거칠고 강인하며, 프레다는 부드럽고 변덕스러우며 제멋대로이다. 사랑을 대하는 이들의 매우 다른 태도는 많은 여성이 직면하는 크나큰 딜레마를 상징한다. 다른 사람들에게 미소 짓고 출세하고자 추파를 던지는 것과 같이 여성에게 바라는 사회적 규범에 순응해야 할지, 아니면 단토르처럼 있는 그대로의 모습을 받아들이고 기대에 부응하기보다는 진실을 택하며, 진실이 가장 중요한 사람들을 위해 맹렬히 싸워야 할지 결정해야 하는 순간에 놓이는 것이다. 당신이라면 어느 쪽을 택하겠는가?

보나 데아 *Bona Dea*

로마 여신

다른 표기법:

Fauna

Feminea Dea

Sancta

Laudanda Dea

베일에 싸인 신비한 보나 데아는 여성들의 여신으로, 그녀의 의식은 오직 여성들만 참여할 수 있었다. 친밀하고 자극적인 그녀의 의식은 금지된 와인이 오가는 가운데 새벽까지 이어졌다는 소문이 돌았다. 하지만 이 같은 여성 중심적인 환경에는 한 가지 단점이 있었다. 보나 데아의 존재가 남자들의 눈에 띄지 않았기에, 안타깝게도 그녀의 이야기는 많은 사람들에게 거의 잊히고 말았다.

보나 데아에 관한 신화는 단지 전해지는 몇 가지 이야기를 근거로 이렇게 추측할 수 있을 뿐이다. 풍만한 중년 여성의 모습인 이 여신은 다산과 순결, 치유를 관장한다고 한다. 그녀는 종종 치료의 상징인 뱀을 들고 있는 모습으로 묘사된다. 이는 그녀에 대한 숭배가 그리스의 치유의 여신 다미아 – 데메테르의 또 다른 이름으로 보는 견해도 있다 – 의 이야기와 융합되어 동일시되었다는 설을 뒷받침한다. 또한 보나 데아를 삼림과 전원의 신이자 뿔 달린 목신(牧神) 파우누스의 아내나 딸로 보기도 한다.

보나 데아는 로마의 아벤티노 언덕(Aventine Hill: 고대 로마 시대 때 도시가 세워진 7개 언덕 중에 하나)에 자신의 신전이 있었는데, 이것은 기원전 3세기경에 지어졌다고 한다. 이 언덕은 약초를 파는 가판대가 있고 무해한 뱀들이 다니는 치유의 중심지로도 묘사된다. 비밀의 방과 작은 방들

로 설계된 보나 데아의 신전은 전적으로 여성들이 관리했고 여성만이 거처할 수 있었으며, 신전 치고는 유별나게 벽이 높았다. 이 모든 비밀스러운 상황은 로마 남자들의 호기심을 불러일으켰고, 그 신전의 벽 안에서 어떤 의식과 모임이 벌어지는지 궁금해했다.

이 신비로운 여신을 숭배하는 일이 재밌을 것이라는 로마 남자들의 의심은 충분히 그럴 만했다. 보나 데아는 축제를 좋아하는 여신이었기 때문이다. 그녀는 두 개의 축제를 벌였는데, 각각 5월과 12월에 열렸다. 이 축제는 결혼한 로마 여성이 밤에 함께 모여 독한 와인을 마시고, 피를 바치는 의식을 할 수 있는 유일한 로마 축제였다. 5월의 축제는 이 신전에서 열렸는데, 노예부터 상류층 귀족에 이르기까지 온갖 계층의 여성들이 참석했다.

그러나 12월에 열리는 축제에는 매우 선별된 자들만 참석할 수 있었다. 이 축제는 로마의 최고 관직이라 할 수 있는 행정장관의 집에서 열렸는데, 그의 아내가 주최한 이 축제에서 무슨 일이 일어났는지 로마 남자들 사이에서 추측이 무성했다. 파티가 시작되기 전에 축제에 참석하는 여성들은 일시적으로 독신 서약(금욕 맹세)을 하고, 남자를 상징하는 모든 물건을 집에서 치웠다. 이들은 남자 그림을 천으로 덮고, 남자 조각상을 끌어내렸다. 그런 다음 꽃으로 장식하고 와인을 챙기고 의식 행사를 준비했다. 의식에 사용되는 와인은 독한 술들로 많이 차려졌다. 이 축제는 종교적인 것만큼이나 사회적인 행사였다. 남자들이 없는 자리에서 다른 여자들과 만나 수다를 떨고, 편하게 쉴 수 있는 기회였다. 귀족들은 음악에 맞춰 춤추고 제물을 바쳤으며 게임을 했다. 고대 로마의 작가 유베날리스 *Juvenal*는 이 축제와 관련해 이렇게 탄식했다. "세상에! 여자들이 와인과 거친 음악에 모두 도취되었다. 그녀들은 무아지경에 빠졌다." 하지만 여자들은 와인을 와인이라 말하지 않았고, 그 대신 '우유'라고 완곡하게 바꿔 불렀다(고대 로마 시대에는 여성이 와인을 마시는 것이 원칙적으로 금지되었다고 한다).

1년에 한 번 열리는 12월 축제는 기원전 62년에 예상치 못한 악평을 얻게 되었다. 그 축제는 율리우스 카이사르의 집에서 열렸고, 그의 아내인 폼페이아가 주최했다. 이 이야기에는 뜻밖의 반전이 있는데, 카이사르의 정치적 동맹인 풀케르 *Publius Clodius Pulcher*가 여성 하프 연주자로 분장해 초대받지 못한 파티에 참석하여 친구의 아내인 폼페이아를 유혹한 것이다. 그의 정체가 드러나자, 여자들은 분노했다. 풀케르는 폼페이아의 명예를 실추시켰을 뿐만 아니라 이들의 의식도 모독한 셈이었다. 이 거대한 스캔들은 상당히 여성 혐오적인 방식으로 마무리되었는데, 풀케르는 무죄를 선고받고, 카이사르는 "카이사르의 아내는 의심조차 받으면 안 된다."라고 밝히고 아내와 이혼했다. 이 스캔들로 인해 12월의 축제는 돌이킬 수 없는 오명을 쓴 채 취소되고 말았다.

그 후 12월 축제는 아예 자취를 감췄고, 스캔들과 악행을 연상시키는 그 의식들은 중지되었다. 심지어 100년이 흐른 뒤에 후대의 유베날리스는 이 사건을 여자와 여장 남자가 술에 취해 흥청거리다가 벌어진 일로 묘사했다.

보나 데아의 신전 벽 너머에서 어떤 일이 있었으며, 왜 그런 일이 벌어졌는지는 사실 추측만 할 수 있을 뿐이다. 그녀는 출산을 돕는다고 여겨졌는데, 당시 여성의 출산을 공공연히 다루는 것은 금기시되는 주제였다. 하지만 출산은 모든 역사를 통틀어 여성들에게 호기심을 불러일으키는 한편 수치심과 극도의 고통을 안겨주는 원천으로 여겨졌다. 로마 여성들은 이와 관련된 지식과 의견을 나누고 편히 쉴 수 있는 여성 중심적인 치유의 공간이자 피난처가 필요했을 것이다.

여성들에게 그런 대안이 없었다면, 여신 보나 데아의 취약한 역사 또한 바람에 떠도는 민들레씨처럼 사라져버렸을 것이다. 당시 남성 기록자들은 이 여신의 일을 공식적인 문서로 남기지 않았다. '여성의 관심사'는 역사적으로 중요하지 않은 것으로 치부되었기 때문이다. 오늘날에도 많은 작가들이 패션이나 화장 같은 '가벼운' 주제는 말할 것도 없고, 육아나 폐경 같은 여성 중심적인 주제도 중요하게 다루지 않는다.

역사 되찾기

보나 데아를 역사에서 지운 그릇된 선택은 역으로 그녀를 더욱 중요한 인물로 만들었다. 그녀는 역사에서 잊힌 여성 - 자신의 업적이 배제되거나 기록에서 삭제된 여성 혁신가, 위대한 사상가, 예술가, 작곡가 등 - 을 대표하는 인물이기도 하다. 이를테면 젤다 피츠제럴드*Zelda Fitzgerald*의 경우 재담 넘치는 그녀의 남편 F. 스콧 피츠제럴드*F. Scott Fitzgerald*가 젤다의 글을 습관적으로 '차용'했다. 중국계 미국인 물리학자 우젠슝(吳健雄)과 오스트리아 출신 물리학자 리제 마이트너*Lise Meitner*, 영국의 천체물리학자 조슬린 벨 버넬*Jocelyn Bell Burnell*은 모두 남성 동료들과 같은 프로젝트를 연구했지만 노벨상 수상 대상에서 제외되었다. 이 같은 일은 너무 흔한 현상이어서 '마틸다 효과(Matilda Effect: 같은 업적을 쌓아도 여성 과학자가 남성 과학자보다 과소평가되어 역사에 기록되지 못하는 현상)'라는 용어로 불리기까지 한다. 또한 작곡가 펠릭스 멘델스존*Felix Mendelssohn*이 세계를 여행하며 누나인 파니 멘델스존*Fanny Mendelssohn*의 작품으로 빅토리아 여왕에게 찬사를 받는 동안, 파니는 베를린 집에 매여 발표하지도 못할 음악을 작곡하기만 했다. 보나 데아처럼 이 여성들의 기여는 때로 측정이 불가능하지만, 이제 그들은 최소한 인정받기 시작했다. 남성들이 써 내려간 역사 속에 얼마나 많은 또 다른 수천, 수백만의 여성들의 업적이 완전히 잊혔을까?

우리는 침묵 당하고, 업적에서 제외되었던 모든 여성들의 상징적인 수호자로서 보나 데아를 격상시켜야 한다. 지난 세월 동안 소외되었던 여성들이 행한 감춰지고 잊힌 기여들을 대변할 수 있도록 말이다. 그녀의 이름을 말하고, 그녀를 대화에 끌어들여 이야기하는 것만으로도 역사를 되찾기 위한 좋은 시작이 될 수 있다.

아메노우즈메 *Ame-No-Uzume*

일본 여신

우리 주위에는 배꼽이 빠질 때까지 혹은 눈물이 쏙 빠질 만큼 사람들을 웃게 만드는 친구가 한 명쯤은 있다. 우스운 농담을 던지든, 직장 상사의 모습을 똑같이 흉내 내든, 넘어지는 척하든 사람들을 낄낄대게 하려고 애쓰는 그런 친구 말이다. 신토(神道: 일본 고유의 민족 신앙)의 새벽의 여신이자 웃음과 흥을 돋우는 춤의 여신인 아메노우즈메의 이야기는 고대 일본에서조차 초월적이고 범상치 않은 쾌활함으로 좌중을 휘어잡는 사람은 항상 있었다는 사실을 보여준다.

아메노우즈메는 '빙빙 돌다'라는 뜻으로, 그 이름에 걸맞게 그녀는 무용수들의 수호신이다. 아메노우즈메는 또한 건강의 여신인데, 그녀의 강에 흐르는 물을 마시면 아픔과 고통이 사라진다고 한다. 기운이 넘치는 이 여신은 활력과 쾌활함으로 빛난다. 그녀는 핫요가 수업 맨 앞줄에서 크게 웃으며 펄쩍펄쩍 뛰는 사람이거나, 싱긋 웃으며 우리가 좀 더 성취할 수 있도록 노력하게 만드는 그런 유형의 사람이다.

아메노우즈메의 신봉자들은 그녀의 마법 같은 기운에 힘을 얻어 오래도록 축복받으며 행복하게 살았다고 전해지는데, 그런 까닭에 이 여신은 오래 숙성된 와인이나 치즈에 비유되기도 한다. 기본적으로 멋진 파티에 필요한 모든 것들, 말하자면 술, 안주, 춤, 유흥이 이 한 명의 여성으로 대

표될 수 있으니, 어찌 그녀를 사랑하지 않을 수 있을까?

여신의 쾌활함이 세상을 구하다

아메노우즈메의 외향적인 성격은 그녀가 최고의 업적을 이루는 데 핵심적인 요소였다. 동굴에 숨어 은둔하던 태양의 여신 아마테라스*Amaterasu*를 밖으로 유인해 끌어내는 데 기여했기 때문이다. 이것은 언뜻 작은 성과처럼 보이지만 결코 그렇지 않다. 아마테라스는 남동생인 스사노오 (Susanoo: 일본 신화에 등장하는 폭풍의 신)와 사이가 틀어진 상태였기 때문이다. 스사노오는 툭하면 말싸움을 걸고 누나를 자극했으며, 그녀를 모욕하는 행동도 서슴지 않았다. 누나의 논 울타리를 무너뜨리는 것을 포함하여 형제 사이에서 일어날 법한 장난을 늘 치곤 했다. 하지만 이 난폭한 신은 어느 날 도를 넘고 말았다. 아마테라스가 베를 짜던 방에 죽은 말을 던져 넣는 바람에, 그녀의 소중한 옷감이 망가졌을 뿐만 아니라 그 안에서 일하던 시녀가 목숨을 잃었기 때문이다. 분노한 아마테라스는 동굴로 들어가 버렸고 밖으로 나오지 않았다. 그녀는 태양을 함께 가지고 갔기에 세상은 어둠에 빠지고 말았다.

꾀 많은 아메노우즈메는 나라의 빛을 책임지는 이 여신을 유인하고자 묘책을 마련했다. 그녀는 낡은 욕조통과 거울을 가져와 여신이 숨어 있는 동굴 밖에서 기이한 춤을 추기 시작했다. 아메노우즈메는 욕조통을 뒤집어 놓고 그 위에 올라가 춤을 추었는데, 아래에는 거울을 놓아 모여든 신과 여신들이 그녀의 치마 속을 볼 수 있도록 했다. 이내 주위에 헉하는 소리가 들리기 시작했다. 그녀가 속옷을 입고 있지 않았던 것이다! 하지만 쿵쿵거리는 그녀의 발소리는 아마테라스의 호기심을 끌기에는 충분하지 않았다. 이에 아메노우즈메는 한층 더 나아가 스트립쇼를 하듯 긴 기모노를 들어 올려 찢은 뒤 맨 가슴을 드러내고 우스꽝스럽게 춤을 추었다. 그녀의 모습을 보고 신들은 배꼽을 잡고 시끌벅적하게 웃기 시작했다. 잔뜩 골이 나 있던 아마테라스는 그 소리에 이끌려 동굴 밖으로 슬쩍 나왔다. 누군가 현명하게 건초 더미를 놓아 그녀가 동굴로 다시 들어가지 못하도록 막아두었으나, 그럴 필요가 없었다. 아마테라스는 거울에 비친 자신의 빛나는 모습과 흥겨운 축제 분위기에 푹 빠져 밖에 있기로 마음먹었다. 그리하여 태양은 다시 하늘로 올라가게 되었고 세상에 빛이 돌아왔다. 이 사건으로 아메노우즈메는 '위대한 설득자' 그리고 '하늘을 놀라게 하는 여인'으로 불렸다.

그녀의 이러한 광기는 단 한 번으로 그치지 않았다. 어느 날 아메노우즈메가 괴물에게 자신의 가슴을 드러내 보여주었는데, 그 짐승의 반응에 여신이 비웃자 괴물이 겁에 질려 도망갔다는 이야기도 전해진다.

아메노우즈메의 삶을 향한 욕망과 직설적인 성격은 다른 여신들에게서 보기 드문 특징이다. 게다가 춤을 만병통치약처럼 이용하는 주술에 가까운 능력을 결합하여, 그녀는 여러 면에서 엄청난 능력을 발휘한다. 하지만 그녀는 싱글벙글 웃기만 하는 어리석은 바보가 아니다. 아메노우즈메가 그렇게 행동하는 데에는 이유가 있다. 그녀는 벌거벗은 몸을 이용해 혼란을 야기한다. 자신을 드러내어 약한 모습을 보이면서 세상을 조롱하며 통쾌한 반란을 일으킨다. 주의를 분산시키는 정치적 묘책인 셈이다.

이러한 그녀의 노력 덕분에, 아메노우즈메는 신성한 춤을 추는 무용수들로 이루어진 사루메(Sarume, 猿女) 집단의 수장이 되었다(아메노우즈메는 일본의 가문 중 하나인 사루메 씨의 시조로 여겨진다). 신토 종교 의식에서 여전히 행해지고 있는 전통 무언극인 카구라(kagura, 神楽)가 바로 이무용수들의 춤에서 탄생했다고 한다. 그녀가 사용하던 욕조통은 일본의 전통 북인 타이코(taiko, 太鼓)를 연주하는 데 영감을 주었다고 하며, 오늘날까지도 그녀의 이름을 딴 타악기 공연단이 있다. 아메노우즈메를 따르며 점을 치던 여자 무당(巫女)을 '미코Miko'라고 불렀는데, 이 전통 무속 신앙은 고대부터 현재까지 끊어지지 않고 여전히 지속되고 있다. 고대 일본인들이 아메노우즈메를 각별하게 여긴 것을 보면, 그들이 신성한 여성과 여성의 힘을 얼마나 존중했는지 알 수 있다.

아메노우즈메는 그야말로 세속적인 여신이다. 그녀는 매력적이면서 외설적이고 개방적이며 거리낌도 없다. 그녀는 사람들을 열광의 도가니로 이끄는 한편, 춤추지 못하는 사람들도 춤판으로 끌어들여 소외된 사람들을 아우른다. 그녀는 여성적인 에너지와 성적인 황홀감, 자유분방함, 순수한 재미의 전형을 보여준다. 요즘 말로 그녀는 파티걸이지만 누구보다 관대한 마음과 전략적인 사고를 지녔다. 우리가 불안할 때나 친구의 얼굴에 웃음을 안겨주고 싶을 때 믿고 의지할 수 있는 여성이 바로 아메노우즈메다.

이난나 *Inanna*

메소포타미아 여신

다른 표기법:
Ishtar
Athtar

종종 손에 채찍을 든 모습으로 그려지는 이난나는 확실히 지모신과는
거리가 멀다. 오히려 예민하고 약간 무서운 성격의 소유자다.
그녀는 용감하면서도 이기적이고 쉽게 만족할 줄 모르지만, 매우 흥미로운
여신인 것만은 틀림없다. 그녀가 오늘날 우리 곁에 있다면 매혹적이고도 섬뜩한
그녀의 소셜 미디어는 늘 뉴스의 헤드라인을 장식하지 않았을까.

이난나는 세상에서 가장 오래된 여신 가운데 한 명이다. 그녀는 적어도
7000년, 어쩌면 그보다 더 오랫동안 숭배되었다. 이난나는 오늘날의 이
라크 남부인 수메르가 기원이지만 아카드, 바빌로니아, 아시리아 전역에
서 그녀를 추앙한 것으로 알려져 있다. 이난나는 훗날 다른 여신인 이슈
타르─이 두 여신의 이름은 구분 없이 사용되었다─와 융합되었고, 마찬
가지로 비너스나 아프로디테로 녹아들어 전승되었다는 설도 전해진다.
그녀는 메소포타미아 신화에서 가장 중요한 신들 가운데 한 명이었으며
전쟁과 성애(性愛)를 상징했다. 다른 여신들이 그렇듯 이난나 역시 상반
되는 특징을 지니고 있다. 그녀는 초기 여신들의 특징이 한데 녹아든 신
이었거나, 혹은 후원, 비, 여관, 비너스, 다산, 공평 등과 같이 지속적으로
회자되는 특징을 '쓸어 담아' 창조된 마지막 신이었을지도 모른다. 이난
나는 때로 그녀의 남성적인 특성을 강조하고자 수염이 난 모습이나, 용

맹함을 보여주기 위해 사자를 한 발로 밟고 서 있는 모습으로도 묘사되었다.

이난나는 하늘의 신 안(An: 수메르어로는 '안'이라고 불렀고, 이후 아카드어로는 '아누*Anu*'라고 불렀다), 달의 신 난나*Nanna*, 엔릴(Enlil: 바람의 신) 혹은 엔키(Enki: 물의 신)의 딸로 다양하게 알려져 있다. 수메르 시(詩)에서 그녀의 초창기 모습은 가부장 사회에 복종하는 어린 소녀로 묘사되었다. 이난나 신화 가운데 대표적인 것으로는 세계 최초의 서사시로 일컬어지는 '지하세계로 내려간 이난나*The Descent of Inanna*'인데, 기원전 3500년에서 1900년 사이에, 혹은 그보다 더 이른 시기에 쓰였다고 한다. 이 서사시는 이난나가 남편을 잃은 언니인 저승의 여왕 에레쉬키갈*Ereshkigal*을 만나러 지하세계로 가는 여정을 들려준다. 이난나는 시종인 닌슈부르*Ninshubur*를 대동하고, 가장 좋은 옷을 차려입고 지하 왕국의 문을 두드린다. 하지만 언니는 왕국의 일곱 개의 성문에 빗장을 지르고, 이난나가 각 문에서 왕관과 보석, 옷을 하나씩 벗어야만 통과할 수 있게 했다. 여러 설들이 존재하지만 아마도 이난나가 무기를 갖고 있지 않다는 것을 보여주려는 방법이었을지도 모른다. 알몸이 된 이난나는 알현실에 들어갔지만, 지하세계의 신들은 그녀에게 죽음의 판결을 내렸고, 그녀의 시체는 고리에 걸렸다. 공포에 사로잡힌 닌슈부르는 이난나의 아버지에게 도움을 청한다. – 이 이야기에서는 엔키 신이 도움을 준다 – 엔키는 닌슈부르에게 악마 두 명을 내어주었고, 닌슈부르는 악마들을 이끌고 지하세계로 돌아온다. 극심한 고통을 앓고 있던 것으로 알려진 에레쉬키갈을 만난 악마와 닌슈부르는 – 엔키의 약속대로 – 그녀를 고통에서 벗어나게 해주는 대가로 이난나의 시신을 돌려달라고 요구한다. 지하세계의 법칙에 따라 닌슈부르

> "자연처럼 변덕스럽고 도발적이며 잔인하다."
> – 시몬 드 보부아르*Simone de Beauvoir*,
> 《제2의 성*The Second Sex*》에서 이난나에 관해

일행은 이난나를 대신하여 고리에 걸어놓을 시신을 찾겠다는 조건하에, 그녀의 시신을 돌려받는다. 당시 이난나의 친구들과 미용사는 모두 슬퍼하며 그녀를 애도하고 있었기에, 그녀를 대신해 고리에 걸릴 암울한 운명에서 피할 수 있었다. 엔키와 닌슈부르 일행의 도움으로 생명을 얻어 살아난 이난나는 자신을 대신할 인물을 찾기 위해 집으로 돌아왔다. 그런데 남편 두무지드*Dumuzid*가 그녀의 왕좌에 기대앉아 노예 소녀들과 희희낙락하며 노닥거리고 있는 모습을 보게 된다. 분노한 이난나는 결국 자기 대신 두무지드를 지하세계로 보내 고리에 걸리게 한다. 이 충동적이고 냉정한 행동은 이난나의 전형적인 모습이기도 하다. 그녀는 감정을 표출하는 데 거리낌이 없고, 그녀가 원하는 대로 행동하며 결과는 별로 신경 쓰지 않는다.

여신의 다면성

강철 같은 그녀의 결단력은 또 다른 이야기에서도 빛을 발한다. 기원전 1792년에서 1750년 사이에 바빌론의 함무라비 왕이 통치하기 전까지는 여자와 남자는 동등한 존재로 여겨졌다. 이난나는 이러한 평등을 상징한다. 공격적인 성향의 그녀는 술 마시기 내기에서 아버지를 이기고, '메(meh)'라고 불리는 문명을 만드는 규율을 훔치면서 더욱 강력해진다(그녀는 술 취한 아버지 신에게 메를 달라고 요구하여 이것을 받아 달아났다고 한다). 또 그녀는 웃음이 나올 만큼 자기중심적인데, 산의 존재가 자신의 권위에 위협이 된다고 생각해 산을 무너뜨린 일도 있다고 한다. 그녀는 정의를 추구하기 위해서라면 폭력도 마다하지 않고 거침없이 행동에 나선다. 형편없는 정원사로 이름이 자자한 수칼레투다*Sukaletuda*가 그녀를 범하자, 이난나는 악착같이 그를 뒤쫓으며 지상에 역병을 내리고, "무지개처럼" 하늘을 가로질러 날아다니면서 그를 기어

코 찾아내 목숨을 거둔다. 기원전 2700년에서 1400년 사이에 쓰인 '길가메시 서사시The Epic of Gilgamesh' 에 따르면, 그녀는 길가메시 왕이 자신의 마음을 받아주지 않자 몹시 화가 나서 그를 죽이려고 천상의 황소를 보내기도 한다. 이때 길가메시는 이난나가 이전에 사귀었던 상대들이 모두 잔인한 최후를 맞았다는 점을 지적했다. 이 이야기는 여성적인 힘을 과감하게 드러내고, 성적인 매력을 거리낌 없이 표출하며, 자신의 공격성을 숨기지 않는 여신 이난나의 모습을 잘 보여준다.

이난나는 성생활, 특히 혼외정사와 밀접한 관련이 있는 여신이다. 그녀를 숭배하는 의식에는 이 여신의 자유분방한 성욕이 고스란히 반영되어 있다. 이난나와 두무지드 간의 '신성한 결혼식'을 기리는 의식에서 왕과 여사제들은 두 연인의 결합을 재현하는 성적인 의식을 치렀다. 이난나를 신봉하는 사제들은 그들의 여신처럼 파격적이었다. 수메르 시대에 그녀의 신전에는 갈라(gala)들이 살았다. 갈라란 남성 사제이지만 여성의 이름을 지닌 사제로 동성애자나 양성애자였다. 그녀를 따르는 사람들은 이난나가 남자를 여자로 바꾼다고 생각하기도 했다. 또한 일부 학자들은 그녀를 숭배하는 행위에 의식적인 페티시즘이 포함되었다고 여긴다. 지배하기를 좋아하는 이 여신을 기쁘게 하려고 그녀의 숭배자들은 옷을 벗고 안무에 따라 춤을 추었으며, 바닥에서 몸을 비틀며 광란 속에 성관계를 맺었다고 한다. 그들은 채찍으로 맞기도 했는데 '자비(mercy)'라고 외쳤을 때만 매질을 중단했다는 설도 있다. 이 극단적인 숭배 때문에 일부 학자들은 이난나를 최초의 BDSM(구속Bondage, 훈육Discipline, 지배Dominance, 굴복Submission, 가학Sadism, 피학Masochism을 포함하는 다양한 성적 활동) 지지자로 보기도 한다.

문화적 아이콘

이난나의 강인함과 비범한 성향 때문인지 그녀는 고급문화나 저급문화 할 것 없이 양쪽 모두에서 매혹적인 대상이었다. 1884년에 쓰인 설화 시(譚詩) '이슈타르와 이즈두바르'가 수록된 레오니다스 르 첸치 해밀턴Leonidas Le Cenci Hamilton의 《바빌론의 서사시, 이슈타르와 이즈두바르Ishtar and Izdubar, the Epic of Babylon》 같은 책뿐만 아니라, 당시 엄청난 반향을 일으킨 시몬 드 보부아르의 《제2의 성》(1949)에서도 이난나가 언급된다. 《제2의 성》에서 보부아르는 남성 신들을 숭배하는 데 드는 비용으로 인해 간과된 여신들의 사례로 이슈타르를 들었다. 여성에 대한 사회의 기대뿐만 아니라 신에게 기대하는 바 역시 따르기를 거부했다는 점에서 이난나는 진정한 아웃사이더이다. 이난나는 결혼이나 가족은 물론 사람들을 기쁘게 하거나 얌전하게 행동하는 데에 관심이 없다. 그녀는 공격적이며 지배욕이 강한 포기를 모르는 투사이다. 만족감과 사랑을 갈구하며 성욕을 감추지 않는 그녀는 자신의 신봉자들이 그렇게 헌신하고, 광기에 가까운 숭배를 해주기를 기대한다. 그야말로 교주의 모습 그 자체다.

이난나의 태도에는 유치하고 유쾌한 면모도 있다. 고리에 걸린 채 저승에 남겨져 영원한 고통을 겪어야 하는 운명에서 그녀는 친구와 시종, 심지어 미용사까지 제외했지만, 바람 난 게으른 남편을 선택하는 데 주저함이 없었다. 이러한 그녀의 대처 방식은 유쾌하면서도 제멋대로이다. 이난나는 요란한 행동으로 이목을 끄는 리얼리티 TV 스타 같다. 그녀가 얼마나 터무니없는 행동을 저지를지 지켜보는 것은 정말 짜릿한 일일 것이다.

마아트 *Ma'at*

이집트 여신

다른 표기법:

Maat

동시에 여러 가지 일하는 것에 능하면서도 침착하며, 여성의 평등을 조용히 지지하는 여신 마아트는 한마디로 이집트의 과소평가된 일꾼이었다. 그녀가 없었다면 이집트 사회는 마치 무정부 상태와 같이 난장판이 되었을 것이다. 진리의 상징인 타조의 깃털을 자랑스럽게 머리에 꽂은 젊은 여인의 모습으로 그려지는 마아트는 헤카(Heka: 주술의 신)의 마법으로 낳은 태양신 라*Ra*의 딸이다. 마아트는 지혜의 신 토트*Thoth*의 조력자였으며(아내였다는 설도 전해진다) 세상이 창조되는 가운데 혼돈에서 탄생한 질서를 상징했다.

고대 이집트 여성들은 온갖 신과 여신들의 보호 아래 살았는데, 이집트 여신들은 남성과 여성 간의 상대적 동등성을 상징하는 존재였다. 법률상으로 고대 이집트 여성들은 재산을 소유할 수 있었고, 술을 마시고, 배심원으로 참석하고, 배우자를 선택하고, 사랑하는 사람과 결혼하며, 혼전합의서를 직접 작성할 수 있었다. 이들 여성은 직업도 있었는데 의사도 있었고, 소수이긴 하지만 사제와 필경사도 있었다. 그리고 하트셉수트, 네페르티티, 클레오파트라와 같이 몇몇 여성은 파라오의 자리에까지 오르기도 했다. 남성과 여성 간의 이러한 균형은 중요했다. 이집트인들은 우주의 질서와 조화를 굉장히 중요하게 여겼고, 이 개념은 그들의 여신 가운데 더욱 오래된 존재인 마아트에 의해 구현되었다.

혼돈 가운데 질서를 창조하다

세상이 창조되는 순간부터 마아트는 이동하는 별과 변화하는 계절, 인간들의 행동을 살펴, 그것들을 각각의 자리에 맞게 끌어다 놓고, 그들의 수명을 계산하고 결정했으며, 우주의 이치를 파악했다. 이처럼 그녀가 혼돈 속에서 질서를 창조한 이후로, 그녀는 마아트의 원칙(그녀는 질서와 원칙 자체를 인격화한 존재로 여겨졌다)과 같이 보다 추상적인 표현으로 묘사되었다.

고대 이집트인들은 살면서 42가지 규율을 따라야 했는데, 이 마아트의 원칙은 가족, 더욱 광범위한 공동체, 나라 전체, 환경과 신들에게까지도 적용되었다. 유대교와 기독교의 십계명뿐만 아니라 유교와 도교의 중심 교리 역시 이 원칙을 바탕으로 하고 있다는 설도 있다. 이 42가지 규율에는 적절한 처벌이 따랐는데, 물건을 훔친 자는 손이 잘렸고, 살인자는 처형당했다. 이 원칙은 생전에 규율을 잘 지켰는가에 따라 보다 장기적으로 사후 세계에까지 영향을 미친다고 보았다.

고대 이집트인들은 사망한 직후, 천국에 갈 수 있을지 혹은 그렇지 못할지를 심판받는다고 믿었다. 죽은 이집트인은 방부 처리되었지만 심장은 예외였는데, 사후 세계에서 마아트의 42가지 규율을 상징하는 마아트의 깃털을 저울의 한쪽에 놓고 다른 한쪽에는 죽은 자의 심장을 놓아 무게를 재야 했기 때문이다. 이때 죽은 자는 42가지 교리를 상징하는 42명의 신들 앞에서 규율을 하나하나 읊어야 했다(42가지 규율에 대해 각각 진실을 고백했는지를 심판하는데, 거짓을 말하고 죄를 많이 지었을수록 저울이 균형을 잡지 못하고 심장 쪽으로 기운다고 한다). 생전에 행실이 바른 것으로 판단된 자들은 명계의 신인 오시리스와 함께 갈대밭—천국—으로 향했다. 마아트는 천국에 자신만의 구역이 있었으며, 생전에 그녀의 규율을 잘 지켰던 자들에게 축복을 내려주었다고 한다. 하지만 이 규율을 지키지 않은 자들에게는 좋지 않은 소식이 기다리고 있었다. 그들의 무거운 심장은 악어의 머리에 사자의 몸, 하마의 엉덩이를 가진 신인 암무트*Ammut*의 먹이가 되었다(이 괴물에게 심장이 삼켜진 자는 천국에 갈 수 없는 것은 물론 영원히 부활할 수 없다고 한다).

마아트는 또 다른 이집트 여신 이시스처럼 대단한 마술이나 힘도 없었고, 오늘날 큰 관심을 받고 있는 그녀의 자매인 바스테트처럼 성적인 매력도 없었다. 마아트를 기리기 위해 건립된 신전은 카르나크(Karnak) 단 하나뿐이었다. 하지만 마아트는 이집트 신계에서 없어서는 안 되는 톱니바퀴 같은 존재였다. 그녀는 사회가 순조롭게 나아가도록 규칙과 틀을 만들고, 이 같은 체계가 원활하게 작동하도록 운영했다.

많은 여성들처럼 마아트의 작업은 매력적이지도 않고 큰 보상을 받지도 못했으며 겉으로 드러나지도 않았다. 하지만 그녀가 없었더라면 이집트 사회는 무질서와 대혼란에 빠졌을 것이다. 그녀는 마치 레이더에 잘 잡히지 않는 존재처럼 사회의 관심을 받지 못했지만, 그녀와 비슷한 처지에 놓인 오늘날의 여성들은 조금씩 그 역할을 인정받고 있다.

2017년에 미국의 저널리스트 제마 하틀리*Gemma Hartley*는 많은 여성이 맡고 있는 '일상의 잡무(life administration)'를 설명하는 글에서 "감정 노동"이라는 용어를 사용했다. 이를테면 여행 준비하기, 식단 계획하기, 수학여행 비용 처리하기, 선물 사기, 가족들에게 해야 할 일을 상기시키기

"충동적인 욕망으로 성공시킬 수 있는 일들은 거의 없다.
성공한 대부분의 일들은 차분하고
신중한 사전 숙고를 거친 것이다."
- 투키디데스 *Thucydides*

등등 언뜻 잔소리처럼 들릴 수 있는 이 모든 일이 감정 노동을 겪게 한다고 말한다. 보수가 없는 이 애매한 일은 한 가족을 질서 있게 꾸려가는 데 반드시 필요하지만, 여성들을 지치고 분노하게 만들며 본업이 있는 여성들의 경우 어깨를 더욱더 무겁게 짓누른다. 이러한 상황을 마아트의 수준으로 확장해볼 때, 그녀가 우주의 질서를 유지하려면 수면 아래에서 쉼 없이 맹렬히 발길질해야만 나아갈 수 있을 것이다. 하지만 그녀는 언제나 차분해 보인다.

질서를 유지하는 마아트의 능력은 이집트 사회와 이 땅에 상대적 평등성의 원칙이 뿌리내리는 데 일조했다. 마아트는 자매들을 지지했고 평등을 요구했으며, 이들의 존재와 노력이 법으로 성문화되도록 했다. 그녀는 이집트의 법체계와 사회 관습에 엄청난 영향을 미쳤으며, 그 덕분에 여성들은 존중받고 어느 정도 독립성을 누릴 수 있었다. 오늘날 페미니스트 변호사들에게서 마아트의 자취를 엿볼 수 있다. 성 평등을 위해 싸운 미국의 선구적인 여성 변호사 루스 베이더 긴즈버그 *Ruth Bader Ginsburg*나, 약자 편에서 부당한 권력에 맞서 싸운 글로리아 알레드 *Gloria Allred* 같은 인물이 대표적이다. 체계적이고 꼼꼼한 이 여성들은 거리에서 싸우기보다는 합리적인 절차를 통해 조용히 자신들의 명분을 주장하는 것을 택했다. 세상의 관심에서 벗어나 있던 운동가이자 입법가인 마아트는 이러한 여성들 덕분에 비로소 주목받기 시작했다. 마아트의 겸손한 태도와 직업의식, 원칙에 입각한 연대는 계속해서 수많은 여성에게 큰 영감을 줄 것이다.

리우 한 *Liễu Hạnh*

베트남 여신

다른 표기법:

Vân Cát

Giáng Tiên

리우 한(柳杏) 공주가 역사적인 인물에서 전 세계적으로 숭배되는 여신으로 격상된 것은 여성들이 사회 규범에 순응하지 않는 롤모델을 간절히 원하고 있다는 사실을 보여준다. 또한 그녀의 이야기는 모든 여성에게 치어리더 같은 지지해주는 존재가 필요하다는 것을 말해준다. 리우 한 공주의 경우, 그녀의 이야기를 재구성해 그녀를 종교 집단의 숭배 대상에서 세계적인 슈퍼스타로 만든 페미니스트 작가가 바로 그 치어리더이지 않을까.

16세기에 등장한 것으로 여겨지는 리우 한은 베트남 토속신앙에서 받드는 네 명의 불멸자 가운데 한 명이다. 이 토착교는 주로 홍강 지역에서 숭배되었는데, 베트남의 지모신을 받드는 다오머우(母道) 신앙도 리우 한 신화에 뿌리를 두고 있다고 한다. 영매, 춤, 최면 상태를 포함하는 리우 한의 숭배 의식은 베트남 공산주의 체제의 억압 속에서도 살아남았고, 현재 그녀는 어느 때보다도 높은 인기를 누리고 있다.

리우 한 설화는 실존 인물을 바탕으로 한다고도 알려져 있는데 효심 깊은 딸, 여관 주인, 시장 상인, 심지어 매춘부 등 다양한 인물로 묘사된다. 18세기에 쓰인 '리우 한 여신 이야기*Vân Cát Thần Nữ Truyện*'에는 그녀에 관한 가장 유명한 설화가 담겨 있다. 당시 베트남에서는 드물게 도안 티 디엠*Đoàn Thị Điểm*이라는 여성 작가가 쓴 이야기다. 변덕스럽고 예

술가적인 리우 한 공주는 지상에서 여러 삶을 살았는데, 도안 티 디엠의 이야기에 따르면 그녀의 첫 번째 삶은 1557년에 아주 극적인 방식으로 시작되었다고 한다. 어느 날 리우 한의 아버지인 르 타이 꽁*Lê Thái Công*은 출산일이 지나도 태어나지 않는 아이를 기다리며 복도를 서성였다. 그는 임신한 아내가 아픈데 딱히 도와줄 사람이 없어 걱정이 태산이었다. 그런 와중에 마을 입구에 나타난 한 남자가 치유법을 알고 있다고 말하자 주저 없이 그를 마을로 들였다. 타이 꽁과 단둘이 있는 자리에서 그는 거대한 옥 망치를 꺼내 땅을 내리쳤고, 그 바람에 타이 꽁은 기절하고 만다.

환영 속 여신

의식을 잃고 누워 있을 때, 타이 꽁은 환영을 보았다. 그는 하늘의 왕인 옥황상제의 궁 안에서 황제의 딸인 공주가 옥으로 만든 섬세하고 진귀한 잔을 들고 있는 것을 보았다. 그런데 공주가 잔을 떨어뜨려 산산조각이 나자, 진노한 옥황상제는 공주를 궁에서 쫓아냈다. 그때 타이 꽁은 불쑥 의식이 돌아왔고, 자신이 의식을 잃었을 때 아기가 태어난 것을 알게 되었다. 타이 꽁은 자신의 환영을 떠올리며, 아이에게 하늘 궁전의 공주라는 의미에서 지앙 티엔*Giáng Tiên*-'하늘에서 내려온 요정'이라는 뜻이다-이라는 이름을 지어주었다. 그의 딸은 시와 노래를 좋아했고, 훌륭한 여인으로 성장했다. 그녀는 결혼하여 두 아이를 낳았지만, 안타깝게도 그녀의 완벽해 보이는 삶은 너무 짧았다. 그녀는 스물한 살의 나이에 요절하고 말았다.

지앙 티엔이 죽자, 그녀는 다시 하늘 궁전으로 올라갔다. 타이 꽁의 환영은 단지 꿈이 아니었으며, 그녀는 인간이 아니라 신이었다! 그녀의 이름은 리우 한 공주였고 옥황상제의 딸이었다. 하지만 공주는 지상에서의 삶을 그리워했기에, 지상으로 다시 돌아가 인간들에게 축복과

> "오늘날 그녀의 종교는 관광 산업의 핵심 축으로 여겨진다. 젊은이들은 이 나라의 역사에 귀 기울이며 행운을 빌어주는 리우 한의 주술적인 능력을 기린다."

처벌을 내리며 세상을 떠돌았고, 그녀의 인간 가족들보다 오래 살았다. 그 후 그녀는 가난한 학생과 결혼해 또 다른 자식을 낳았고, 다시 가족을 뒤로한 채 하늘로 올라갔다. 하지만 인간 세계에서의 삶을 그리워하여 또다시 돌아왔다.

이번에 공주는 쿠에*Que*와 티*Thi*라는 두 정령 친구와 함께 반깟(Vân Cát)이라는 마을로 내려갔다. 그곳에서 그녀는 족장이 되어 선한 자들에게는 축복을 내렸고, 악한 자들에게는 벌을 내렸다. 그녀의 추종자는 갈수록 늘어났고, 마을 사람들은 그녀를 위한 사원을 지었다. 그러나 마을을 다스리던 깐찌*Canh Tri* 왕조는 그녀를 사악한 존재로 여겨 군대와 주술사를 이용해 그녀의 사원을 파괴했다. 그 후 얼마 되지 않아 원인을 알 수 없는 역병으로 마을의 모든 동물이 죽고 말았다. 사람들은 리우 한을 크게 의심했다. 그럼에도 그녀는 자신의 사원을 재건한다는 조건으로, 마을의 가축들을 살려내 도움을 주었다. 겁에 질린 왕조는 그녀의 사원을 재빨리 복원했을 뿐만 아니라 공주를 '초자연적이고 비범한' 존재로 선언하며, 그녀에게 마 호앙 꽁 추아*Mã Hoàng Công Chúa*-황제와 같은 공주-라는 새로운 칭호를 선사했다. 그 후 리우 한 숭배는 여신을 섬기는 모신(母神) 신앙인 다오머우에 흡수되었다. 다오머우는 이 지역의 부유한 여자 상인들-특히 병사들

을 주로 상대하는 상인들－에게 인기가 있었다. 숭배자들의 이러한 특징은 리우 한의 기원을 밝힐 수 있는 단서를 제공한다.

이와 같이 도안 티 디엠의 기록에는 그녀 자신의 열정과 삶이 깃들어 있다. 도안 티 디엠은 열렬한 페미니스트였으며, 리우 한 공주를 남성의 지적 기득권에 도전하고 자신의 길을 스스로 택한 여성으로 묘사했다. 이 여성 작가는 도교와 불교에서 발견되는 요소를 영리하게 선별해 이야기에 녹여냈다. 그녀의 이야기는 오늘날 리우 한 숭배의 바탕을 이루고 있다.

시대를 초월한 신앙

다시 쓰인 리우 한 이야기와 다오머우 신앙 모두 노동계층의 평범한 여성들과 남성들의 공감을 불러일으켰다. 예나 지금이나 이 여신의 숭배 의식 중에는 영매가 노래와 춤, 의상, 특히 음악으로 무아지경 상태에 이르는 렌동(Lên đồng, 신들림) 의식을 행했다. 숭배자들은 여신에게 제물을 바치는데, 오늘날에는 담배를 바치기도 하고, 평면 TV에서부터 디자이너 핸드백에 이르기까지 속세의 물건을 종이에 그려 바치기도 한다. 17세기 말부터 잇따른 왕조들이 금지한－당시의 금지 정책은 거의 실패했다－이 종교는 1945년 초에 미신적이고 구시대적이며 허황된 것으로 여긴 공산주의 지도자들에 의해 전면 금지되었다. 하지만 다오머우 신앙은 지하로 잠입했고, 숭배자들은 가정에 저마다 제단을 마련했으며 비밀집회를 열었다. 1980년대 후반이 되었을 때, 공산주의 지도자들은 국가의 문화적 역사가 국민들을 결속시키고 영감을 불어넣는 힘이 된다는 사실을 깨달았다. 이에 규제는 완화되었고, 리우 한은 사람들 곁으로 돌아왔다! 오늘날 그녀의 종교는 관광 산업의 핵심 축으로 여겨진다. 젊은이들은 이 나라의 역사에 귀 기울이며 행운을 빌어주는 리우 한의 주술적인 능력을 기린다. 그녀의 명성은 베트남 디아스포라(diaspora: 특정 민족이 자의적·타의적으로 본토를 떠나 타지로 이동하여 살면서 집단을 형성하는 것)에까지 널리 퍼졌고 미국, 이탈리아, 오스트레일리아에서는 그녀를 기리는 의식이 정기적으로 거행된다. 이제 수백만 명의 사람들이 음력 3월이면 모신의 죽음을 기리는 행사를 연다.

리우 한은 신화에 융합된 역사적 인물로, 여신으로 격상되는 과정이 매우 눈길을 끈다. 그녀는 특히 여성들에게 인기가 있으며, 이들의 끈질긴 숭배 덕분에 종교 문화에 깊이 뿌리내렸다. 그녀의 이야기가 더욱 힘을 얻게 된 것은 페미니스트 작가 덕분일지 모르지만, 리우 한이 그토록 폭넓은 인기를 얻은 것은 실로 놀라운 일이다.

마만 브리짓 *Maman Brigitte*

다른 표기법:
Gran Brigitte
Grann Brigitte
Manman
Manman Brigit

하늘하늘하고 몽환적이며 우아한 여신을 찾는다면 마지막 장은 그냥 넘기기 바란다. 섹시한 부두교 우상 마만 브리짓은 남의 시선 따위는 개의치 않는 듯 반다(banda: 멕시코 고유의 대중음악 장르)에 맞춰 춤추고, 매운 고추를 우린 럼주를 마시며, 도적처럼 걸걸한 욕을 내뱉는다. 마음은 따뜻하지만 배드 걸로 불리는 거친 소녀들에게 마만 브리짓은 특별히 영감을 불러일으키는 존재가 되어줄 것이다.

마만 브리짓과 그녀의 남편인 바론 사메디(Baron Samedi, 남작 사메디)는 부두교에서 숭배하는 죽음의 로아(loas: 부두교에서 정령을 일컫는 개념)다. 아이티와 미국 남부 주의 공동묘지와 술집에 가면 흐느적거리며 돌아다니는 이 부부의 모습을 볼 수 있다고 한다. 아이티의 공동묘지들에서 최초로 묻힌 자의 묘비에는 의례적으로 십자가가 새겨져 있는데, 이는 브리짓의 소유임을 표시한 것이다. 이렇게 브리짓의 십자가가 새겨진 무덤과 묘는 그녀의 수호를 받는다.

이 망자의 수호자들은 외모가 매우 강렬하고, 둘 다 스팀펑크(steam-punk: 산업혁명이 진행 중이던 18~19세기의 영국 등을 시대적 배경으로 삼고 공상과학적인 요소를 적용해 역사의 재해석을 시도한 문화 장르) 스타일로 차려입는 것을 즐긴다. 마만 브리짓은 빅토리아 시대 양식의 목이 깊게 파인 검은색과 보라색이 조화된 드레스에 베일을 걸치는 것을 선호한다. 바론 사메디는 독특한 정장용 실크 모자에 프록코트(frock coat)를 입고, 짙은 색 안경을 쓰곤 한다. 그의 목에는 무거운 장신구와 십자가가 걸려 있으며, 얼굴에는 해골이 그려져 있다. 그들은 매콤한 럼주 한 병을 나눠 마시며, 둘이 거친 욕과 농담을 던지며 낄낄 웃는다. 한마디로 아주 재미있어 보이는 커플이다.

마만 브리짓은 적갈색 머리카락과 녹색 눈, 흰 피부를 가졌는데 몇 안 되는 흰 로아에 속한다. 이 같은 외모는 그녀가 아일랜드 혈통이고, 조상이 브리지드(186~189쪽 참조)이기 때문이라고 한다. 다른 로아들은 대부분 아프리카 노예의 신들이거나, 다른 종교에서 가져온 검은 우상이 부두교에 녹아들면서 탄생했지만(190~193쪽 에르줄리 단토르와 에르줄리 프레다 참조), 마만 브리짓이 신대륙의 농장에 오게 된 경로는 이와는 다르다. 그녀는 18세기와 19세기에 아일랜드와 스코틀랜드에서 배를 타고 건너온 여성들의 마음과 주머니 속에 담겨 이곳으로 왔다. 그들은 일종의 노예 계약이나 다름없는 계약 노동(indentured labour) 제도 또는 '성매매' 행위에 대한 처벌로 농장으로 보내졌다.－당시에는 강간으로 임신하거나 어린 소년과 손을 잡아도 성매매 행위로 간주되었다－이 어린 소녀들은 미지의 세계로 향하는 긴 항해에서 위안으로 삼고자 '브리디*Bridie* 인형'을 가져갔다. 이것은 그들 나라에서 사랑받는 성녀 브리지드를 표현한 작은 인형인데, 부두 인형의 조상으로 여겨진다. 소녀들이 노예, 노동자와 뒤섞여 아프리카로 건너오면서 브리지드는 게데(Ghede) 집단의 어머니로서 부두교 로아에 흡수되었다. 게데 로아는 전통적인 아프리카 신들인 라다 로아와 신대륙의 농장에 갇힌 노예들의 삶과 시련 속에서 생겨난 새로운 페트로 로아의 중간쯤에 놓인 고대 정령이다.

백조에서 검은 수탉으로

강제로 집을 떠난 많은 여성들과 마찬가지로 새로운 집에서 살아남으려 브리지드는 더 강인하고 어두운 모습을 갖게 되었다. 그녀의 상징이었던 백조는 검은 수탉으로 바뀌었고, 애정 상대는 방직공에서 도박꾼으로 바뀌었다. 순결을 지키던 그녀는 이제 요염하게 반다에 맞춰 춤추고, 성행위를 암시하는 음란한 농담을 던졌다. 하지만 그대로 남아 있는 것들도 많다. 여전히 아일랜드의 골풀로 만드는 마만 브리짓의 십자가는 그녀가 지키는 묘비를 상징하고, 불은 마만 브리짓의 숭배 의식에서 여전히 중요한 요소이며, 그녀를 기리는 축제는 2월 초 임볼크 때 열린다.

브리짓은 또한 자상하게 주위를 보살핀다고 전해진다. 그녀는 숭배자가 만성 질환에 시달리거나 급한 치유가 필요할 때 소환되는 치유사다. 브리짓은 때로 돌이킬 수 없는 죽음에 이른 자들을 내버려 두는 힘겨운 결정을 내린 뒤, 그들을 부드럽게 무덤 너머의 삶으로 이끈다. 그녀는 최근에 사망한 자들의 영혼을 기꺼이 게데의 일원으로 바꾸기도 한다. 이 게데 정령들은 술을 마시고 섹스하고 춤추고 악담을 퍼붓는 등 한바탕 즐기는 것처럼 보인다. 하지만 게데 정령들은 죽었기 때문에 나쁘게 행동하더라도 응징을 받지 않으며, 수치심을 느끼지도 않는다. 그들이 죽음을 절대로 끝나지 않는 파티처럼 여기게 만든다. 물론 이 파티의 주인은 진탕 취한 채 크게 웃고 있는 마만 브리짓이다.

서구 사회에서 죽음은 금기시되는 주제로, 사람들은 소독약 냄새나는 병원 복도나 호스피스 병동의 묵직한 문 뒤에서 죽음을 속닥인다. 장의사가 완곡한 표현으로 죽음을 숨기는 가운데 커튼 너머 시신이 담긴 관은 마지막 여정을 떠난다. 반면 브리짓의 '있는 그대로 말하는' 태도는 신선하다. 그녀에게는 이 세상 또는 다음 세상의 바보들을 위한 시간은 없다. 브리짓은 솔직하지만 공감할 줄 아는 자상한 여신으로 삶과 죽음 사이의 간극을 메운다. 그녀는 묘지라는 경계에 살면서 영혼을 다음 세상으로 안내하는 한편 조상을 기린다. 앞을 향하는 동시에 뒤를 돌아보는 것이다. 위협적으로 보이기도 하고 음탕하게 행동할지도 모르지만, 매우 온정적인 그녀는 마음씨 좋은 여자가 꼭 흰색 옷을 입는 것은 아니라는 사실을 보여준다.

이와 같은 독특한 외모와 태도 때문에 마만 브리짓과 바론 사메디는 TV 프로그램과 영화, 비디오게임의 인기 있는 캐릭터로 자주 등장한다. 제임스 본드 소설을 영화화한 〈007 죽느냐 사느냐*Live and Let Die*〉(1973)의 마지막 장면에서 기차 위에 당당히 앉아 있는 바론 사메디의 모습은 대단히 인상적이다. 사메디는 그레이엄 그린*Graham Greene*의 소설 《코미디언*The Comedians*》(1966)에도 등장하며, 그의 악당 같은 외모를 꼭 빼닮은 캐릭터 닥터 파실리에*Doctor Facilier*는 디즈니 영화 〈공주와 개구리*The Princess and the Frog*〉(2009)에 등장한다. 브리짓 역시 예술가들의 사랑을 한몸에 받고 있다. 가장 주목할 만한 예는 비욘세가 허리케인 카트리나가 휩쓸고 지나간 뉴올리언스를 배경으로 그녀의 곡 '포메이션*Formation*'의 뮤직비디오를 촬영하면서 브리짓의 모습을 차용한 것이다.

그럼에도 마만 브리짓이 우상으로서 더 인기를 끌지 못하는 점은 의외다. 그녀는 속세에 매인 대부분의 인간들보다 더 인간적인 여신이다. 그녀의 거리낌 없는 행동은 선조인 브리지드의 순결한 면모와는 극명한 대조를 보인다. 하지만 브리짓과 브리지드 이 둘이 함께 나서는 광경은 상상만 해도 매우 흥미롭다. 이 둘은 얼마나 멋진 한 쌍을 이룰까. 빛과 음악에 빠진 순수한 브리지드를 동생인 브리짓이 깊은 어둠으로 인도하여 함께 춤추는 모습을 상상해보자. 대조적인 음과 양이 한데 뒤섞이듯, 자비로운 여신과 죽음의 인도자인 여신이 어울려 빙빙 돌다가 결국 하나가 되는 모습은 상상만 해도 짜릿하지 않은가.

용어 해설

Chthonic_지하신
지하세계의 신. 주로 고대 그리스의 종교를 설명할 때 사용된다. 헤카테 참고.

Creolisation_크리올화
둘 이상의 언어를 사용하는 사람들과 문화가 뒤섞여 하나를 이루는 것을 말한다. 본래 카리브해에서 비롯된 개념으로 노예 무역으로 인해 국가, 종교, 배경이 다른 사람들이 섞이는 현상을 설명하기 위해 16세기부터 사용되었다. 아이티, 쿠바, 트리니다드섬, 브라질의 여러 대중적인 종교도 크리올에 해당된다. 이 종교들은 아프리카와 유럽의 상징물, 신조, 의식이 혼합되었다. 마미 와타 참고.

Crossroads_갈림길
두 길이 교차하는 곳으로, 세계의 많은 문화권에서 영계와 지상세계 간의 경계가 가장 흐릿한 곳으로 여겨진다. 그 경계는 태양이 뜨고 질 때, 계절이 바뀔 때 더욱 흐릿해진다. 많은 문화권에서 갈림길을 악이 도사리고 있는 불운한 장소로 생각한다. 헤카테, 시우아테테오, 라 요로나 참고.

Goddess movement_여신 운동
페미니즘의 부상과 함께 종교를 향한 관심과 분석이 높아진 현상을 말한다. 일각에서 진행 중인 고대 여신의 종교 부흥을 위한 움직임을 지금은 좀 더 광범위한 용어로 여신 운동이라고 일컫고 있다.

Great Goddess_위대한 여신
일부 역사가들은 서양 종교에서 숭배되던 아브라함 종교(Abrahamic: 아브라함을 기원으로 하며 그와 관련된 공통된 철학을 가진 종교로서 유대교, 기독교, 이슬람교, 드루즈교, 바하이교 등이 해당된다)의 신이 등장하기 이전에는 지중해, 유럽, 근동, 러시아 대부분 북아프리카, 인도, 중국의 일부 지역에서 풍요와 창조, 대지를 상징하는 미혼모 여신을 숭배했다고 주장한다. 한편 이 이론에 동의하지 않는 역사가들도 있다.

Psychopomp_저승사자
갓 죽은 사람의 영혼을 지상에서 사후 세계로 데려가는 임무를 맡은 생물체나 정령, 신을 말한다. 페르히타, 모리안 참고.

Sacred Feminine, The_신성한 여성성

신과 인간의 의식을 남성이나 여성이 아니라 음과 양으로 상징되는 상호 의존적인 두 성이 균형을 이룬 본질로 보는 개념을 말한다. 신성한 여성성은 전통적으로 여성의 특성으로 여겨지는 창조, 직관, 공동체, 관능, 협동 등과 관련 있다.

Syncretism_혼합주의

종교의 융합이나 그 같은 시도로 새로운 신앙 체계가 탄생하는 현상을 일컫는다. 일반적으로 한 종교를 믿는 사람들이 다른 종교를 믿는 사람들에게 정복당하는 상황에서, 그들의 사상이 지배적인 종교에 스며들어 편입될 뿐 완전히 사라지지 않을 때 일어난다. 에르줄리 단토르와 에르줄리 프레다, 마만 브리짓 참고.

Triple-aspect goddess_삼신일체 여신

세 가지 구성 요소를 가지고 있는 여신으로 전 세계 문화에서 발견된다. 흔히 '처녀', '어머니', '노파'로 설명되는 이 세 가지 측면은 한 해의 흥망성쇠, 달의 차고 기움, 문자 그대로는 여성이 겪는 삶의 주기를 상징한다. 모건 르 페이, 페르히타, 헬, 마리 참고.

Tuatha Dé Danann_투어허 데 다넌

아일랜드 신화의 중심이 되는 초자연적 종족으로 특별한 힘을 부여받았다고 전해진다. 원래 이 지역에서 숭배되었던 신과 여신을 기독교 작가들이 동화 속에 이들 종족으로 녹여냈다는 믿음이 보편적이다. 반시, 브리지드 참고.

Wild Hunt_유령 사냥

유럽 전역의 민담에서 흔히 등장하는 유령 사냥은 하늘을 빠르게 질주하는 모습으로 묘사된다. 북유럽 문화에서는 오딘이 사망한 전사들의 영혼 무리를 이끌었고, 독일에서는 페르히타가 유령과 야생동물, 개 등의 온갖 존재가 섞인 무리를 이끌었으며, 잉글랜드에서는 사냥꾼 허른*Herne the Hunter*이 리치몬드 공원의 동물들을 우르르 몰며 질주했다고 전해진다. 유령 사냥은 겨울, 죽음, 지하세계와 밀접한 관련이 있다. 페르히타 참고.

Yōkai_요괴

일본 유령이나 괴물, 악마를 일컫는다. 하지만 꼭 악의가 있는 것은 아니다. 요괴는 동물이나 인간 또는 무생물의 형태로도 나타난다. 후타쿠치온나 참고.

추가 읽기 자료

Folklore, Myths and Legends of Britain, Russell Ashe, Kathleen Biggs, et al. Reader's Digest, 1973.

From The Beast To The Blonde: On Fairy Tales and Their Tellers, Marina Warner. Vintage, 1995.

A Dictionary of Fairies, Katharine Briggs. Penguin, 1976.

The World of the Unknown: Ghosts. Usborne, 1977.

The Book of English Magic, Philip Carr-Gomm and Richard Heygate. Hodder Paperbacks, 2010.

Absolute Sandman, Vols 1–4, Neil Gaiman. DC Comics, 2011.

Jonathan Strange and Mr Norrell, Susanna Clarke. Bloomsbury, 2004.

Women Who Run With The Wolves: Contacting the Power of the Wild Woman, Clarissa Pinkola Estés. Rider, 1993.

The Viking Spirit, Daniel McCoy. CreateSpace Independent Publishing Platform, 2016.

Breaking the Mother Goose Code: How a Fairy-Tale Character Fooled the World, Jeri Studebaker. Moon, 2015.

Dictionary of Celtic Mythology, James MacKillop. Oxford University Press, 2004.

Afrofuturism: The World of Black Sci-Fi and Fantasy Culture, Ytasha Womack. Chicago Review Press, 2013.

Yokai Attack!, Hiroko Yoda and Matt Alt. Kodansha International, 2008.

The Faces of the Goddess, Lotte Motz. Oxford University Press, 1997.

The Myth of Matriarchal Prehistory, Cynthia Eller. Beacon Press, 2001.

'Death and the Divine: The Cihuateteo, Goddesses in the Mesoamerican' Cosmovision, Anne Key. PhD diss., California Institute of Integral Studies, 2005.

Cult, Culture, and Authority: Princess Lieu Hanh in Vietnamese History, Olga Dror. University Of Hawaii Press, 2007.

Surviving Slavery in the British Caribbean, Randy M. Browne. University Of Pennsylvania Press, 2017.

Through the Earth Darkly: Female Spirituality in Comparative Perspective, Jordan Paper, Bloomsbury, 2016.

Nordic Religions in the Viking Age, Thomas DuBois. University of Pennsylvania Press, 1999.

Mother Russia: the Feminine Myth in Russian Culture, Joanna Hubbs. Bloomington: Indiana University Press, 1993.

Mermaids: The Myths, Legends, and Lore, Skye Alexander. Adams Media, 2012.

Lives of the Necromancers: or, An account of the most eminent persons in successive ages, who have claimed for themselves, or to whom has been imputed by others, the exercise of magical power, William Godwin, 1756–1836.

New Perspectives on the History and Historiography of Southeast Asia, Michael Arthur Aung-Thwin and Kenneth R. Hall. Routledge, 2011.

The Madness of Epic: Reading Insanity from Homer to Statius, Debra Hershkowitz. OUP Oxford, 1998.

The Devil: Perceptions of Evil from Antiquity to Primitive Christianity, Jeffrey Burton Russell. Cornell University Press, 1987.

Jezebel: The Untold Story of the Bible's Harlot Queen, Lesley Hazleton. Doubleday 2009.

인용 출처:

The Acts of King Arthur and his Noble Knights, John Steinbeck, Penguin UK, 2001.

Circe, Madeleine Miller, Bloomsbury Publishing, 2019.

Baba Yaga's Assistant, Candlewick Press, Marika McCoola, 2015.

We Should All Be Feminists, Chimamanda Ngozi Adichie, HarperCollins UK, 2014.

Jane Eyre, Charlotte Brontë, Wordsworth Classics, 1847.

Farewell, My Lovely, Raymond Chandler, Penguin, 1940.

Women Who Run With the Wolves: Myths and Stories of the Wild Woman Archetype, Clarissa Pinkola Estés, Rider, 1996.

East of Eden, John Steinbeck, Penguin Classics, 1952.

The Four-Chambered Heart, Anaïs Nin, Duell, Sloan and Pearce, 1950.

Cleopatra: A Life, Stacy Schiff, Virgin Books, 2011.

Outrageous Acts and Everyday Rebellions, Gloria Steinem, Open Road Media, 2012.

The Sea, The Sea, Iris Murdoch, Chatto & Windus, 1978.

The Second Sex, Simone De Beauvoir, Penguin, 1949.

신화 속 여성 관련 플레이리스트

신화 속 여성을 다루면서 이 책 곳곳에 관련 음악을 언급했다. 아래 플레이리스트는 책에 직접 언급한 다양한 곡들과 나에게 영감을 준 곡들을 정리한 것인데 여신, 영혼, 괴물과 관련된 곡들이 더 많이 포함되어 있다. 이 음악들은 **tinyurl.com/mythologicalwomen**에서 들을 수 있다.

1. '더 위치(The Witch)', 래틀스 *The Rattles*

2. '이시스(Isis)', 밥 딜런 *Bob Dylan*

3. '아브레 카미노(Abre Camino)', 데스 밸리 걸스 *Death Valley Girls*

4. '리안논(Rhiannon)', 플리트우드 맥 *Fleetwood Mac*

5. '이시스', 예 예 예스 *Yeah, Yeah, Yeahs*

6. '나의 조국(Má vlast): No. 3, 사르카(Šárka)', 베드르지흐 스메타나 *Bedřich Smetana*

7. '비너스(Venus)', 쇼킹 블루 *Shocking Blue*

8. '끔찍한 소리(Awful Sound): 오 에우리디케(Oh Eurydice)', 아케이드 파이어 *Arcade Fire*

9. '페르세포네(Persephone)', 콕트 트윈스 *Cocteau Twins*

10. '가벼운 재채기를 하다(Caught a Lite Sneeze)', 토리 에이모스 *Tori Amos*

11. '오로라(Aurora)', 비요크 *Björk*

12. '라 요로나(La Llorona)', 릴라 다운스 *Lila Downs*

13. '아가멤논(Agamemnon)', 바이올런트 팜므 *Violent Femmes*

14. '셀키(Silkie)', 조안 바에즈 *Joan Baez*

15. '칼립소(Calypso)', 수잔 베가 *Suzanne Vega*

16. '셰에라자드(Scheherazade) op. 35 바그다드의 축제(The Festival of Baghdad)', 니콜라이 림스키코르사코프 *Nikolai Rimsky-Korsakov*

17. '남자아이 비너스(Venus as A Boy)', 비요크

18. '이세벨(Jezebel)', 프랭키 레인 *Frankie Laine*

19. '흰 토끼(The White Hare)', 세스 레이크먼 *Seth Lakeman*

20. '판도라의 금빛 불안(Pandora's Golden Heebie Jeebies)', 더 어소시에이션 *The Association*

21. '이세벨', 디지 라스칼 *Dizzee Rascal*

22. '아홉 역병이라는 눈먼 여신(Blind Goddess of the Nine Plagues)', 로비아타르 *Loviatar*

23. '검은 수풀(Black Forest): 로렐라이(Lorelei)', 머큐리 레브 *Mercury Rev*

24. '판도라의 상자(Pandora's Box)', 프로콜 하럼 *Procul Harum*

25. '시우아테테오(Cihuateteo)', 버드 이터 *Bird Eater*

감사의 글

어머니와 아버지께 이 책을 바칩니다.
제프, 더스티, 아서에게 사랑을 전합니다.

수많은 사람들에게 큰 감사의 인사를 전한다. 아루나 바수데반은 아낌없는 응원과 지지, 그리고 꼼꼼한 편집과 고된 노력으로 이 책이 완성되기까지 큰 도움을 주었다. 해리엇 리-메리언의 아름 다고 감성적인 그림은 이 책에 생기를 불어넣어 주었다. 화이트 라이온 출판의 필리파 윌킨슨은 나의 생각을 믿고 올바른 길로 인도해주었다. 마찬가지로 화이트 라이온의 줄리아 숀, 엠마 하버 슨, 파일린 큐리에게도 감사를 전한다. 블레이크 프리드먼의 줄리엣 피커링과 해티 그륀왈드처 럼 훌륭한 에이전트를 둔 것은 큰 행운이었다. 블레이크 프리드먼의 레샴 나크비와 데이지 웨이 의 핵심을 놓치지 않는 역량도 큰 도움이 되었다. 스칸디나비아와 사미족 문화에 관한 정보를 얻 는 데에는 구리와 엘리자베스가 큰 기여를 했다. 바알 신화에 관한 자료를 번역해준 '거의 사라진 언어(Mostly Dead Languages)' 소속의 에스터 브라운스미스에게도 고마운 마음을 전한다. 마지막 으로, 맥북을 제공해준 크리스티나 그리피스에게도 감사를 전한다.

저자 소개

케이트 호지스는 저널리스트이자 작가다. 그녀는 잡지 〈더 페이스*The Face*〉의 1면 편집자, 〈비자 르 매거진*Bizarre Magazine*〉의 부편집장으로 일했으며, 〈저스트 세븐틴*Just Seventeen*〉, 〈스매시 히츠 *Smash Hits*〉, 〈그린 패런트*The Green Parent*〉, 〈스카이 매거진*SKY Magazine*〉 사에서 일했다. 또한 TV 프로그램 〈유로트래쉬*Eurotrash*〉를 제작한 라피도 TV(Rapido Television)에서 일한 바 있다. 그녀 의 저서로는 《리틀 런던*Little London*》(2014), 《1시간 안에 런던 둘러보기*London in an Hour*》(2016), 《런던 시골*Rural London*》(2017), 《내가 아는 여자*I Know a Woman*》(2018) 등이 있다. 그녀는 컬트 밴 드 '예 넌스*Ye Nuns*'와 '더 헤어 앤드 후프*The Hare and Hoofe*'의 음악가이기도 하다. 그녀는 아서와 더스티 두 자녀와 함께 잉글랜드 세인트 레오나드에 살고 있다.

해리엇 리-메리언은 수상 경력이 있는 저명한 일러스트레이터로, 잉글랜드 남서부의 브리스틀 을 중심으로 활동하고 있다. 그녀의 작품은 전 세계적으로 출판되었으며 뉴욕, 런던, 베를린에서 국제적으로 전시되었다. 그녀는 영국 국립도서관, 미디어 기업 콘데나스트(Condé Nast), 〈가디 언*The Guardian*〉, 〈워싱턴 포스트*The Washington Post*〉, 〈뉴욕 타임스*The New York Times*〉 등 수많은 고 객과 작업하고 있다.

WARRIORS WITCHES WOMEN
by Kate Hodges and illustrated by Harriet Lee-Merion

Text © 2020 Kate Hodges
Illustrations © 2020 Harriet Lee-Merion
All rights reserved.
Korean translation rights © 2023 by COMMA
Korean translation rights are arranged with The Quarto Group through LENA Agency, Seoul

옮긴이 이지민
책을 읽고 글을 쓰는 일을 하고 싶어 5년 동안 다닌 직장을 그만두고 번역가가 되었다. 고려대학교에서 건축공학을, 이화여자대학교 통번역대학원에서 번역을 공부했다. 지금은 뉴욕에서 두 아이를 키우며 번역을 하고 있다. 《내일의 나를 응원합니다》, 《마이 시스터즈 키퍼》, 《아트 하이딩 인 뉴욕》, 《홀로서기 심리학》 등 50권 가량의 책을 우리말로 옮겼으며, 지은 책으로는 《그래도 번역가로 살겠다면(전자책)》《어른이 되어 다시 시작하는 나의 사적인 영어 공부(전자책)》가 있다.

전사 마녀 여성

초판 1쇄 인쇄 2023년 2월 15일
초판 1쇄 발행 2023년 2월 25일

지은이 케이트 호지스
그림 해리엇 리-메리언
옮긴이 이지민
발행 콤마
주소 경기도 고양시 덕양구 청초로 65, 101-2702
등록 2009년 11월 5일 제396-251002013000206호
구입 문의 02-6956-0931
이메일 comma_books_01@naver.com

ISBN 979-11-88253-26-5 03210

잘못 만들어진 책은 구입하신 곳에서 바꾸어 드립니다.